国家卫计委基层指导司资助项目

U0454068

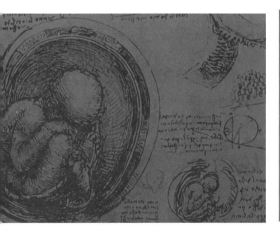

计划生育国际比较研究

JIHUASHENGYU
GUOJI BIJIAO YANJIU

张维宏 主编

方静文 王培成 副主编

知识产权出版社

全国百佳图书出版单位

图书在版编目（CIP）数据

计划生育国际比较研究/张维宏主编. —北京：知识产权出版社，2017.5

ISBN 978 - 7 - 5130 - 4869 - 9

Ⅰ.①计… Ⅱ.①张… Ⅲ.①计划生育—对比研究—世界 Ⅳ.①C923

中国版本图书馆 CIP 数据核字（2017）第 086713 号

内容提要

《计划生育国际比较研究》一书从政策法规、管理实施、督导评估等多个角度，采用细致的比较研究（或称对标研究）的方法对计划生育相关内容进行了国际对比。不仅对联合国人口基金会、世界卫生组织、世界银行、国际计划生育联合会、玛丽斯特普等重要的国际组织的理念和策略进行描述和比较，而且兼顾了经济发展和人口发展特点对发达国家、发展中国家进行了对比；既有现在鼓励生育的日本，也有限制生育的亚非拉地区；有和我国面临同样人口复杂形势的印度，也有受到移民、宗教等多重因素影响的美国。可以为各级行政领导、计划生育相关领域的专家、从事计划生育工作的医护人员开展计划生育提供参考。

责任编辑：国晓健　　　　　　　　　　责任校对：潘凤越

封面设计：臧　磊　　　　　　　　　　责任出版：刘译文

计划生育国际比较研究

张维宏　主　编

方静文　王培成　副主编

出版发行 知识产权出版社 有限责任公司	网　　址：http://www.ipph.cn
社　　址：北京市海淀区西外太平庄 55 号	邮　　编：100081
责编电话：010 - 82000860 转 8385	责编邮箱：guoxiaojian@cnipr.com
发行电话：010 - 82000860 转 8101/8102	发行传真：010 - 82000893/82005070/82000270
印　　刷：北京科信印刷有限公司	经　　销：各大网上书店、新华书店及相关专业书店
开　　本：787mm×1092mm　1/16	印　　张：20
版　　次：2017 年 5 月第 1 版	印　　次：2017 年 5 月第 1 次印刷
字　　数：334 千字	定　　价：58.00 元

ISBN 978 -7 -5130 -4869 -9

编委会委员

序　言

随着我国全面深化改革的不断实施和发展，给妇幼卫生和计划生育领域带来了两项影响深远的巨大变化。一项是 2013 年 3 月第 12 届全国人民代表大会公布了《国务院机构改革和职能转变方案》，决定国家人口计划生育委员会和卫生部合并成立国家卫生计生委；一项是 2013 年 11 月十八届三中全会提出"坚持计划生育基本国策，启动实施一方是独生子女的夫妇可生育两个孩子的政策"。另外，在 2015 年 10 月党的第十八届中央委员会第五次全体会议公报里提出"促进人口均衡发展，坚持计划生育的基本国策，完善人口发展战略，全面实施一对夫妇可生育两个孩子政策，积极开展应对人口老龄化行动。"这些变化在为我国妇幼卫生和计划生育领域带来了难得发展机遇的同时，也提出了一系列的挑战问题：如何调整生育政策促进人口的均衡发展？如何转变计划生育管理和服务的理念？如何实现卫生和计划生育的功能的结合？计划生育的服务机构和内容如何适应新形势的需要？

在面对这些挑战问题的时候，我有幸读到了由清华大学社会学系牵头，比利时根特大学张维宏教授主编的《计划生育国际比较研究》（简称《国际比较研究》）一书，深受启发、颇有收获。他们的这项研究涵盖了计划生育的政策法律、技术服务、人力资源、经济投入和社会倡导以及对流动人口的计划生育的服务等非常广泛的内容。并对美国、英国、欧共体等发达国家和地区，与中华文化比较接近的日本、韩国、新加坡等国家，印度、埃及等人口众多的发展中国家以及比较贫穷但得到国际援助较多的非洲国家，在计划生育政策和项目等方面进行了客观的比较和分析，对我国面临的生育政策调整和计划生育服务改革，都有相当大的参考价值和借鉴作用。其中，对计划生育的实施策略、人力资源理论与管理、计划生育工作的经济投入以及计划生育信息管理等的论述尤为重要。

本书从计划生育政策法律开篇，不仅回顾了几个发达和发展中国家政策法律的变化，也回顾了近百年来国际计划生育的发展历史。书中详细介绍了发达国家和发展中国家的计划生育服务的策略，以及国内外计划生育服务实施策略的经验。与我国以前不同的是，国际上计划生育服务都包括在卫生服务中，多数国家都是依靠社区的多样化服务，社区卫生服务机构与医院完善的转诊制度，不断地扩大服务范围，以家庭为中心，为整个家庭以及其成员提供服务，包括健康教育和妇幼保健服务。从各国经验和计划生育工作100多年的发展历史来看，计划生育最重要的转变是从最初的节育行为调节和人口数量的控制，到不断地深化对生育权利的认识、服务质量的提高和以人为本的生殖健康的服务。与国际比较，我国计划生育工作虽然从1994年联合国国际人口与发展会议后的20年时间里尽量与国际生殖健康服务接轨，但是从强调控制人口数量的独生子女政策到全面实施两孩政策、提供以人为本的高质量生殖健康服务，还有大量的工作要做。虽然在国家层面，卫生部和计生委整合为国家卫生计生委，并且在服务层面，国家卫计委提出妇幼健康服务机构业务部门设置为孕产、儿童、妇女保健部和计划生育技术服务四个大的部门。形式的整合比较容易，但是如何实现真正的功能融合，是对几十年来妇幼保健和计划生育两个垂直系统工作遗留问题的重要挑战。《国际比较研究》这本书详细介绍了各国计划生育工作如何融入社区医疗保健和建立基层保健服务网的经验。这需要结合我国的实际情况，仔细研究国际的各方面经验，提高计划生育工作的水平。

书中提出了对计划生育工作的经济投入是其成功与否的关键因素的论点，不仅对不同国家资金投入的多少、筹资的模式进行了比较，还对督导和评估进行了非常详细的介绍，包括要确定投资优先的领域、要加强监督和效果的评价工作、分析各服务项目的资金使用状况和成本效益等内容。对于我国如何用好基本公共卫生和计划生育服务全覆盖的经费，这些经验具有重要的参考价值。

非常感谢清华大学社会学系的研究团队和比利时根特大学张维宏教授所付出的巨大努力、进行的深入研究，给中国妇幼卫生和计划生育工作者提供了一部内容如此丰富和美好的读物，我相信它一定会对我国妇幼卫生和计划生育工作产生积极的促进作用。

庞汝彦

中国妇幼保健协会终生荣誉副会长

世界卫生组织西太区办事处生殖健康高级顾问

目　录

导　言

　　计划生育（Family Planning）最初是指对节育行为的调节，后演变为现在以生殖健康为主的全球行动，其中文翻译使用并不一致，如计划生育、生育计划、家庭计划、家庭生育计划、出生控制、出生计划、出生限制、生育控制等。结合我国政策法规常用术语及大众对其的辨析度，本书仍采用"计划生育"这一译法并进行相关内容的阐述。

　　计划生育的理念来源于 20 世纪 20 年代的世界计划生育运动，是妇女解放和家庭发展的重要措施之一。现今认为计划生育的国际先驱是美国的玛格丽特·桑格（Margaret Higgins Sanger，1879—1966）。她于 1916 年创建了第一个生育控制诊所，提出采用男性或女性避孕方法而达到有计划生育孩子的目的。20 世纪 60 年代，计划生育在全球得到进一步发展和普及。此后，世界各国及组织虽然结合人口现状、经济、文化、社会等在计划生育领域进行了多维度积极的探索，但对于计划生育服务仍多涉及人口控制。经多国努力，1966 年联合国大会通过了《关于人口增长和经济发展的决议》，其中提到"每个家庭有权自由决定家庭规模"，这涉及了计划生育自由的权利。1974 年第三次世界人口会议通过的《世界人口行动计划》提及夫妇在享有计划生育权利时，应考虑现有子女和未来子女的需要以及他们对社会的责任。该文件指出，个人的生殖行为应该与社会的发展需要相适应。近 20 年，国际社会及全球的各个国家对人口与发展做出了巨大努力。其中极具影响力的是在开罗举行的国际人口与发展会议通过的《国际人口与发展行动纲领》（简称《行动纲领》）和第 47 届联合国人口与发展大会。1994 年的《行动纲领》将计划生育纳入生殖健康领域并提出在 2015 年前使全世界享有高质量生殖健康服务的目标。这使以人为本的生殖健康概念得到国际社会的广泛认同。2014 年第 47 届联合国人口与发展大会再次强调将人口问题纳入发展议程，指出人口发展目标与经济、社会、文化等目标不可分割。在多个国际组织的倡导之下，国际社会对计划生育理念达成共识，即注重最早提出的生育选择并且融入了生殖健康权利、社会发展的理念。由计划生育的发展可以看到，在这仅仅一个多世纪中，计划生育在全球发挥的作用受到各国及国际组织的高度关注。

对于计划生育概念的解释，也随着计划生育的发展而融入了诸多元素。世界卫生组织对计划生育的解释是：个人或夫妇双方通过避孕或节育方法调节生育间隔和子女数量的行为。可以这样理解，世界卫生组织给出的定义是生物医学的定义，没有涉及人的权利和社会的元素。《行动纲领》将计划生育置于生殖健康概念之中，这样描述计划生育和生殖健康之间关系："当计划生育项目作为广义的生殖健康项目的一部分或与其联系时，妇女能全面参与计划生育项目设计、提供、管理、评价中时，计划生育项目就会发挥最好的成效"。这一发展表明国际社会对人口发展问题的认识正逐步深化，强调在制订人口方案时，要以人的发展为中心，应尊重夫妇特别是妇女的自主权，要普遍提供优质的生殖健康服务，不断提高全体人民的生活质量。因此，我们可以这样理解计划生育的概念：计划生育是在家庭内部，个人或夫妻双方根据社会、家庭和个人等条件，利用生殖健康服务自觉主动地调节生育数量和间隔的行为，从而达到身体、精神和社会等方面的健康状态。计划生育是人类社会发展到一定文明程度后，为了适应自然环境和人类自身发展的客观需要的一种行为，通过增进生殖健康的方式，促进人口、经济、社会、资源、环境协调发展和可持续发展。

由计划生育的概念外延和发挥的作用可知，计划生育不仅包括生育控制，还涉及和计划生育相关的服务，如性教育、孕前咨询和管理、产前护理、不孕治疗、绝育和流产等生殖健康相关服务。而且计划生育概念的外延正在改变人们对其"人口控制（birth control）"狭义的理解，迎来"生殖健康，妇女权益"的广泛接受。国际上许多国家因地制宜调整了计划生育政策，设立了生殖健康服务项目并取得了切实可行的实践经验。

《计划生育国际比较研究》一书，通过比较的方法了解不同国家以及国际组织的计划生育生育理念、政策框架、生育策略和实施指标系统，以期从中总结经验，使我国的计划生育工作能够，从中得到借鉴。本书共分十章，分别从政策法规、管理实施、督导评估等多个角度，采用细致的比较研究（或称对标研究）方法，对计划生育相关内容进行了国际对比。本书不仅对国际组织如联合国人口基金会、世界卫生组织、世界银行、国际计划生育联合会、玛丽斯特普国际组织等重要的组织的理念和策略进行描述和比较，而且对比国家的选择上兼顾了经济发展和人口发展特点，如既选择发达国家，也纳入发展中国家；既有现在鼓励生育的日本，也有限制生育的亚非拉地区；既有和我国面临同样人口复杂形势的印度，也有受到移民、宗教等多重因素困扰的美国。

本书在第一章"政策法律"中解析了国际计划生育政策法律的发展，国际组织的共识以及各国政策存在的较大差异，尤其现在"代孕""优生""堕胎"的伦理与法律的争议问题。第二章"信息管理"则主要介绍了计划生育信息数据的收集，指标的制定、选择、处理、利用，特别是"云技术"的发展利用。第三章"实施策略"，介绍了部分发达国家和发展中国家计划生育的实施策略。第四章"技术服务"，从技术服务方面紧密结合世界卫生组织 1996 年提出的计划生育工作四大基石，重点介绍目前常用的避孕技术和一些新的生殖健康技术。第五章"人力管理"中，详细介绍了计划生育领域人力管理的特点和面临的挑战，并进行了国际比较。第六章"经济投入"，主要从国际捐赠援助和本国政府投入两个方面介绍计划生育投入现状，并对主要典型国家的计划生育筹资和投入政策进行了分析。国际上一些计划生育评估和监督的指数体系则在第七章"督导评估"中进行了介绍，这些将为判断计划生育的设计和实施是否有效提供依据，并为决策提供信息支持。第八章"社会倡导"则对各国计划生育的宣传媒介进行了比较研究并总结经验。第九章"流动人口"对国际上的流动人口（迁徙人口）计划生育现状进行了分析，并与我国流动人口的计划生育状况进行了比较。第十章"国际合作"介绍了计划生育领域影响力较大的几个国际组织，并从组织机构成立背景、发展历程、机构形式、活动领域及内容、项目类型和资金来源、分支机构等方面进行梳理。

计划生育服务工作的实施涉及方方面面，全体编者希望《计划生育国际比较研究》一书可以为各级行政领导、计划生育相关领域的专家、从事计划生育工作的医护人员开展计划生育提供参考，同时也欢迎任何对计划生育相关工作和内容感兴趣的人士对本书提出宝贵意见。

（张维宏）

第一章　计划生育政策法律

一、前言

计划生育（Family Planning）又称为生育计划，涉及对生育子女时间的安排、节育措施的使用以及与生育计划相关的服务，包括性教育、性病防治、孕前咨询和管理、产前护理、不孕治疗、绝育和流产等服务。计划生育服务旨在通过提供教育、综合医疗或社会服务使人们能够通过一定的方法自由决定子女的数量和生育间隔。

国际社会十分重视计划生育并普遍认为计划生育政策以及项目应当建立在自愿的基础上。计划生育属于生殖健康的一部分，尤其是女性生殖健康的一个重要组成部分。生殖健康涵盖五个核心领域：改善产前、围产期、产后与新生儿保健；提供计划生育优质服务；消除不安全流产；预防与治疗性病；促进性健康。

计划生育是我国的一项基本国策，主要指政府通过推行晚婚、晚育、优生和少生措施，对人口进行有计划的控制的过程。计划生育更侧重性健康、生殖健康与母婴保健，强调科学合理地决定子女数量与生育间隔，注重不孕症治疗、绝育与流产等服务。晚婚晚育不是计划生育的必要手段。本章就国际计划生育展开论述，不涉及我国的计划生育。

计划生育具有以下五项重要意义。第一，计划生育能降低高危妊娠，促进母亲健康。据美国国际开发署（U. S Agency for International Development，USAID）的资料，全球每年有38万多产妇死亡；通过推迟初次妊娠与推广安全生育间隔，计划生育可减少三分之一的产妇死亡数。根据世界卫生组织（World Health Organization，WHO）的数据，每年99%的产妇死亡病例发生在发展中国家。计划生育的推广对加强发展中国家的产妇健康而言具有重要意义。

第二，计划生育有助于合理安排妊娠间隔，有利于儿童健康。据美国国际开发署测算，如果实施三年生育间隔，全球每年可避免160万5岁以下儿童死亡。据联合国人口基金会分析，如果发展中国家的所有具有避孕需求的妇女都采用节育措施的话，将可避免5400万例妊娠，其中包括2100万计划外生育和2600例堕胎；并可避免110万婴儿死亡。

第三，计划生育有利于公共健康、预防与控制疾病特别是性传播疾病。安全套的普及是计划生育的一个重要措施。安全套能有效预防与控制艾滋病等性传播疾病，有利于促进公共健康。

第四，计划生育有利于加强对妇女的权利保护，提高妇女的社会地位。计划生育通过合理推迟首次妊娠与合理安排妊娠间隔使妇女在生育、子女抚育与家务之外能有更多机会接受教育、就业与全面参与社会事务。研究表明，全球发展中国家中有2.2亿育龄妇女不想怀孕但未采取节育措施；在69个人均年收入不足2,500美元的国家，有节育需求但未采取节育措施的育龄妇女在2008年为1.5亿人，到2012年增加为1.6亿人。

第五，计划生育能促进社会发展。计划生育通过减少人口负担给社会造成的压力，从而促进社会经济和自然资源的可持续发展并有利于社会安定。

二、计划生育政策法律的概念

计划生育政策是指针对计划生育政策的制定、内容与落实的指导性文件，而不是针对一般健康问题的文件。广义的计划生育政策包含计划生育法律。狭义的计划生育政策不属于法律，不具有法律强制力。按照国际立法标准，只有一个国家的议会才有立法权，即只有议会通过的法案才能成为法律；其他政府机构制定的规范性的文件只能属于政策的范围。就国际范围而言，计划生育的规范性文件绝大多数为政府制定的政策而不是议会通过的法律。

1994年国际人口与发展大会（International Conference on Population and Development）明确生殖健康权（right to reproductive health）是一项重要权利，决定生育数量与生育时间的权利属于生殖健康权。在2012伦敦计划生育峰会（2012 London Summit on Family Planning）上，来自20多个国家的政府机构共同组建了一个计划生育国际合作机制，名为计划生育2020（Family Planning 2020）。该峰会确定的目标是到2020年在世界最贫穷国家中有 1,200 万女性采取节育措施，会议同时还强调计划生育政策法律一定要建立在权利（rights）和赋权（empowerment）的基础上。

计划生育政策法律应该促进计划生育信息、物品与服务的开发与使用，使民众能够获得相关的信息、物品与服务；应该特别鼓励利益相关人员或社会力量全面参与计划生育政策法律及项目的制定、实施与评估。

三、计划生育政策法律的国际发展进程

目前国际社会已经达成共识，认为生殖权利是一项人权。生殖权利包括合法堕胎、避孕、生殖健康教育与服务等方面的权利。但在国际人权制度建立之前及建立之初，生殖权利在法律上存在很大争议。

计划生育起源于生育控制（birth control），计划生育必然涉及堕胎与避孕问题。计划生育的历史与生殖权利的产生与发展过程密不可分。作为妇女解放和家庭发展的重要措施之一，生育控制的理念植根于 20 世纪 20 年代的世界计划生育（planned parenthood）运动。生育控制运动的国际先驱为美国的玛格丽特·桑格夫人（Margaret Higgins Sanger）。

（一）计划生育相关法律发展的三个历史阶段

就全球范围而言，计划生育法律政策的历史沿革可分为三个阶段：第一阶段是 17 世纪到 19 世纪：堕胎非法阶段；第二阶段是 20 世纪初到 20 世纪 60 年代：生殖权利产生阶段；第三个阶段是 20 世纪 70 年代后：生殖权利普及阶段。

第一阶段：17 到 19 世纪堕胎非法阶段。

生殖、堕胎与法律的关系可追溯到 16 世纪末的英国。16 世纪末，Edward Coke 先生确立了"活着出生规则（born alive rule）"，即在英美普通法系中，故意杀害活着出生的婴儿构成故意杀人罪；但是故意杀人罪不适用于出生前的胎儿，因为胎儿还不是独立的人。根据此规则，胎儿出生前堕胎虽然不属于故意杀人罪，但仍然为严重的违法行为。在英美法历史上，法律禁止胎动后的堕胎行为。1765 年在英格兰，胎动后堕胎（post - quickening abortion）不再被视为谋杀，但不能违反活着出生规则。1803 年，英国制定了 Lord Ellenborough 法令（Lord Ellenborough's ACT），将胎动后堕胎规定为死罪，对胎动前堕胎也视为犯罪，但判刑要轻一些。1861

年，英国议会通过了《侵犯人身法令》（Offences Against the Person ACT），明确堕胎非法。此外，当时的宗教也明确禁止堕胎。1869 年，Pius IX 教皇宣布任何堕胎行为都是极不道德的，堕胎的人应该被驱逐出教会。

前英国殖民地国家在堕胎法律问题上受英国法律文化的影响颇深。1869 年，加拿大议会通过了刑法，禁止堕胎。在历史上，美国政府对堕胎十分保守。1873 年，美国通过 Comstock 法令，禁止通过邮件传播下流、淫秽的信息，包括避孕用具、避孕和堕胎信息等。在当时美国社会，包括立法者、医生与研究人员在内的各界力量普遍反对堕胎，一些女权主义者也坚决反对堕胎。1850 年到 1920 年之间，美国妇女开始了争取选举权的运动，当时著名的女权主义者 Elizabeth Cady Stanton 和 Mary Wollstonecraft 为坚定的反堕胎人士。

第二阶段：20 世纪初到 20 世纪 60 年代生殖权利产生阶段。

20 世纪初期开始，国际社会相继开始重视并认可妇女堕胎的权利。在此阶段，美国开始从法律上承认避孕合法并有限度地准许堕胎。桑格夫人倡导妇女享有生殖健康权与生育决定权，她于 1916 年开办了美国第一个控制生育诊所，随后因散布避孕信息而被逮捕。上诉法院最终以避孕信息有利于疾病防治为由推翻了对她的犯罪检控。1921 年，桑格夫人创办"美国生育控制联盟"（American Birth Control League），该联盟为美国计划生育联盟（Planned Parenthood Federation of America）的前身。1927 年，桑格夫人在日内瓦主持召开了第一次世界人口大会（The World Population Conference）。1929 年，其组建了生育控制联邦立法委员会（National Committee on Federal Legislation for Birth Control），积极倡导避孕措施合法化。

桑格夫人的努力产生了积极的效果。1936 年，美国法院判例确认政府无权干扰医生为自己的病人提供避孕服务。1959 年，美国法学研究所（The American Law Institute）起草了《美国法学研究所刑法处罚范本》（American Law Institute Model Penal Code）以推动堕胎合法。1965 年美国最高法院（Supreme Court of the United States）在著名的 Griswold 诉 Connecticut 案件中，拒绝采纳该州禁止避孕的法律。1966 年，美国的密西西比州修改了其堕胎法，该州成为美国境内第一个将因被强奸而怀孕之后堕胎的行为合法化的州。1967—1969 年，美国一些州陆续参照《美国法学研究所刑法处罚范本》将堕胎合法化，包括加利福尼亚州、科罗拉多州、北卡罗来纳州、乔治亚州、马里兰州、新墨西哥州等。

在此期间，国际社会出现了将堕胎明确合法化的立法趋势。1920年苏维埃俄国将堕胎合法化，成为世界上第一个将堕胎合法化的国家。1931年，墨西哥成为第一个将因被强奸导致怀孕的堕胎合法化的国家。1932年波兰将堕胎合法化，合法堕胎的前提是孕妇被强奸怀孕或怀孕威胁到孕妇健康。1935年冰岛成为第一个将治疗性的堕胎合法化的西方国家。1938年，大不列颠一位医生在为一名被强奸而怀孕的女孩做堕胎手术后向政府自首，最终被认定无罪。1967年，英国堕胎法（Abortion ACT）颁布并在1968年生效。根据此法律，在除北爱尔兰之外的英国其他地区堕胎合法。1969年，加拿大也修改刑法将堕胎有限合法化。同一年，澳大利亚出现首次堕胎合法的判例。

堕胎是否合法与政治制度与经济发展紧密相关。1935年，纳粹德国修改了优生法（Law for the Prevention of Hereditarily Diseased Offspring），鼓励有遗传变异的妇女堕胎，而且为了维护种族的纯洁性也可堕胎。1936年，斯大林修正了列宁的堕胎合法法律，规定禁止堕胎以刺激人口增长。1938年，瑞典将堕胎有限合法化。1948年，日本的优生保护法（Eugenic Protection ACT）扩大了堕胎的范围。1955年，苏维埃政府再次将堕胎合法化。

在桑格夫人的推动下"国际计划生育联合会"（International Planned Parenthood Federation，IPPF）于1952年在印度成立，桑格夫人担任第一任主席。桑格夫人曾于1922年和1935年两次来到中国倡导节育。

第三阶段：20世纪70年代后生殖权利普及阶段。

从20个世纪70年代开始，计划生育在全球范围内得以进一步发展与普及，很多国家开始明确堕胎合法，但大多有孕周方面的限制。此外，计划生育也进一步拓展到生殖健康教育和服务方面。

美国最高法院在1973年就罗伊等人（Jane Roe，et al.）诉韦德（V. Henry Wade）案所做的判决具有重大意义。1969年8月，美国得克萨斯州的罗伊（真名Norma McCorvey）怀孕。因为没有养育孩子的能力，她要求堕胎。但是根据该州的法律，除"保护怀孕妇女的生命"实施的堕胎外，其他堕胎行为均属于犯罪行为。她找不到医生为其堕胎；分娩之后不得不将孩子交给他人收养。她用Jane Roe化名状告德州政府，称德州禁止堕胎的法律，侵犯了她的"隐私权"。德州地方法院认定德州刑法侵犯了原告根据美国宪法第九条所保障的权利，但是没有提出禁令（injunction）。

Roe 随后向美国联邦最高法院上诉。1973 年联邦最高法院判决德州刑法限制妇女堕胎权违反宪法增修条文第 14 条"正当法律程序"的规定。判决的主要理由有三点：第一，妇女享有是否终止妊娠的决定权，该权利为隐私权，禁止堕胎的法律侵犯隐私权；第二，政府干预堕胎的理由或为孕妇健康或为胎儿生命；第三，在妊娠 3 个月之前，妇女堕胎权不受干预；在 3 个月后 6 个月前，政府干预目的以保障妇女健康为限；6 个月之后，政府可以为保护潜在生命而禁止堕胎。

1970—1972 年，美国的夏威夷、华盛顿州和佛罗里达州等州纷纷通过或者修改法律允许堕胎。1971 年，印度通过《医疗中断妊娠法》（Medical Termination of Pregnancy ACT 1971）将堕胎合法化。1973—1980 年间，法国（1975）、西德（1976）、新西兰（1977）、意大利（1978）和荷兰（1980）将堕胎有限合法化。1978 年，美国通过了《联邦孕产歧视法令》（US Federal Pregnancy Discrimination ACT）禁止基于怀孕、生育以及相关因素的歧视。1979 年，中国开始实行计划生育。同年，爱尔兰《计划生育健康法令》（Health and Family Planning ACT）允许销售避孕用品，但是需要出具医生的处方。

1983 年，爱尔兰通过全民投票在宪法中确认了胎儿出生的权利。在爱尔兰除为了孕妇的生命安全需要堕胎外，其他的堕胎仍然是违法的。1985 年，爱尔兰法律允许向 18 岁以上的成年人出售避孕用品，不需要出示医生处方。1985 年，英国通过《禁止妇女割阴法》（Prohibition of Female Circumcision）。1988 年法国将堕胎药合法化。

1990 年，英国修订《堕胎法令》（Abortion ACT），将一般情况下的合法堕胎时间点从 28 孕周提前到 24 孕周。1993 年，爱尔兰修正法令，特别指明购买避孕用品不再需要医生处方。同年，波兰法律禁止堕胎，但特殊情况下，例如被强奸或威胁孕妇生命等情况下可以允许堕胎。1994 年，美国国会通过《自由进入诊所法令》（Freedom of Access to Clinic Entrances ACT），禁止阻止或者妨碍他人提供或者获得生殖健康服务的行为。1999 年，南非最高法院（Supreme Court of South Africa）通过法院判例支持《选择终止妊娠法令》（Choice on Termination of Pregnancy ACT），并明确表示南非宪法并不禁止堕胎。

2000 年以后，堕胎以及生殖健康方面的法律得以进一步发展。2003 年，美国制定法律禁止对出生中的胎儿实行堕胎。2007 年，葡萄牙将 10

孕周内的堕胎合法化；墨西哥将 12 孕周内的堕胎合法化。2008 年，澳大利亚将 24 孕周内的堕胎合法化。2009 年，西班牙将 14 孕周内的堕胎合法化。2011 年，美国健康和民政服务部（United States Department of Health and Human Services）制定政策要求所有的私营保险机构向妇女提供全额的避孕保险。2012 年，菲律宾制定《2012 年负责父母和生殖健康法令》（The Responsible Parenthood and Reproductive Health Act of 2012），规定避孕用品的普遍可及、生育控制和母婴保健并要求学校开展性教育。2013 年，乌拉圭也将第一孕期内的堕胎合法化。

（二）计划生育政策的国际发展趋势

1. 国际人口政策与计划生育的发展

计划生育政策总是受人口政策的制约。人口政策主要包含四个方面：调节人口自然增殖的政策、国内人口迁移政策、人口分布政策与国际移民政策。计划生育为调节人口自然增殖的手段之一。本部分选择一些重要国际人口会议为主线介绍计划生育政策的发展历程。

1954 年 8 月 30 日～9 月 10 日，世界人口学家会议在意大利首都罗马召开。这次会议着重讨论了人口研究的专门技术问题，如人口统计与人口调查等；没有充分探讨人口和发展问题；没有涉及控制人口与计划生育。此会议属于学术性会议，并未作任何决议。

1965 年 8 月 30 日～9 月 10 日，第二次世界人口会议在南斯拉夫首都贝尔格莱德召开。这次会议着重探讨发展中国家的人口与发展问题。会议强调计划生育与控制生育的重要性，就推广节育知识达成共识。此次会议亦属于学术会议。

1974 年 8 月 19～30 日，第三次世界人口会议在罗马尼亚首都布加勒斯特召开。此次会议为首次关于人口问题的政府间会议。会议的目的在于协调世界人口发展趋势和经济、社会发展的关系。会议达成了 21 项决议和 4 项建议并通过了《世界人口行动计划》。该文件指出，个人的生殖行为应该与社会发展需要相适应，个人在行使生殖自由权的同时应当负责任地考虑现有子女及将来子女的需要以及子女对社会的责任。

1979 年 8 月 28 日～9 月 1 日，国际议员人口和发展会议在斯里兰卡首都科伦坡召开。会议通过了《关于人口和发展问题的科伦坡宣言》，强调人口发展目标是经济、社会、文化发展目标不可分的重要组成部分；各国政府应当采取行动,改善人口和发展之间的关系;各国议员应承担义务协助解决人口和发展问题;并加强对控制生育的科学研究。

继科伦坡国际议员人口和发展会议之后,又先后召开了东南亚、非洲等地区性的国际议员人口和发展会议。1981 年 10 月在北京召开了亚洲议员人口和发展会议,通过了《关于人口和发展的北京宣言》。1984 年 8 月 15～16 日,在墨西哥城召开了墨西哥城国际议员人口发展会议,共有各国议员代表 125 人出席会议,通过了《墨西哥城国际议员人口和发展会议宣言》。

1984 年 8 月 6～14 日,国际人口会议在墨西哥首都墨西哥城召开。会议审查了 1974 年《世界人口行动计划》10 年来的执行情况;通过了《关于人口与发展的墨西哥城宣言》和《进一步执行〈世界人口行动计划〉的建议》两个文件。会议指出,虽然全球的生育率已有所下降,节育的知识和服务设施已日渐普及,但每年世界人口增长的绝对数量仍在上升,如何协调人口与发展之间的关系仍然是国际社会面临的重要问题。

1994 年,国际人口与发展会议在开罗召开并通过了《行动纲领》。该文件将计划生育纳入生殖健康领域并提出在 2015 年前使全世界享有高质量的生殖健康服务的目标。出席会议的 180 个国家认识到此目标的实现需要发达国家和发展中国家,包括政府、非政府和商业等各方共同努力来推动高质量的生殖健康与计划生育商品和避孕用具的普遍可及性。

2014 年 4 月 7～13 日,第 47 届联合国人口与发展大会再次强调将人口问题纳入发展议程,以实现各项发展目标。据联合国统计,世界人口从 1994 年的 57 亿增加到 2014 年的 72 亿,预计在 2050 年将达 96 亿,而人口增长大都在贫穷国家。全球人口呈现老龄化和城市化等方面的新特点。根据联大决议,在《开罗行动纲领》于 2014 年到期之前,联合国人口基金从"尊严、健康、行政、居所和可持续性"五个层面对过去 20 年间纲领的执行进展情况进行审议和通报,提出评价和建议,并制定 2014 年后新的国际人口与发展会议监测框架的指标。

2. 计划生育与千年发展目标

随着经济与人员往来的日益国际化,国际社会已经充分认识到计划生育对人类社会发展至关重要。2009 年计划生育国际会议(International Conference on Family Planning)在乌干达召开,会议就计划生育与人类千年发展目标(The Millennium Development Goals,MDGs)展开了充分讨论。

计划生育对实现人类千年发展目标具有十分重要的意义，具体体现在以下几方面：

（1）计划生育有助于消除贫困和饥饿。通过现代节育措施和生育间隔，计划生育可有助于减少人口总量进而减少人们对食物总量的要求。

（2）计划生育有利于普及教育。在发展中国家尤其在非洲国家，子女较多的家庭往往未成年人的失学率比较高，女童经常无法完成基础教育。计划生育通过适度控制子女数量可以减轻家庭负担，普及教育。

（3）计划生育有利于性别平等。无计划的怀孕、生产与养育子女会打断女性的人生规划，影响其就业与收入，并阻碍女性参与社会事务。计划生育是女性赋权中的一个重要组成部分。

（4）计划生育有利于儿童健康。避免无计划的怀孕每年可避免120万婴儿死亡。如果所有的节育措施都有效落实的话，每年将会另外避免64万新生儿死亡。

（5）计划生育有利于产妇健康。普及计划生育在内的生殖健康是MDGs的目标之一。在无计划妊娠情况下，妇女往往选择堕胎，而不安全堕胎是妇女死亡或者产生生殖疾病的原因之一。计划生育可避免无计划妊娠。

（6）计划生育有助于防治艾滋病。抗击艾滋病也是MDGs的一个重要内容。计划生育通过安全套使用可以有效避免艾滋病传播。

（7）计划生育有利于环境保护。计划生育通过人口总量控制能降低人们对资源的总量需求从而缓解环境压力。与传统的保护环境的绿色措施相比较，计划生育更为简便快捷、经济实惠。

（8）计划生育可以促进国际合作与交流。计划生育已经有50余年的国际交流历史，是国际社会共同的议题。

3.21世纪国际社会计划生育政策要点

2009年计划生育国际会议在总结经验的基础上，提出在21世纪计划生育政策应该强调以下五项工作。

（1）注重计划生育政策落实方案。很多国家制定了计划生育目标，但相关政府部门不够重视，缺乏相应配套的落实方案，最终无法实现计划生育的目标。计划生育政策出台应有配套的实施方案。

（2）计划生育服务需求多样性要求服务种类多样化，在实施快速短期节育措施同时更要重视长效节育措施、提高节育措施的人群覆盖面。

（3）完善节育措施供应体制、拓宽资金渠道、加大资金支持力度。

（4）计划生育工作与相关的健康与非健康工作相结合，加强部门合作、推动社会综合参与。

（5）转变传统的观念，将计划生育的对象从已婚妇女拓展到男性群体与未婚青年群体。

四、重点国家计划生育政策法律分析

计划生育政策和法律是必要的，但是要结合具体国情制定。人口增长过快对经济发展与环境造成很大的负面影响。但是，在控制生育政策导致劳动力缺乏与人口老龄化的情况下，就应该修订此项政策，增加人口出生率以解决社会问题，使人口与经济能可持续地协调发展。以下就美国、印度、新加坡的计划生育政策法律进行介绍分析。

（一）美国

美国是世界上唯一没有建立起全民医疗保障体系的发达国家。美国政府专门为军人和退伍老兵建立了医疗机构，直接提供服务；专门为老人和穷人的健康风险提供了保险保障；美国普通居民的健康风险则通过购买私人健康保险的方式获得保障。奥巴马执政后，开始推行奥巴马医疗改革方案，力求民众能普遍享有医疗保障。

如前文所述，在历史上，美国是个对计划生育比较保守的国家，避孕信息甚至堕胎都曾属于违法行为。桑格夫人作为国际计划生育的开创者，曾经因为传播避孕信息而被捕。20 世纪 60 年代，美国着手法律改革为计划生育扫除法律障碍。1965 年，美国修正了《社会保障法》（Social Security ACT），增加了 XIX 篇即医疗救助篇。根据 1965 年医疗救助修正案，美国联邦政府向州政府提供经费用于低收入群体的医疗救助。政治健康医疗服务是医疗救助的一个重要内容。

美国是宪政联邦制的国家。联邦政府和州政府根据宪法的规定各自行使立法权，州政府不是联邦政府的下属，没有服从联邦政府的义务。但是，当联邦宪法或联邦法律与州宪法或州法律相抵触时，州宪法和州法律必须服从联邦宪法和联邦法律。

联邦立法中仅有一部专门针对计划生育的法令，即《1970 计划生育服务与人口研究法》（Family Planning Services and Population Research Act of 1970）。它不是一部独立的法律，而是美国联邦政府在 1944 年颁布的《公共卫生服务法》（Public Health Service ACT）的一部分。《公共卫生服务法》经过数次修订，1970 年修订增加了 X 篇即《1970 计划生育服务与人口研究法》，该篇旨在为民众提供综合性的计划生育服务，包括节育以及绝育等。《1970 计划生育服务与人口研究法》又被简称为 "X 篇"（Title X）、"X 篇计划生育项目"（The Title X Family Planning Program），或者 "公法 91 – 572"（Public Law 91 – 572）。"X 篇" 主要由美国议会提供经费，优先向低收入者、无医疗保险家庭以及无法享受医疗援助的家庭提供计划生育服务，减收或免收这些人的费用。美国随后通过了一些与 "X 篇" 相关的议案，如 1972 年美国国会通过议案，要求每个州从各自的医疗救助项目经费中划拨出部分款项，以帮助低收入家庭实施计划生育，联邦政府事后按照州拨款的 90% 补助州政府。1975 年又通过议案，许可全美各地建立计划生育网络。2014 年，美国共有 4,400 个计划生育中心。2014 财政年度，联邦议会对 "X 篇" 的财政拨款近 3.3 亿美元。

除了联邦议会拨款外，"X 篇" 经费的其他来源还包括医疗救助补助（medicaid reimbursements）以及其他联邦经费渠道。"X 篇" 项目受资助方所需经费中约有一半来自联邦经费，其余经费来自其他渠道，例如州财政、地方资金以及保险机构等渠道。"X 篇" 经费受资助方所提供的计划生育服务包括避孕、教育与咨询、乳房保健、盆腔检查、性病筛查与治疗、乳腺癌与宫颈癌、艾滋病、转介、妊娠检查、妊娠咨询，等等。

需要强调的是，虽然 "X 篇" 通过预防无计划的妊娠从实际上降低了堕胎数量，但是 "X 篇" 的项目经费不得用于堕胎。堕胎一直是美国社会争论的焦点。近年来，有关联邦 "X 篇" 经费与堕胎的争论较多，主要是因为 "X 篇" 中大约 25% 的经费是拨付给美国计划生育联合会（Planned Parenthood Federation of America）所属医疗机构的，而该联合会是美国境内最大的实施堕胎的私立机构，在美国有 800 多个计划生育诊所，堕胎是其计划生育的重要手段。反堕胎人士认为，联邦向该机构提供经费使其可以将更多的非联邦来源渠道的经费用于堕胎。美国联邦议会中已经有人坚决反对议会给 "计划生育" 提供经费。

"X 篇" 联邦项目在美国境内有 10 个地方公共健康服务办公室（Public Health Service Regional Offices），这些办公室分区域负责 "X 篇"

项目的工作，例如申报管理、审查、执行等，还检查项目执行情况。

美国的医疗救助制度、"X 篇"项目以及州财政对计划生育的支持产生了较好的效果。据估算，在 2008 年，计划生育每一美元的投入可避免 3.74 美元因无计划怀孕而产生的支出。目前，4,400 个计划生育诊所每年为将近 500 万人提供服务，其中 82% 为女性、9% 为男性；一年可以避免 100 万例无计划妊娠。这些诊所每年对 200 多万人进行淋病、衣原体检测，并对 75 万人进行梅毒检测；对 130 万人进行艾滋病检测；对 150 万妇女进行宫颈癌检测。据统计，91% 的患者年收入在联邦制定的贫困线标准 25% 以下；57% 的患者为白人，20% 为黑人，3% 为亚洲人；一半的患者为 20 多岁的年轻人，30 岁以上的人占 28%，还有 21% 的人为十多岁的少年。在美国所有使用避孕用品或参加年度生殖健康检查的妇女中，有 15% 的妇女接受"X 篇"经费支持的服务；在所有的患者中，只有 5% 的人接受服务的目的是为了生育控制，90% 的患者为了预防生殖疾病促进健康，超过 50% 的人接受性病与生殖系统感染等治疗。

对"X 篇"受助医疗机构的许多贫穷患者而言，"X 篇"诊所是他们获取医疗服务的唯一渠道。2009 年，共 520 万患者中，70% 的患者为贫困线之下的穷人，66% 的人没有医疗保险。2006 年，60% 以上的妇女患者称她们经常造访"X 篇"诊所接受医疗服务。

除医疗救助和"X 篇"之外，奥巴马医疗改革方案（Obama Care）也将对计划生育起到促进作用，该方案是美国总统奥巴马选举时提出的政纲三大议题之一。2007 年发源于美国的国际金融危机导致美国的失业率不断攀升，家庭收入减少，使得越来越多的人承担不起医疗保险费用。奥巴马 2008 年执政以来，一直致力于推行医疗改革。终于在 2010 年，美国国会通过了《患者保护与医疗法》（The Patient Protection and Affordable Care ACT），此法律标志着奥巴马医疗改革方案的正式开始实施。与 ACA 相配套，美国国会也修正了《医疗与教育调解法》（Health Care and Education Reconciliation ACT）。奥巴马医疗改革方案是自 1965 年美国实施医疗救助以来医疗体制的一个重大改革，此方案按年计划逐步落实，全面落实需要 10 年（2010—2020）的时间。从 2014 年开始，奥巴马医疗改革方案主要内容集中在五个方面。

一是加强对已有医疗保险人的利益保护。国家通过专门立法，对保险公司的合同行为进行严格约束。按照新的改革方案，保险公司不得因为投保人存在既往病史而拒绝承担赔付责任；不得因为投保人生病而取消其保险计划；不得因为投保人存在既往病史或发生疾病而限制其保障范围等。否则，将被视为违法行为。投保人年龄与地区相同则保险费用也应相同，保险公司在保险条款中不得因为投保人的性别或者既往病史增加保险费用。

二是通过改革医疗费收费制度与医疗保险制度从而降低医疗费用。原来医疗机构是对照医疗项目逐一收费并且医生可自己收费。改革以后，医疗费用不得由单个医生收取，费用支付给医院或者医生组织；而且医疗服务打包付费将取代医疗服务逐项收费。原来的医疗保险规矩是在一定保险额度内处方药费用定价较低，如果处方药费用超出了设定的一定保险额度，被保险人就要承担较高的药费。这种超过定额高价药的现象将在2020年1月1日彻底消失。

三是没有医疗保险的人应当参加医疗保险，否则要交罚款。新医保计划明确，医疗保险既是美国人的权利，也是义务。没有医疗保险保障的人应该选择一项医疗保险，否则，要缴纳罚金。政府给低收入者提供补贴促使其购买医疗保险。特别宗教信仰者或者生活特别困难者无能力购买医疗保险者可以免除罚金。此外，从2014年开始，对于有50个以上雇员但没有为全职雇员购买医疗保险的雇主而言，如果其全职雇员中有人用减税等方式自己购买医疗保险的话，美国税务局要对该雇主收取罚金。

四是政府采取激励措施推动民众尽快广泛参保。方案制定了医疗保险开放选择期，首个选择期为期6个月（2013年10月1日到2014年3月31日）。2015年度医疗保险的投保期从2014年11月15日开始，2015年2月15日结束。年收入在政府贫困线标准100%~400%之间按照递减原则享受政府补贴。133%~150%收入阶层，其自费的保险费为收入的3%~4%，其余保费由政府补贴，补贴由政府直接转给保险公司。小型微利的企业也可以获得政府补贴以便其为员工购买医疗保险。

五是扩大了医疗救助对象的范围。年收入不足联邦贫困线标准133%的人，无论是否有残疾、成年人无论多大年龄、无论是否有需要抚养的子女，都属于医疗救助的对象；另外，如果年收入不足联邦制定的贫困线138%的，超过贫困线标准部分的5%可忽略不计。

奥巴马医疗改革计划给州选择权，由州政府自主决定是否加入医疗改革计划。从2014年到2016年，如果州政府执行奥巴马医疗改革方案的话，美国联邦政府将为其州内新纳入医疗救助范围的所有低收入者提供全额医疗救助费用资助。此项资助逐年递减，从 2017 年开始，资助比例为 95%，2018 年为 94%，2019 年为 93%，2020 年及以后为 90%。对于不采纳奥巴马医疗改革方案而维持其原有医疗救助制度的州，联邦政府平均只给 57% 的相关费用支持。到 2015 年 2 月，一半以上的州已经选择参与医保改革计划，有少部分州如新英格兰州（New England）和缅因州（Maine）等选择维持原有政策。

事实证明，奥巴马医疗改革方案已经取得了一些成绩，提升了美国医保覆盖率。到 2014 年 5 月，约 2,000 万美国人获得医疗保险成为奥巴马医疗改革方案的受益者；与此同时，美国无医疗保险的人数从 2013 年的 18% 下降为 13.4%。

奥巴马医疗改革方案注重女性健康，明确医疗保险应当涵盖女性的预防性检查和护理。美国健康资源与服务局（Health Resources and Services Administration）在 2011 年 8 月 1 日制定了《女性健康与疾病预防指南》（Guidelines for Women's Preventive Health Services），其中明确规定由美国食品与药品管理局（Food and Drug Administration）批准的一切节育措施、绝育、患者教育与咨询都应当纳入医疗保险的范围。按照奥巴马医疗改革方案，雇主必须为女性雇员投保女性健康与生殖健康保险，但宗教团体可以例外。奥巴马医疗改革方案还规定为了保护女性的健康，2012 年 8 月 1 日之后，保险机构不得要求被保险人分担部分妇女预防性的医疗服务及生殖健康服务的费用。

（二）印度

作为人口大国，印度是世界上第一个实行生育控制政策的国家。长期的贫穷与饥饿很早就促使印度政府采取控制人口的措施。印度 1947 年通过了《国家计划生育方案》（National Programme of Family Planning）；1950 年组建了人口政策委员会（The Population Policy Committee）。此委员会随后制定了印度的第一个五年（1952—1956）人口规划。为执行此规划，政府拨款 650 万卢比用于人口问题研究、自然计划生育以及节育措施。1956—1961 年为印度第二个五年人口规划期，期满时印度约有 4,000 个节育诊所。

1961—1966 年为印度的第三个五年人口规划期，该规划计划到 1970 年将人口出生率从 1960—1961 年间的 41‰ 下降到 25‰。为实现此目标，印度社会从 1965 年开始大力推广宫内节育器。在声势浩大的生育控制形势下，印度还制定了逐年递增的宏伟目标：1966—1967 年间，安放 233 万个宫内节育器、138 万人绝育、发放 183 万个安全套；1970—1971 年间，安放 1,969 万个宫内节育器、451 万人绝育、发放 466 万个安全套。

此外，印度还进一步计划到 1978—1979 年人口出生率下降为 23‰。为了实现这些目标，1969 年印度在全国范围开展"医院产后服务项目"（The All‐India Hospital Postpartum Programme），主要是对分娩后的妇女实施节育手术。1970—1973 年间，约 120 万妇女接受该项目提供的分娩与堕胎服务，其中超过 18% 的人在产后接受了节育手术。1971 年，印度国会通过了《医疗中断妊娠法令》（The Medical Termination of Pregnancy ACT），将堕胎合法化。该法令之后两年，年均登记堕胎数 2.3 万例。但是，印度大规模的生育控制手段并没有达到预期的目的，人口出生率仍然高于预定指标。1974—1975 年，印度人口出生率为 35‰，没有实现 1970 年 25‰ 的人口出生率目标。

因此，1975 年印度政府决定采取更加强硬的手段。印度总理英迪拉·甘地政府曾制定了印度第一个《国家人口政策》（National Population Policy），其主要内容包括将法定结婚年龄提高到女 18 岁、男 21 岁，提高妇女的教育水平，要求有两个以上孩子的男子必须接受强制绝育，对子女较少的政府工作人员给予奖励，等等。在高压态势下，强制绝育措施施行后的 12 个月内，印度全国就完成了 826 万例绝育。但强制绝育政策受到强烈反对。1977 年新当选的政府放弃了此项政策。此后，印度再没有出台强制绝育政策。

2000 年，印度制定了第二个国家人口政策，在全国进一步推广普及生殖、避孕信息与服务，强调性病艾滋病防治，鼓励少生育、小家庭模式。印度目前的计划生育是在自愿基础上的节育措施，不强制控制生育数量。印度的计划生育接受国际资金的支持，主要的国际资金来源于福特基金（Ford Foundation）和美国国际发展署（USAID）。20 世纪 80 年代，印度地方政府在中央政府经费支持下，增加了计划生育项目。农村地区通过医疗卫生网络体系开展计划生育服务。印度的节育措施主要有女性绝育和安全套。为鼓励计划生育，政府出台了一些鼓励政策，例如独生子女的公职人员可享受较好的住房待遇，绝育最多的村可以享受饮水与灌溉等福利。一些非政府组织也积极配合政府从事计划生育方面的工作，如印度计划生育联合会（Family Planning Association of India）在性和生殖健康领域开展活动，工作范围覆盖母婴保健、女性赋权、男性参与以及青少年健康和发展。随着计划生育政策的落实，节育率迅速增长而生育数不断下降。采取节育措施的妇女从 1970 年的 13%增长到 2009 年的 48%；而平均生育数则从 1966 年的 5.7 降为 2009 年的 2.6。女性的教育程度较低、重男轻女、和节育措施的不普及是阻碍计划生育推广的重要因素。

2012 年，印度人口为 12.2 亿人，仅次于中国，与 2000 年的印度人口 10.14 亿相比增长了 2 亿多人口。从 2000 年到 2012 年，印度人口的年增长率从 2000 年的 1.58%降到 2012 年的 1.31%。2012 年，印度妇女的生育率为 2.72‰，比 2000 年的 3.11‰有所下降，但下降幅度很有限。婴儿出生率为 20.6‰，比 2000 年的 24.79‰有所下降。

印度计划生育的效果具有地域差别。印度是联邦制国家，印度宪法规定了联邦与邦各自的立法权，联邦国会立法全国有效，而邦立法仅在本邦有效。印度分为 29 个邦，7 个联邦属地和 1 个国家首都。邦有很大的立法权力。

邦一级的地方立法权也体现在计划生育立法中。例如，1956 年印度的 Tamil Nadu 州开始对绝育男子、实施绝育手术的医生及绝育手术介绍人发放现金奖励。此做法后来风行全国，采取其他节育措施，如戴环、女性结扎、堕胎等都可以得到 30 卢比奖励。再比如，1976 年《马哈拉施特拉邦家庭法》（The Marharashtra Family ACT）规定，如果夫妻双方已经有了 3 个孩子，那么夫妇中应该有一个人进行节育，3 个孩子性别相同的除外。该邦强制绝育的规定招致了人权方面的争议。目前，在印度有 7 个邦的生育率已经低于 2.1‰的人口替代率水平，如 Andhra Pradesh 邦等；有 4 个州的生育率高于 3.5‰。

目前印度对绝育的规定比较谨慎。如果妇女要求绝育手术的话，需要向医生提交丈夫签署的手术同意书或者在有证明人在场的情况下向医生说明其丈夫并不反对其绝育。另外，印度政府也出台相应规定，要求医生严格审查患者是否符合绝育条件。这些必须满足的条件包括：年满 35 周岁，已婚，已经取得配偶同意。此外，1971 年印度出台的《绝育手册》规定了严格的绝育操作规程和技术要求。但是，据报道，违法实施绝育的很普遍，法律并没有严格追究违法者的责任。

（三）新加坡

新加坡于 1965 年脱离马来西亚成为一个独立的国家。新加坡的法律制度根植于英国的法律制度，但又具有自己的特点。新加坡立法中既有英美法系的判例法，也有大量的成文法。新加坡的计划生育政策可以分为两个阶段：限制生育阶段（1966—1986）与鼓励生育阶段（1987 年至今）。

1. 限制生育阶段（1966—1986）

新加坡建国之初，经济不发达，人口有 188 万。政府担心新成立的小国家无法承受人口压力，因而立即采取限制人口增长的策略。1966 年家庭计划与人口委员会（Singapore Family Planning and Population Board，SFPPB）成立，隶属于卫生部。

1966 年新加坡制定了第一个计划生育五年规划（1966—1970），计划到 1970 年将人口出生率从 32‰降到 20‰。当时，所有从事计划生育工作的组织和个人以及经营计划生育用品的人和组织都要在新加坡计划生育与人口事务处登记。1969 年新加坡政府进一步出台压制大家庭、推行小家庭的政策，但并没有推出理想的家庭规模模式。1970 年绝育和堕胎合法化。最终，新加坡第一个计划生育五年规划虽然得以大力推行，但并没有实现其最终目标，1970 年的人口出生率为 22.1‰。

第二个计划生育五年规划（1971—1975）的目标是到 1975 年将人口出生率从 22.1‰降为 18‰。1970 年，堕胎和绝育合法化。1972 年推出"两个孩子"的计划生育标准模式。政府要求每个家庭只生两个孩子并推出相应的配套措施。例如，妇女生第三孩子没有政府津贴；申请组屋推迟四至六年（新加坡 82%的人居住政府房屋，正常情况从申请到入住需等三至四年）；第三个或更多子女就读名校资格受限制；在生育二胎后，产妇被动员实行绝育手术；凡是文化水平在十年教育以下的妇女，在生育二胎后实行绝育措施的奖励一万新加坡币。1975 年放宽堕胎条件，鼓励堕胎。"两个孩子"的家庭模式使许多人调整了自己的生育行为，少生了，多数人只生两个孩子；同时出现晚婚与晚育现象。这些现象改变了部分低文化、低收入家庭越穷越生的恶性循环状况。第二个五年规划结束时，1975 年出生率降到 17.8‰。

第三个计划生育五年规划（1976—1980）的主要内容是达到人口替代标准，每个妇女生育两个孩子为理想模式，2030 年实现人口零增长。在此期间，新加坡大力推广节育用品，开办计划生育诊所，提倡晚婚晚育，深入计划生育宣传教育。公立医院实施男性绝育手术的费用仅为 5 新元。新加坡建国以来推行的限制生育的计划生育政策在第三个计划生育规划期间收到了明显效果。到 70 年代末 80 年代初，少生已成为国民的普遍现象。1975—1976 年间，总体生育数降到人口替代水平 2.1，比计划时间（1980）提前五年实现。从 1977 年开始，每名新加坡妇女生育子女的平均数已经持续低于人口替代率水平。在 1980 年，平均每名妇女生育 1.8 个子女。

随着新加坡人口替代率持续走低，从 1984 年开始，政府放宽计划生育政策，鼓励具有大学学历的妇女多生孩子。然而，此歧视性政策招致非议，一年以后停止执行。为了鼓励高学历女性生育，1984 年政府还组建成立社会发展处（The Social Development Unit）积极为大学毕业女性寻找异性伴侣。随着新加坡限制生育的人口政策的使命已经完成，新加坡计划生育与人口事务处在 1986 年被解散。

新加坡限制性的计划生育政策具有激励与打击双重特点。孩子越多，产假越短；孩子越多，自己承担的分娩费用越高；在政府住房分配方面优先考虑孩子较少的家庭；子女人数较少的家庭的孩子比孩子多的家庭的孩子可以优先上小学一年级；给予实施绝育手术的女性公职人员假期休息；免除分娩后同意绝育手术的产妇的分娩医疗费用；在只有一两个孩子且夫妻双方均在 40 岁以前接受绝育手术的情况下，其子女可优先上小学一年级。实际上，并没有孩子因计划生育政策而无法上学，但此政策确实使一些父母无法让自己的孩子进入心仪的学校。同样，因为政府大力开发政府保障房，也没有家庭因孩子太多而最终被剥夺享受政府保障房的权利。事实上，只要申请人满足条件最后都能享受到政府住房，只不过有等待时间长短的区别。

2. 鼓励生育阶段（1987 年至今）

1977 年以后新加坡妇女的平均生育数一直低于国际公认的人口替代标准，新加坡人口已经呈现老龄化势头。按照国际标准，一个国家或地区 65 岁以上人口达到 7% 时，该国家或地区人口老龄化。近年来，新加坡 65 岁以上的老龄人口成倍增长，1997 年老年人比例为 7%，2000 年比例为 7.4%，而 2014 年则增长为 12.4%，新加坡已经成为老年型社会。人口老龄化导致新加坡成为纯劳动力输入国。现在，是世界少数制定鼓励性生育政策的国家。

1987 年至今，新加坡进入鼓励生育阶段，出台了选择性的鼓励生育政策，其口号是：生够三个孩子，养得起就多生。政府开始大力提倡结婚生育并制定了刺激措施。为减轻多子女家庭的经济负担，分娩第三个、第四个孩子的医疗费用可以从纳税基数中扣除；孩子生病父母可以请假；为了育儿父母可以不带薪休假或者转为非全职员工。此外，还将"两个孩子"的标准生育模式修改为"三个孩子"模式；绝育不再是计划生育的内容，没有孩子或者只有一两个孩子的女性要求绝育时必须接受劝阻绝育咨询。鼓励低收入低教育水平的夫妻能生育两个孩子并申请政府保障房屋。

从 2001 年 4 月起，新加坡推出"婴儿花红计划"鼓励生育。"婴儿花红计划"拟将新加坡公民从 370 万人增长到 2020 年 450 万人。按照这项计划，在第二个孩子出生起六年内，家庭可得到政府 3,000 新元的政府补助。同时，如果孩子的父母给孩子存款的话，政府亦将另外存入一笔等额新加坡币，最高额为 1,000 新元。第三个孩子从出生起每年可获得 1,000 新元"花红"，总值 6,000 新元，并可获得限额 2,000 新元的政府对等存款数额补贴。家长可用这笔钱为新生儿添置生活用品，支付孩子在托儿所、幼儿园的教育费等。"婴儿花红计划"实施第一年取得了一些成效，但总体效果并不理想。到 2011 年，新加坡妇女平均生育数 1.37，仍处于人口替代标准 2.1 之下。

2012 年，新加坡再次加大财政投入，刺激生育。以有两个孩子的中等收入的家庭为例，在一个孩子进入小学之前，家长可得到两万新币婴儿花红、5.3 万新币育儿托儿津贴、一万新币所得税减免。此外，还有母亲 4 个月带薪产假，每个家长带薪年休 6 天家长事假等。

但是，刺激人口增长的举措似乎并没有收到预期的效果。高学历的男女选择单身、不生育或少生育的现象十分普遍。2014 年新加坡妇女的生育数为 1.2，低于人口替代数 2.1。新加坡民族众多，其中华人妇女的生育数最低，马来妇女和印度妇女的生育数较高。

现在，新加坡认为增加人口有利于发展经济并能有效解决人口老龄化问题。截止到 2014 年 6 月底，新加坡总人口为 547 万，比前一年同期增加了 1.3%，这一增速为十年来最低。新加坡公民中，65 岁以上的人口比例从一年前年的 11.7% 增加到 2014 年 6 月底的 12.4%。2004 年，老年人与成年劳动力的比例为 1∶7.6 人，2014 年则为 1∶5.2。新加坡人初次结婚的平均年龄从 2012 年到 2013 年变化不大，男性为 30.1 岁，女性为 27.8 岁。生育数在 2012 年攀升至 1.29 之后，2013 年又跌至 1.19。

2013 年新加坡发表 2013 人口政策白皮书，计划在 17 年内增加 30% 人口，目标在 2020 年将整体人口提升至 600 万，并于 2030 年达到 650 万至 690 万水平。为实现此目标，新加坡正加大引入移民的力度。

五、计划生育的国际合作

在计划生育领域具有重要国际影响的机构主要有联合国人口基金会（United Nations Population Fund，UNFPA）、WHO、联合国发展署（United Nations Development Program，UNDP）、USAID、国际计划生育联合会（International Planned Parenthood Federation，IPPF）和玛丽斯特普国际组织（Marie Stopes International，MSI）等。联合国人口基金会是全球最大的人口与生殖健康项目的国际资金来源。

（一）联合国人口基金会（UNFPA）

联合国人口基金会成立于 1969 年，直属联合国大会，是全球最大的向发展中国家提供人口领域援助的国际组织；其资金来源于各国政府的自愿捐款，其中大部分来自西方发达国家。联合国人口基金会的领导机构是执行局，其重大方针政策和主要活动由执行局讨论决定，执行局每年举行一次年会和三次常会。执行局成员由联合国经济与社会理事会按地区分配原则和主要捐款国、受援国的代表性原则选举产生，任期三年，执行主任任期五年。执行局负责审核批准人口基金向发展中国家提供的援助方案、审查批准人口基金的行政、财务预算等。秘书处在执行主任领导下处理日常事务。联合国人口基金会秉持的计划生育理念是：因为期望所以怀孕、婴儿安全出生、年轻人都能发挥自身潜能。堕胎不是联合国人口基金会倡导的计划生育措施。

1994 年，联合国人口基金会协办了国际人口与发展大会（International Conference on Population and Development），计划生育是此次大会的重要议题。该大会通过的《行动纲领》（Program of Action）对联合国人口基金会的工作具有重要指导作用。《行动纲领》强调要协调人口与发展之间的关系、人口工作重点应为提高生殖健康，而不是完成人口目标。根据该《行动纲领》，联合国人口基金会调整了援助政策，将计划生育服务纳入生殖健康综合服务的范畴，确定生殖健康包括计划生育和性健康两大方面并着重强调通过计划生育和性健康服务等手段为女性赋权从而促进性别平等。除《行动纲领》外，联合国人口基金会还有一个重要的工作指导文件，即联合国制定的《千年发展目标》（Millennium Development Goals），计划生育是实现千年发展目标的一个重要手段。《千年发展目标》提出，到2015年将产妇死亡率降低3/4并广泛提高生殖健康。

联合国人口基金会在全球136个国家设立办公机构并在156个国家开展性与生殖健康工作，其中重点在69个低收入国家开展计划生育工作。联合国人口基金会在计划生育方面的工作主要由其下属的办公机构负责。目前大规模的国际计划生育项目主要有两个：生殖健康与产品安全全球项目（Global Programme to Enhance Reproductive Health Commodity Security，GPRHCS）和产妇保健项目（Maternal Health Programme，MHP）。

生殖健康与产品安全全球项目开始于2007年，主要工作是在向发展中国家供应并推广使用节育用品。2013年该项目加大了执行力度，增强了对46个受援助国家的支持力度。2013年全年项目开支为1.64亿美元，其中66%的费用用于购买产品，34%的费用用于能力建设。2013年，此项目为3500万对男女提供了足够一年所需的避孕药与安全套。从2014—2018年，GPRHCS所需经费将从2.55亿美元增加为3.11亿美元。中国不属于生殖健康与产品安全全球项目的项目执行国。产妇保健项目旨在通过构建个人、家庭、社区和理疗机构之间的孕产妇支持协作机制，确保孕产妇最大限度地获得产前检查与助产服务，减少发展中国家的产妇死亡率。中国为产妇保健项目的项目执行国，该项目主要在我国广西的边远贫困地区为孕产妇开展保健服务。

为帮助发展中国家开展计划生育，生殖健康与产品安全全球项目积极支持项目执行国政府部门、民间机构、科研机构的计划生育工作，与他们加强合作并向其提供技术和资源的支持。联合国人口基金会办公机构在项目国的工作十分广泛，包含协调与合作、政策倡导与对话、物资采购、能力建设、信息管理等项工作。

2013年，生殖健康与产品安全全球项目特别制定了《要选择而不是等待：联合国人口基金会2012—2020计划生育策略》（Choices not Chance：UNFPA Family Planning Strategy 2012—2020），该规划明确树立了以权利为本的计划生育策略（rights-based family planning strategy）。权利为本的计划生育策略决定了联合国人口基金会在各项计划生育活动中都要贯彻七大原则。这些原则包括普遍人权原则；不歧视原则；性别平等与公平原则；针对青少年及年轻人开展综合性的性教育与健康服务原则；以实证为基础的国家统筹与可持续原则；问责与公开原则；创新、高效、质量与成效原则。

在这七大原则中，普遍人权原则、不歧视原则以及性别平等与公平原则需要重点关注。普遍人权原则要求人人都享有包括性与生殖健康在内的健康权；人人都有权自由而负责任地决定自己的子女数量与生育间隔；任何人都有权自己决定是否结婚；人人有权获得包括计划生育在内的性健康教育；有权决定选择哪种节育方法；有权自主行使计划生育相关的其他权利，不受身份、种族、民族、宗教、教育、年龄、收入、健康等因素的影响。不歧视原则要求计划生育的政策与项目必须要建立在自愿与保护个人隐私的基础上，包括弱势群体、边缘群体在内的每一个人均有权平等地参与计划生育、获得计划生育方面的信息、服务；不歧视原则明确人们计划生育的决定应该是自愿的而不是被迫的。性别平等与公平原则决定计划生育应该体现性别平等与公平，尤其要体现女性赋权精神。在计划生育领域，女性完全有权自主决定是否生育子女、何时生育子女、怎样进行计划生育、采用何种节育措施。男性应该负责地配合女伴的节育要求与措施，支持她们的决定，要尊重女性的性与生殖健康的权利，不得对女性实施暴力。

《要选择而不是等待：联合国人口基金会 2012—2020 计划生育策略》制定了"五个产出"工作框架并明确了"五个产出"包含的工作要点与评估指标。第一个产出为培养以人权为基础的计划生育所需的支持性环境，计划生育为性健康与生殖健康权中不可分割的部分。第一个产出包含生殖健康与产品安全全球项目的三大工作重点：与政府与非政府机构广泛合作促进性与生殖健康以完成 1994 年《行动计划》与《千年发展目标》规定的目标；与项目执行国合作从政治与经济方面确保计划生育在性与生殖健康的制度中得到切实落实；组织与支持女性赋权活动，加强女性在计划生育中的自主决定权。第一个产出的评估指标为三个"国家数量"即：已经制定包含以权利为基础的计划生育内容的医疗保健政策的国家数量；在计划生育方面已经建立政策与项目之间协调机制的国家数量；已经具有专项计划生育经费制度的国家数量。第二个产出为加强计划生育需求以适应个人的生殖健康需要。其有五大要点，分别为：实证分析、社区参与、信息准确与沟通顺畅、加强能力建设及有效合作。其评估指标为两个"国家数量"：目标人群的计划生育知识得到提高的国家数量；已经建立基层一级计划生育项目制度的国家数量。第三个产出为确保节育产品的质量、安全及供应。包含两方面要点：质量过关、价格可承受、可靠可得；国家节育产品供应渠道可靠、供应充足。其评估指标指向两个数量：过去六个月没有出现过节育用品无储备的国家的数量；参加 UNFPA 开办的物资供应管理培训的工作人员总数。第四个产出则是提高以人权为基础的计划生育服务质量并广泛开展计划生育服务。此产出主要为 UNFPA 要倡导以人权为基础的计划生育服务理念并推广相应最佳服务模式。评估指标为三个"国家数量"，即将计划生育作为性与生殖健康体系的一部分纳入国家医疗卫生制度的国家数量；建立对医疗卫生人员进行计划生育持续培训制度的国家数量；建立完整的计划生育质量保障制度的国家数量。最后一个产出是健全计划生育信息系统。其工作重点在于帮助发展中国家建立人口信息管理系统并因此完善计划生育从政策制定到政策落实与评估的各项制度；评估指标为具备完善的医疗管理信息系统的国家数量以及具备物资供应信息管理系统的国家数量。

为实现"五个产出"的目标，UNFPA 着手对内部制度进行改革以巩固与加强该基金会在计划生育方面的国际领导地位。制度改革的四大要点为：以计划生育为工作重点提升组织形象；优化计划生育用品的供应系统、提高管理水平与效率；加强工作责任制、严格制定与落实问责制度；提高工作人员的工作能力。

（二）世界卫生组织（WHO）

世界卫生组织从医疗的角度奠定计划生育的四块基石，以确保计划生育安全有效开展。前两个基石为计划生育项目具体措施的制定和落实提供参考依据。第一块基石是《避孕方法选用的医学标准（第 4 版）》（The Medical Eligibility Criteria for Contraceptive Use, 4th Edition），主要内容为针对相关人群有针对性地采取有效的避孕措施。第二块基石由《避孕方法使用的选择性建议》（The Selected Practice Recommendations for Contraceptive Use）和《2008 年避孕方法使用的选择性建议》（The Selected Practice Recommendations for Contraceptive Use；2008 Update）构成，两份指导文件均针对不同身体条件的人的具体情况提出选择有效的避孕措施的指导。第三块基石是《给计划生育服务人员和服务对象的决策工具》（Decision – making Tool for Family Planning Clientsand Providers），其在前两大基础性文件的基础上提出如何针对计划生育客户的具体情况制定合适的计划生育，属于计划生育咨询以及随访的指导性资料。第四块基石是《计划生育服务提供者的手册》（Family Planning：A Global Handbook for Providers）为计划生育业内医务人员提供技术指导，内含 20 种节育方法，此手册有助于澄清人们在计划生育认识上的误区及明确一些节育产品的副作用。

WHO 还特别重视在计划生育领域中保护人权，近年来特别发布多项文件强调在节育信息、用品的推广与使用中以及节育服务中要切实保护人权。代表性的文件有《节育服务中人权保护指导》《节育信息服务中人权保护框架》《节育项目中的人权保护：现有定量指标的人权视角分析》《取缔强迫、胁迫以及其他非自愿绝育的机构联合声明》以及《在节育信息与服务中保护人权的指导与建议》等。这些文件强调在计划生育特别是节育方面，一定要符合国际人权标准，要做到全面知情同意、自主决定、尊重人的尊严、保护隐私和个人信息、充分认识人们在节育方面的敏感性与个人需要。

在性与生殖健康领域，UNFPA、WHO 以及 UNDP 有广泛合作。例如，1972 年 UNDP、UNPFA、WHO 与世界银行（World Bank）共同发起人类生殖研究、发展及研究培训特别规划（Special Programme of Research，Development and Research Training in Human Reproduction）。此项目是全球化的协作规划，旨在促进、协调、支持、执行、评价人类生殖研究，特别关注发展中国家的研究能力建设；此项目在生殖健康研究领域处于世界领导地位。

（三）美国国际发展署（USAID）

美国国际发展署自 1965 年开展计划生育项目以来，已经在 40 多个国家开展了计划生育和生殖健康方面的工作，其主要的国际计划生育项目执行者为非政府组织。USAID 认定的非政府组织的范围比较广泛，包括学校、医院、非营利性非政府组织及商业机构等在内。作为全球重要的计划生育项目资助方之一，USAID 致力于在发展中开展计划生育、提高生殖健康。目前正在积极推进《计划生育 2020》国际合作项目，即到 2020 年，在世界最贫穷国家中有 1,200 多万女性在自愿的前提下获得计划生育信息、避孕用品和避孕服务。自 1965 年以来，USAID 已经在 27 个国家取得了计划生育方面的突出成绩，现代节育措施的使用率从 10% 提高到 37%，每个家庭的规模从平均6个子女下降为4.5个子女。

USAID在计划生育项目方面积累了丰富的经验,制定了比较完备的规章制度。其计划生育项目的制定与落实必须贯彻三大原则:自愿原则、知情基础上的自主选择原则、限制堕胎原则。这三大原则也体现美国相关法律与政策的精神。前两大原则确保人们获得计划生育方面的信息、用品和服务并在完全知情的情况下做出自己在生殖方面的决定。堕胎问题在美国属于政治与法律方面的敏感话题,存在较大争议,对堕胎要进行限制。在国际计划生育项目中,USAID执行两个主要文件:《美国国际发展署自动化指引制度》和《获得与援助政策指引》。《美国国际发展署自动化指引制度》第303章规定该机构项目运作的规章制度、工作程序、资助标准、资金与项目管理以及对外合作等指导性规定;还规定了项目招标公开、申请人资格审查、资助前风险评估、项目合同签订、共同承担项目开支以及争议解决等条款。此外,美国国际发展署进一步细化其对接受资助的非政府组织的要求,细化后的标准见于《美国非政府组织接受资助标准》与《国外非政府组织接受资助标准》。

(四) 国际计划生育联合会 (IPPF)

国际计划生育联合会和玛丽斯特普国际组织是从事包括计划生育在内的生殖健康工作的国际非政府组织。1952年,IPPF成立于印度孟买,由八个国家和地区(印度、德国、中国香港、荷兰、新加坡、瑞典、英国和美国)的计划生育协会创建。到目前为止,该联合会连接着180多个国家和地区的计划生育协会。1981年11月,中国计划生育协会被IPPF接纳为准会员,1983年被批准为正式会员,1986年成为该联合会亚太地区成员之一。IPPF的经费主要来源于政府与非政府渠道的捐助。目前,IPPF部分成员协会接受该联合会经费支持;除现金援助外,该联合会还向成员组织提供设备、培训及计划生育医疗技术服务。IPPF明确女性有权利决定堕胎并支持安全堕胎,堕胎是计划生育的措施之一。

IPPF的宗旨是:帮助、促进和维护包括青少年在内的男女的人权,使他们能自由并负责任地决定其子女人数和生育间隔并能享有获得计划生育信息、教育与方法的基本权利;通过信息、倡导和服务,满足人群的性和生殖健康的需求,使其享有能达到的最高标准的性和生殖健康权利;特别关注妇幼保健,消除不安全流产,使人们得到计划生育服务和安全流产服务；致力于为女性赋权与性别平等，使她们能够充分参与到社会和经济发展中来。该联合会尊重各个协会成员的自主权，但是要求他们必须牢记国际计划生育联合会的使命，遵循其基本原则和方针。

国际计生联于 2008 年发布了《国际计划生育联合会性权利宣言》（Sexual Rights：An IPPF Declaration），宣言中确定的原则和相关权利是该组织秉持的精神和理念。该宣言确定了七项原理与十项权利。七大原理是：性为人的本能；未成年人与成年人在性方面要区别对待；不歧视是人权的根本；性与性愉悦为人性之本，与生育无关；享有性权利与自由并应当免受伤害；性权利可以适当受到限制；尊重、保护和实现性权利与自由。需要指出的是，未成年人与成年人区别对待原则是指不满十八岁的未成年人的性权利以及对他们的保护应有别于十八岁以上的成年人；性权利适当受限原则指只有在为尊重和保护他人的权利与自由以及维护民主社会的公共利益的前提下，性权利才可受到适当限制。此宣言明确人们在性与生殖健康方面应该享受的十种权利包括：法律面前人人平等不受歧视的权利；不受性别与性倾向影响的社会事务广泛参与权；生命、自由、人身安全与身体健全的权利；隐私权；个人自治与自主人格受法律保护的权利；思想、观念与表达自由以及集会自由的权利；健康权与受益于科学进步的权利；获得教育和信息的权利；决定是否结婚与建立家庭以及决定是否或何时生育的权利；责任追究和补偿的权利。

（五）玛丽斯特普国际组织（MSI）

玛丽斯特普国际组织组建于 1976 年，总部位于英国；其致力于为偏远地区的贫困群体以及城市贫民特别是女性，提供优质的性与生殖健康宣传教育与服务；MSI 属于公益性非政府组织。

玛丽斯特普国际组织有 30 余年的从事计划生育、安全堕胎、孕产妇保健服务的经验；具有严格的诊所服务规范；在性与生殖健康方面具有与政府部门、非政府组织、研究机构和媒体等伙伴合作开展国际项目的经验；其性与生殖健康方面的主要工作包括艾滋病防治的倡导、交流和行为改变、能力建设与合作、提供服务、公共计划生育服务质量的提高和管理五个主要领域。

目前，该组织在 37 个国家开设的 600 多个服务中心与 5,200 个外展服务场所共同开展生殖健康服务。2013 年，全球有 1,560 万妇女在使用该组织提供的计划生育用品。该组织下属的医疗中心提供的服务包括计划生育、安全堕胎、流产后护理、母婴保健、性病检测与治疗以及艾滋病防治等。2014 年，接受该组织服务的人数为 1,810 万人；同年，通过生殖健康服务该组织有效避免了 540 万例妊娠、16,100 例产妇死亡、390 万例不安全堕胎。

MSI 中国代表处成立于 2000 年，在国内的 13 个省级行政区域开展工作。该代表处的主要工作为针对青少年性与生殖健康开展的诊所服务与宣传教育；为卫生计生等部门提供管理咨询与技术支持，推广优质计划生育服务；社会营销即通过推广手动一次性负压吸引流产的器械，降低人流对女性身体的伤害。

六、代孕与优生的法律问题

代孕与优生是生殖健康的措施之一，也是计划生育的一部分。但是，代孕与优生在法律上却存在较大争议。笔者从国际视角就代孕与优生涉及的法律问题进行如下探讨。

（一）代孕的法律问题

目前，世界范围内存在相当数量的同性恋者、单身人士及不孕患者，由于自身的性取向、单身身份及健康原因，他们面临不易生育子女的困难。为实现自己为人父母的愿望，其中一些人求助于代孕（surrogacy）。从医学的角度划分，代孕分为两类：传统代孕（traditional surrogacy）和生殖代孕（gestational surrogacy）。传统代孕是指通过人工授精方法使精子和代孕妇女的卵子相结合受孕，代孕妇女是胎儿生物学意义上的母亲。生殖代孕是指通过试管授精（in vitro fertilization）技术将受精的他人的卵子植入代孕妇女的子宫，代孕妇女并不是胎儿的母亲。依照代孕是否具有营利性质，代孕还可分为：无偿代孕（altruistic surrogacy）和商业代孕（commercial surrogacy）。无偿代孕，也称无私代孕，是指代孕者不以营利为目的，自愿为他人提供代孕。商业代孕，也称有偿代孕，是指代孕者为代孕委托人提供有偿的代孕服务，委托人根据约定向代孕人支付费用。代孕协议主要涉及代孕委托人和代孕人。委托人可能是已婚夫妻、同居男女，也可能只是单身男女或者同性恋伴侣。代孕人自然是愿意充当代孕母亲角色的妇女，可以是单身或已婚妇女。在代孕妇女已婚的情况下，该妇女的配偶也应在代孕协议书上签字。

很多西方国家或地区禁止任何方式的代孕，与有偿代孕或无偿代孕没有关系。这些国家与地区包括美国的亚利桑那州、新泽西州、密歇根州，欧洲的德国、瑞典、挪威、意大利，以及大洋洲的澳大利亚的昆士兰州。在有些国家和地区，法律禁止有偿代孕，但不禁止无偿代孕，例如英国、法国、丹麦、希腊、荷兰、澳大利亚（除昆士兰州之外）的大多数州和地区。而在另外一些国家并没有关于代孕方面的法律规定，如芬兰和爱尔兰等。在少数国家和地区，如以色列、加拿大、印度，以及美国的个别州，如加利福尼亚州，法律认可无偿和有偿的代孕。

现实中，因为语言、文化等因素及较有利的法律环境，西方寻求代孕的群体比较认同加利福尼亚州的代孕法律。美国加州并没有制定专门的关于代孕的法律。加州法院灵活运用美国的《统一父母身份法》（Uniform Parentage ACT）协调解决代孕问题并积累了丰富的关于代孕的经典判例。《统一父母身份法》包含父母的认定条款。依据第 2 条规定，母子关系建立的情况有四种：一是妇女生育子女，特别情况除外；二是法院认定；三是收养；四是代孕生育情况下法院依据有效的代孕协议认定母子关系。依据该条规定，父子关系的认定比母子关系复杂，具体有六种情况。第一是无可辩驳的当然的父亲身份。这种情况主要指孩子在婚姻关系中出生；孩子在婚姻终止后 300 天内出生；孩子在法律效力有疑问的婚姻关系期间孕育出生或在此期间孕育但在婚姻终结后 300 天内出生；孩子出生后，男子与孩子的生母结婚并自愿承担父亲的责任；在孩子出生后两年期间，男子和孩子生活在一起并且公开表示是自己的孩子。第二，男子有效承认自己的父亲身份。第三，法院认定父子关系。第四，男子收养孩子。第五，男子认可通过人工辅助手段由一名妇女使用该妇女自己的或其他妇女的卵子为此男子生育子女。第六，法院判决认定男子和代孕所生的孩子之间的父子关系。加州在现有法律框架内灵活变通为代孕提供法律空间并解决代孕所导致的身份关系纠纷。

加州高等法院有丰富的关于代孕纠纷的判例。1993 年，加州高等法院作出美国首例确认代孕合同有效的判例。在阐释代孕合同和代孕行为是否违背社会利益公序良俗时，法官认为，法律禁止对人的非自愿强迫使役（involuntary servitude），但是并不禁止自愿性质的使役（voluntary servitude）。在这个案例中，双方自愿签署代孕协议，法院并没有发现任何能够说明代孕人被强迫怀孕生育的证据。这表明代孕人自愿为代孕委托夫妇怀孕生育，不存在强迫使役人口的问题。代孕委托夫妇支付给代孕母亲的费用是对其劳动的补偿。代孕合同有效。基于代孕的事实，法院认定孩子的母亲应该是具有使孩子出生的意愿并打算将孩子视为自己的子女抚养的人。因此，孩子的母亲应该是提供卵子的委托人，而非代孕母亲。

加州非常宽松的代孕法律环境有利于协调卵子精子捐赠人、代孕委托人、代孕人的利益，同时加州关于代孕的司法实践也表明其法律制度能够有效维护通过代孕而出生的孩子的利益。法院主要依据代孕合同确定通过代孕而出生的孩子的父母身份。在法律上，如果代孕委托人是单身男子或单身女子，经代孕所生的孩子在法律上只有单亲——父亲或是母亲，另一方直系长辈为空白。如果代孕委托人为一对同性恋者，则法律认可的直系长辈则为两位同性。当然，最直接的是夫妻作为代孕委托人，他们是代孕母亲所生孩子的合法父母。

越来越多的发达国家的同性恋者特别是富有的男同性恋者选择到加州通过代孕生育子女。但是，加州代孕费用高昂，全程需要花费 15 万美元到 20 万美元，其中涉及人工授精费用、律师费、怀孕及分娩所需要的医疗费、支付给卵子捐赠人和代孕母亲的费用等。由于代孕成本过高，也有不少人选择代孕费用较低的发展中国家如泰国、印度等。不过，所存在的问题是这些发展中国家并没有美国加州那样宽松而健全的代孕法律环境。

（二）优生法律问题

优生是指改良人的遗传素质、产生优秀后代。优生分为两种情况：积极优生与消极优生。积极优生是指用分子生物学与细胞分子学方法改造遗传的物质，控制个体发育，使后代在身体和智力方面更加优秀。积极优生的方法如人工授精、胚胎移植、试管婴儿等。消极优生是指防治和减少有严重遗传性与先天性疾病的个体的出生，即减少不良后代的出生。消极优生的方法如孕期指导、产前检查、选择性堕胎等。

从国际范围来看，优生问题在 20 世纪初开始受到重视，并在第二次世界大战之后陷入争议。1883 年优生学一词由英国科学家弗兰西斯·高尔顿首创，他强调智力的遗传，原因是他发现英国上流社会有优良基因。19 世纪末 20 世纪初，优生学迅速在全球传播。进入 20 世纪后特别是第二次世界大战期间，优生被当权者所利用并演变成种族歧视以及剥夺"劣等人"

生育权甚至生命权的借口。随着优生学的传播，国际上也开始出现了优生法。

美国的优生运动起步较早，比纳粹德国的人种优化要早几十年。在20世纪初，美国境内掀起了优生研究热潮，优生在美国学术界受到广泛追捧。1906年，美国成立了美国生育者协会（American Breeder's Association）。该组织为美国第一个优生协会，创立宗旨十分明确，即：调查研究人种的遗传因素、强化优质血统的价值、控制劣质血统对社会的威胁。随后，美国研究与预防婴儿死亡协会（American Association for the Study and Prevention of Infant Mortality）成立，为世界上第一个从优生学的角度研究婴儿夭折的机构。该机构倡导政府要提早介入生育以提高后代健康。到1910年，科学家、决策者等大量介入国家优生科研项目中。到1928年，在美国一流院校中，有376门独立的优生课程，有20,000名学生学习优生课程。当时的优生观念是白人为最优秀人种、贫穷与人种遗传因素相关、劣等人种与身体、精神、智力有严重缺陷的人需要控制生育。

玛格丽特·桑格夫人是优生的坚定支持者。她认为如果孩子出生后生命质量堪忧的话，还不如不生；她还认为精神有问题的人或有严重生理缺陷的人最好不要生育。但是，与当时很多主张政府介入优生的人不同，桑格夫人认为生育决定应该由妇女做出，政府不应该干涉。

在优生拥护者的推动之下，美国的优生法起步也很早。1907年，印第安纳州制定了世界上第一部强制绝育法，对惯犯、强奸犯、白痴、弱智等推行强制性绝育。1909年，华盛顿州与加利福尼亚州也出台了优生法。当时，绝育率比较低。1927年美国最高法院（Supreme Court of the United States）在一个判决中认定对痴呆人实行绝育合法，此判例极大地刺激了对特定人群的强制绝育。在印第安纳州之后，有30多个州先后制定了优生立法。美国强制绝育数量持续增加直到1942年美国最高法院在另外一个判决中认定对非白领囚犯的强制绝育违反了美国宪法的在法律面前人人平等精神。该判例导致美国境内的强制绝育有所收敛。

加利福尼亚州是美国优生立法的先行者，从1909年到1969年，在该州共实施了20,000例强制绝育手术，占全国强制绝育数量（60,000例）的三分之一。除了加州之外，北卡罗来纳州在当时也相当激进，从1933年到1977年间，该州的强制绝育数量全国第一。此州不仅规定智商在70以下的人应该绝育，而且社会工作者就有权认定绝育对象。

此外，美国历史上还制定法律阻止劣等种族移民美国。1924 年，美国通过移民法（Immigration Act of 1924），该法认为白人血统高贵并强化禁止不同种族通婚的规定。20 世纪初，美国大量接受来自欧洲南部与东部国家的移民，优生倡导者呼吁要控制这类移民的数量以免他们玷污美国国民良好的遗传因素。之后，美国出台了国民分类方面的立法，将其公民分等级，最受欢迎的人为盎格鲁撒克逊人与诺曼底人，而中国人与日本人几乎被禁止移民美国。

在第二次世界大战前，美国人普遍认为优生是正确的。1937 年美国《财富》杂志的调查表明，三分之二的人赞成将精神有问题的人绝育，63% 的人赞成对罪犯绝育，只有 15% 的人不赞成对这两类人实施绝育。

美国的优生运动很快传播到德国，并曾经有美国人前往德国推行被视为美国思想的优生思想并协助实行强制绝育，德国纳粹的强制绝育政策因此受到美国优生措施的影响。1933 年，希特勒上台之后，立即效仿美国加利福尼亚州立法，制定了《遗传病子孙防止法》，对精神分裂症病人、智力低下者、低能者而不限于弱智者采取绝育断种措施。德国据此实施了大量的绝育手术，甚至杀害了很多的精神病人。1934 年，德国平均每个月实施 5,000 例强制绝育手术。德国后来还颁布了《1935 年纽伦堡种族卫生法》，将犹太人、吉普赛人视为劣等民族，实施种族灭绝的暴行。

在第二次世界大战期间，日本受纳粹德国绝育法的强烈影响，将通过优生措施优化种族视为大业。1940 年，日本制定《国民优生法》，规定对劣质遗传性疾病患者在审查之后可实施绝育手术。但是，由于战争需要人口增加，《国民优生法》同时禁止为了保护母体生命健康之外的理由堕胎，以确保人力供给。不过，此法律未能充分实施。日本战败后，为了发展经济需要抑制人口。1948 年，日本废止《国民优生法》，制定《优生保护法》，简化申报程序，全面采用预防医学保护母体，防止生育不良子孙，进一步加强了优生思想。《优生保护法》不仅允许以优生为理由进行绝育（优生手术），也允许以优生为理由进行堕胎。根据《优生保护法》的规定，堕胎不属于犯罪。

第二次世界大战后，世界开始反省德国纳粹的法西斯暴行，强制绝育灭绝种族犯罪行为被人类唾弃，曾经引发种族屠杀的优生法律也被抛弃。1948 年，联合国制定《防止及惩治危害种族罪公约》（Convention on the Prevention and Punishment of the Crime of Genocide）；1951 年该公约生效。

美国各州其后陆续废除了强制绝育方面的立法。弗吉尼亚州废除较晚，1974 年才将其绝育法废除。现在，美国的优生运动已成为历史，基于人权保护的需要，美国政府和民众对优生措施均采取十分审慎的态度。日本的《优生保护法》在施行过程中，受到了妇女组织以及残疾人组织的强烈反对。防止劣质后代出生本身就构成对残疾人的歧视。1996 年，日本将《优生保护法》更名为《母体保护法》，并做了大幅度的修改，删除了与优生相关的条文。"优生"一词在日本法律中不复存在。

需要特别强调的是，优生抹杀了生物多样性。改变观念很重要，应该从传统的残废为中心残疾观念转变为以个体多样性为本的新的残疾观。更需要特别强调的是，在法律上优生措施会涉嫌侵犯人权与歧视残疾人。《欧洲联盟基本权利宪章》（Charter of Fundamental Rights of the European Union）明确禁止优生措施，特别是选择胎儿方面的优生措施。2008 年生效的联合国《残疾人权利公约》（United Nations Convention on the Rights of Persons with Disabilities）规定，国家要尊重残疾人的人格尊严，保障残疾人的生存权与平等权等基本权利。优生政策与法律应该慎行。

附：

略缩语

生殖健康与产品安全全球项目	Global Programme to Enhance Reproductive Health Commodity Security	GPRHCS
国际计划生育联盟	International Planned Parenthood Federation	IPPF
产妇保健项目	Maternal Health Programme	MHP
玛丽斯特普国际组织	Marie Stopes International	MSI
联合国发展署	United Nations Development Program	UNDP
联合国人口基金	United Nations Population Fund	UNFPA
美国国际开发署	U. S Agency for International Development	USAID
世界卫生组织	World Health Organization	WHO

（孟金梅、任杰慧）

参考文献

[1] Buckman R. Social Engineering：A Study of the Birth Control Movement ［J］. Social

Forces, 1944, 22 (4): 420 – 428.

[2] Center for Reproductive Rights. ICPD and human rights: 20 years of advancing reproductive rights through UN treaty bodies and legal reform [R]. New York: United Nations Population Fund, 2013.

[3] Darney P D. Family planning and the future [J]. American journal of obstetrics and gynecology, 2011, 205 (4): S26 – S28.

[4] Davis W L. Family Planning Services: A History of US Federal Legislation [J]. Journal of family history, 1991, 16 (4): 381 – 400.

[5] U. S. Department of Health and Health Services. Announcement of anticipated availability of funds for family planning services grants [EB/OL]. Washington, D. C.: U. S. Department of Health and Health Services, 2016 [2016 – 03 – 31]. http://www. hhs. gov/opa/pdfs/fy16 – family – planning – services – grants – virginia. pdf.

[6] Family Planning 2020. FP family planning 2020: rights and empowerment principles of family planning [R/OL]. Washington, D. C.: Family Planning 2020, 2014 [2015 – 11 – 20]. http://ec2 – 54 – 210 – 230 – 186. compute – 1. amazonaws. com/wp – content/uploads/2014/12/FP2020_Statement_of_Principles_FINAL. pdf.

[7] U. S. Health Resources and Services Administration. Guidelines for women's preventive health services [R/OL]. Rockville: U. S. Health Resources and Services Administration, 2011 [2015 – 11 – 20]. http://www. hrsa. gov/womensguidelines/.

[8] International Planned Parenthood Federation. Sexual rights: an IPPF declaration [M]. London: International Planned Parenthood Federation, 2008.

[9] International Planned Parenthood Federation. Annual performance report 2013 – 14 [R]. London: International Planned Parenthood Federation, 2014.

[10] Kelly W R, Cutright P. Determinants of national family planning effort [J]. Population Research and Policy Review, 1983, 2 (2): 111 – 130.

[11] Landman L C. Birth control in India: The carrot and the rod? [J]. Family planning perspectives, 1977, 9 (3): 101 – 105, 108 – 110.

[12] 孟金梅. 关于代孕法律问题的国际视角分析——以美国加利福尼亚州为例 [J]. 北京政法职业学院学报, 2009, 64 (2): 65 – 69.

[13] National Population and Talent Division, Singapore. A sustainable population for a dynamic Singapore: population white paper [R]. Singapore: National Population and Talent Division, 2013.

[14] National Population and Talent Division, Singapore. 2014 Population in Brief [R]. Singapore: National Population and Talent Division, 2014.

[15] Mathai M. The global family planning revolution: three decades of population policies

and programmes [J]. Bulletin of the World Health Organization, 2008, 86 (3): 238 – 239.

[16] Shorter E. Female emancipation, birth control, and fertility in European history [J]. The American Historical Review, 1973, 78 (3): 605 – 640.

[17] Singh S, Darroch J E, Ashford L S. Adding it up: The costs and benefits of investing in sexual and reproductive health 2014 [J]. Guttmacher Institute, 2014.

[18] Singh S, Wulf D, Hussain R, et al. Abortion worldwide: a decade of uneven progress [M]. New York: Guttmacher Institute, 2009.

[19] Soloway R A. The "perfect contraceptive": eugenics and birth control research in Britain and America in the interwar years [J]. Journal of Contemporary History, 1995, 30 (4): 637 – 664.

[20] Sunil T S, Pillai V K, Pandey A. Do incentives matter? – Evaluation of a family planning program in India [J]. Population Research and Policy Review, 1999, 18 (6): 563 – 577.

[21] Usha T. Family Planning in India: A Study of Law and Policy [J]. Journal of Constitutional and Parliamentary Studies, 2011, 45 (3 – 4): 180.

[22] OHCHR, UN Women, UNAIDS, UNDP, UNFPA, UNICEF and WHO. Eliminating forced, coercive and otherwise involuntary sterilization [M]. Geneva: WHO, 2014.

[23] End Poverty. Millennium development goals [EB/OL]. 2015 [2016 – 04 – 01]. http: //www. un. org/millenniumgoals/.

[24] Chinole C C. Convention on the Prevention and Punishment of the Crime of Genocide [J]. Encyclopedia of Immigrant Health, 2012: 493 – 495.

[25] United Nations. Convention on the prevention and punishment of the crime of genocide [EB/OL]. 1948 [2016 – 04 – 01]. http: //legal. un. org/avl/ha/cppcg/cppcg. html.

[26] General Assembly, United Nations. Universal declaration of human rights [J]. UN General Assembly, 1948.

[27] General Assembly, United Nations. International govenant on economic, social and cultural rights [J]. UN General Assembly, 1966.

[28] United Nations Population Fund. Programme of action of the International Conference on Population and Development [J]. United Nations Population Fund, 1994.

[29] United Nations. Report of the International Conference on Population and Development [J]. Cairo, 1995: 193.

[30] United Nations Fund for Population Activities. Ten good practices in essential supplies for family planning and maternal health [J]. United Nations Fund for Population Activities, 2012: 36.

［31］ United Nations Fund for Population Activities. Choices not chance: UNFPA family planning strategy 2012 - 2020 ［J］. United Nations Fund for Population Activities, 2012: 34.

［32］ United Nations Fund for Population Activities. State of world population 2014 report ［R/OL］. New York: United Nations Fund for Population Activities, 2012 ［2016 - 04 - 01］. http: //www. unfpa. org/swop.

［33］ United Nations Fund for Population Activities. The global programme to enhance reproductive health commodity security: annual report 2013 ［R］. New York: United Nations Fund for Population Activities, 2014: 104.

［34］ U. N. Committee on the Elimination of Discrimination Against Women. CEDAW general recommendation No. 21: equality in marriage and family relations ［J］. Geneva, 1994.

［35］ U. N. Committee on Economic, Social and Cultural Rights. General comment No. 14 on article 12 of international govenant on economic, social and cultural rights ［R］. New York: United Nations, 2001.

［36］ U. S. Agency for International Development. Acquisition & assistance policy directive ［J］. U. S. Agency for International Development, 2008.

［37］ U. S. Agency for International Development. USAID automated directives system ［J］. U. S. Agency for International Development, 2008.

［38］ U. S. Agency for International Development. Standardprovisions for non - U. S. NGO recipients ［R］. U. S. Agency for International Development, 2014.

［39］ Implementing Best Practices Initiative. Family planning for health and development: actions for change ［C/OL］. 2010 ［2016 - 04 - 02］ http: //www. who. int/reproductivehealth/publications/family planning/fp health dvlpt/en/index. Html.

［40］ U. S Government Publishing Office. Federal register ［J/OL］. Rules and Regulations, 2013, 78 (127): pp. 39869 - 39899 ［2016 - 04 - 02］. http: //www. gpo. gov/fdsys/pkg/FR - 2013 - 07 - 02/pdf/2013 - 15866. pdf

［41］ Vamos C A, Daley E M, Perrin K M, et al. Approaching 4 decades of legislation in the national family planning program: an analysis of Title X's history from 1970 to 2008 ［J］. American journal of public health, 2011, 101 (11): 2027 - 2037.

［42］ Department of Reproductive Health and Research, World Health Organization. Decision - making tool for family planning clients and providers ［M］. Geneva: World Health Organization, 2005.

［43］ World Health Organization. Reproductive Health, World Health Organization. Family, Community Health. Selected practice recommendations for contraceptive use ［M］. Geneva：World Health Organization，2005.

［44］ Department of Reproductive Health and Research，World Health Organization. The Selected Practice Recommendations for Contraceptive Use：2008 Update ［R］. Geneva：World Health Organization，2008.

［45］ World Health Organization. Reproductive Health. Medical eligibility criteria for contraceptive use ［M］. Geneva：World Health Organization，2010.

［46］ Hapkins J. Family Planning：A global Handbook for providers ［J］. Center for Communication Programs and World Health Organization，2011.

［47］ World Health Organization. Ensuring human rights in the provision of contraceptive information and services：guidance and recommendations ［M］. Geneva：World Health Organization，2014.

［48］ World Health Organization. Ensuring human rights within contraceptive programmes：a human rights analysis of existing quantitative indicators ［J］. World Health Organization，2014.

［49］ World Health Organization. Framework for ensuring human rights in the provision of contraceptive information ［M］. Geneva：World Health Organization，2014.

［50］ United Nations Population Fund（UNFPA）and WHO. Ensuring human rights within contraceptive service delivery：implementation guide ［M］. Geneva：World Health Organization，2015.

［51］ 吴尚纯，邹燕. 计划生育的四大循证基石性技术指南 ［J］. 国际生殖健康/计划生育杂志，2006，14（7）：445 – 446.

［52］ 张莹莹. 新加坡人口变动及其成因分析 ［J］. 人口与经济，2013（3）：35 – 42.

第二章　计划生育信息管理

一、加强计划生育信息管理的意义和作用

人口问题是多方面的，有人口经济、人口社会、人口生态、人口安全等，而这些问题又可以分为人口主体因素（包括人口总量、稳定低生育水平、出生人口性别比、流动人口计划生育管理等，主要责任部门是人口计划生育系统）、人口结构因素、人口安全因素。与此同时，全球信息化正迈入普及、融合、创新的新阶段，对各国经济、政治、文化、社会、军事等领域产生了根本性、全局性、长期性的影响。"没有信息化，就没有现代化"。作为世界信息化建设中的重要组成部分和促进人口长期均衡发展的发动机，计划生育信息化将为经济社会可持续健康发展提供战略支撑。

（一）通过挖掘计划生育数据信息，合理控制人口数量和结构

随着全球经济和社会的进步，人类生活条件不断改善，医疗卫生水平不断提高，人类预期寿命不断延长，再加上生育意愿变革等因素导致生育率下降，世界各国，包括发达国家和不少发展中国家，都已经或正在面临不同程度的老龄化挑战。人口老龄化最早出现在西方发达国家。20 世纪特别是"二战"后，越来越多的发达国家加快了进入老龄化社会的进程，其中相当一部分国家 65 岁及以上人口占总人口的比重超过 14%，已经进入老龄社会，部分发展中国家也开始向老龄化社会迈进。通过挖掘计划生育数据信息，可以制定相应的人口政策，对人口过多和老龄化社会现象进行主动干预。

（二）通过整合计划生育信息资源，打破信息孤岛，形成合力

发达国家在进行人口和计划生育信息管理时，非常重视整合与人口信息相关的业务部门的数据资源，实现政府各部门之间的信息交换和数据共

享，逐步沟通信息孤岛，使政府各部门的人口基础信息资源融为一体，共同完成好服务政府、服务社会的职能。德国、瑞士、瑞典等中西欧经济发达国家，纷纷将人口管理和社会保障体系信息化，他们的共同点就是都建立了由国家统一管理的国民个人信息数据库，社会公共服务管理部门可以通过公共信息网络查询国民基本状况，并通过这些可共享的信息资源将各种社会公共服务整合在一个统一的基础平台之上。

（三）通过挖掘人口和计划生育信息，提高政府部门行政效能和决策水平

美国对人口信息的开发利用起步较早。20 世纪 80 年代初，随着 IT 技术和信息化技术的迅速发展，美国政府逐渐将社会保障体系由原来传统的作业处理方式移植到信息化作业处理方式，为当时的社会保障管理制度带来了一场管理体制的技术革命。政府通过对国民个人基础信息后台数据仓库实时维护、监控和统计分析，能够及时、全面地了解和把握国家人口状况、就业状况、健康状况、教育状况、消费状况等，以便宏观调控国家政策，促使人口控制、产业结构、医疗结构、教育结构等更为合理，使国家整体协调地发展。

二、计划生育数据指标体系及信息系统

联合国人口司、世界卫生组织、美国等世界主要经济体和国家建立和完善包括计划生育信息在内的人口数据指标体系，加强对人口的精细化管理和服务，并通过相关数据的开放共享，深化数据分析与应用。

（一）计划生育数据指标

1. 联合国人口机构

联合国人口机构，是联合国中与人口问题密切相关的组织。主要有人口委员会、人口司、人口活动基金、统计处，以及亚洲和太平洋经济社会委员会、教科文组织所属人口司等。线上用户能在联合国搭建的全球人口数据网络中心网站上查询包括计划生育等丰富的信息，包括：联合国对世界所有国家的官方人口（年龄与性别）做出的估计预测、城市及乡村人口数量、生育率、死亡率、国际迁徙状况、人口政策、老龄化状况、人口与

环境、计划生育状况、婚姻及艾滋病毒/艾滋病组织等。

2. 全球卫生观察站

全球卫生观察站是世界卫生组织关于世界各地卫生相关统计数据的网站，涵盖全球卫生重点，例如，与卫生相关的千年发展目标、疾病死亡率和负担、卫生系统、环境卫生、非传染病、传染病、卫生公平性以及暴力和伤害。人口和计划生育的统计指标有人口总数、男/女出生期望寿命、5岁以下儿童死亡率、15岁至60岁男/女死亡率、人均卫生总支出、卫生总支出占国内生产总值的百分比等指标。

3. 人口资料局

人口资料局于1929年成立于美国纽约，是一个私立的非营利性组织，发布关于人口、健康和环境的统计数据，用于研究或学术参考。2015年公布的世界人口数据表包括出生率、死亡率、人口净迁移率、计划人口数量、婴儿死亡率、总生育率、人口的百分比、预期寿命、避孕率、人均国民总收入等指标。

4. 联合国人口基金会

联合国人口基金会帮助各国制定和实施居于可持续发展战略核心位置的全面的人口政策，包括支持数据的收集、分析和研究，并定期发布世界人口状况报告。在《世界人口状况报告2015》中，包括总人口数、平均复合人口增长率、人口比例（按年龄段划分）、总生育率、期望寿命、避孕普及率等人口指标。

（二）计划生育数据特点

人口和计划生育数据是各项社会管理的基础和依据，其有三个特点。

一是借助电子信息系统，实行人口和计划生育信息与其他信息的共享。发达国家充分利用信息技术发展的成果，人口信息登记实现了自动化，并实现了人口信息在国内部门间和地区间的共享。如美国国民人口信息管理体系将个人健康资讯、个人失业金、个人信贷资讯、养老金、救济金、驾驶凭证、医疗保险、个人教育资讯、个人犯罪资料、个人资产登记、劳动就业、税务登记等信息都集中在一个社会保障登记号下，实现了现代意义上的人口信息化管理，各地区、行业、部门都能通过社会保障号查到个人情况。

二是内容详细，可为公共管理部门提供翔实的人口数据。发达国家民事登记的内容一般涉及：出生、死亡、迁出、迁入、结婚、离婚、生育、认领、收养、失踪等项目，这些项目登记的内容有简有繁，最主要的是当事人的身份编号、姓名、性别、出生日期、住所地址、家庭成员姓名及与户主关系、文化程度、职业、民族、国籍、宗教信仰等。再一层次，如涉及出生、认领、收养事项，还要分别登记当事人的父母姓名、年龄、职业、教育程度等。

三是以人为本，注重个人信息的实用性。发达国家的人口信息注重个人信息与社会运行的各种关系，贴合市场经济有序运行的需要，将个人征信、资质纳入了人口信息登记范围，比如纳税、收入状况，简历等，有的国家还包括犯罪记录。由于注重个人信息的实用，既具有保障公民合法权利的效力，又可作为各种民事诉讼案件的法律依据。

（三）计划生育信息系统

从收集的材料来看，世界主要国家将计划生育信息纳入人口信息系统管理，包括使用地理信息系统、网格管理等技术和手段，对相关信息进行采集、加工、存储、检索、维护和使用。

1. 美国

1970 年人口普查后，美国采用了自动化技术，发展了一套名为地理基础文件/独立坐标地图编码（GBF/DIME）的系统，是人口地理信息系统的雏形。1990 年，在地理基础文件/独立坐标地图编码基础上研制了功能更强大的人口地理信息系统（Topological Integrated Geo - graphical Encoding Referencesystem，TIGER），该系统提供 1980—1990 年全美街区数字化地图及相应的人口普查信息，以及大都市市区内地址、街道的定位，以及自动化地图绘制。整个人口地理信息系统文件不仅囊括了全国的街道、铁路、公路、水域和全国 345 个最大城市的街道地址，还包括统计地理区域边界的数据，并基于此建立了地理空间数据与统计数据的关联，继而进行空间分析。如今，人口地理信息系统的数据已按邮政区域、县市等级做成各种类型的普查数据光盘并进入应用市场，不同级别的人口数据在市场分析、投资决策、医疗保险、市场管理以及商业网点的选址中有着广泛的用途。

2. 英国

英国在 1971 年时就已经着手基于格网的统计，1991 年提供普查区统计资料，即地理区域规划系统（Geography Area Planning System，GAPS），先后开发研制了 HSMO、SASPAC 等人口地理信息系统（Geographic Information System，GIS），以满足人口制图和分析的需要。这些系统可以在屏幕上计算出指定区域的面积、人口数量等统计资料，还可以利用许多地理调查中的其他数字信息，将邮寄地址文件定位于图形文件上，作为数据整合以及产生区域地址名册的工具。另外，普查规划人员可以将区域界限及人口有显著变化的普查区事先加以调整。

3. 日本

1973 年，日本制定了地域网格标准，以地域网格作为展现小地区普查信息的基本空间单位，开发了普查绘图系统（Census Mapping System，CMS）。其空间信息（包括基本单区界限位、地形地物位置及人口中心坐标）配合普查基本单位统计及人口中心点数目等编制各项地域统计，并绘制统计地图。由于经纬网格在小区域上准确率不高，所以日本从 1990 年开始陆续进行普查地图数字化工作，作为未来人口普查地理信息系统发展的基础。

三、计划生育数据的采集与处理

人口普查和行政登记是当今世界各国广泛采用的最基本的收集人口资料的科学方法，是提供国家和区域基本人口数据的主要来源，涉及基础数据的收集、汇总、评价和分析研究等工作。然而，由于普查过程的复杂性等原因，在人口普查中总是存在问题和误差，开展人口普查的国家和地区在每次人口普查登记工作结束之后都要对人口数据进行处理，其中事后计数调查是最主要的手段。目前，世界上共有 126 个国家和地区进行人口普查及其质量评估，其中 96 个国家和地区在人口普查后进行事后计数调查。

（一）计划生育数据的采集

1. 美国——网络化普查

2000 年美国人口普查采用的主要自动化技术包括数据收集系统，该系统设计用于控制"易于参与者回答"的人口普查表。人口普查局使用了美国国家处理中心，并与运营三家处理中心的多家承包商进行合作。在 2000年美国人口普查中，电子成像和数据收集技术降低了处理海量纸张问卷时需要的物流和人员配备。美国人口调查局决定使用一些更加高效的人口普查方法，如让美国公众通过网络渠道填写人口普查表格，让在现场的人利用智能手机填写表格。

2. 欧洲——登记制度

欧洲各国已经将登记制度法制化，一些重要的人口信息，比如出生、死亡等，都要进行登记。瑞典在 1967 年颁布了《人口登记规章》，波兰从 1986 年开始实施《户籍登记法》，《出生、死亡、结婚注册登记法》在英国使用了将近 150 多年，而且做了多次修订。在 1970 年，挪威王国修订了《人口登记法》，荷兰的《人口登记皇家法案》在 1936 年公布，罗马尼亚《民事证件和民事状况登记》是 1960 年颁布的。其中，以丹麦和瑞典的人口管理最为有名。丹麦的人口等级制度十分严格和先进，它是最早实行"人号"管理的国家。登记内容包含公民工作生活的方方面面。因为历史原因，瑞典采取的是户口由"教会"管理人口登记，至今已有 300 多年历史。人口登记信息在欧洲部分地方十分详尽，不仅包括自己的信息，还包括父母的信息。

3. 芬兰——电子化调查

芬兰 2000 年进行的全国人口普查实现了电子化公共行政登记信息，避免了挨家挨户上门调查的劳作和麻烦。当时的数据来自约 30 个公共行政部门和统计部门。芬兰之所以能采取这种先进的人口普查方法，主要有三方面原因：第一，芬兰人口少，全国仅有 530 万人口，从而使利用技术手段，如电脑和信息技术进行信息处理具有可行性和可操作性；第二，芬兰每个公民都拥有一个可识别其身份的身份号码，在公共行政登记数据库中，只需输入身份号码，便可识别该公民的相关信息资料；第三，芬兰相关法律允许有关方面将各种登记在案的信息和数据用于人口普查。芬兰电子化调查能够顺利推进，归功于其完善和健全的公共行政登记系统。这一系统包括芬兰全国人口登记中心、社会保险登记、税收登记、就业登记、养老金登记、住房登记等，不仅非常完善，而且拥有高质量的信息来源。该系统的数据根据人口情况的变化（出生、死亡、婚姻和迁居等）随时进行更新，确保信息的真实性、准确性和及时性。

4. 澳大利亚——网络调查表格

基于网络互动平台的电子普查，是为日常使用计算机的所有用户而设计的。该系统允许澳洲公民通过公共场所的网络功能完成并提交表格。其最强大的信息保护技术可以确保通过公共区域网络上传信息的保密性。该技术旨在为每个澳大利亚人，特别是视障或运动技能有限的个人，通过使用辅助技术，如屏幕阅读来独立完成填写普查表格。电子表格统计是政府应广大公民的要求，通过更灵活简便的网络方式获得信息数据的统计结果。电子传输法同样规定，各下属部门要为广大用户设置设备，以方便大众同政府之间的通信联络。偏远地区管理系统是一项以网络为载体，为协助偏远区域管理人员进行招募、工作量分配和信息收集工作的新技术。此外，还能为各相关单位提供普查管理信息工作，从而有助于更快地获取相关资料，并为偏远地区统计系统提供更多的机会，以便更及时地反映普查问题，进而改进普查质量。

5. 印尼——调查方式城乡有别

印度尼西亚有超过 1.7 万个岛屿，其中大约 6,000 个有人居住。在这样一个岛屿众多、人口众多而分散的国家进行人口普查，尤其是入户调查并非易事。为此，中央统计局雇用了超过 70 万名调查员，他们大多出身教师、教会老师、社工、公司雇员、学生和地方官员，对当地情况较为了解。印尼人口普查的方式也是根据国情设计的，主要有两种。一种是调查员直接前往受访者家中，这种方式主要用于印尼广大的农村和城市内的一些居民点。另一种是通过信箱将调查表送给每个受访家庭，然后确定时间和地点，等候平时工作忙碌的受访者当面交表。这种方式一般适用于城市，尤其是城市的高档住宅区。采用这样的方式，节省了大量的人力，缩小了全国入户调查的范围，减少了时间和成本。

6. 新加坡——行政记录与抽样调查

新加坡的人口普查提供最权威的人口、社会和劳动力数字，也是新加坡各级政府制定各项政策的重要依据。在 1990 年及以前的历次人口普查中，新加坡采用的是由普查员上门询问并填写普查表格的传统调查方法。2000 年，新加坡进行了第一次基于行政记录的人口普查，普查项目共有 54 个。在这次普查中，基本的人口统计特征项目（性别、出生日期、种族、宗教信仰、公民身份、婚姻状况、国籍、家庭地址）是直接从行政记录获取的。没有从行政记录来源获取的其余普查项目则是从人口总体中抽取 20% 的家庭调查并抽样推断间接得到的。推断的方法是，使用抽样概率的倒数将样本数据扩大到总体。在 2010 年人口普查中，新加坡仍然将使用基于行政记录的方法。性别和国籍将从行政记录来源中获取。对没有从行政记录来源得到的信息，在全国范围内抽取 20% 的家庭（20 万个家庭）进行间接推断。为了实现提高行政记录与抽样调查结合的效率，新加坡政府统计部门采取了以下措施：第一，利用发达的信息技术在各种不同类型的统计系统和行政记录系统之间建立起广泛联系，形成完整的数据库系统，即新加坡统计部门的家庭登记数据库（Household Registration Database，HRD）。家庭登记数据库是 2000 年基于行政记录的人口总体的核心数据库。该数据库提供全国每一个人的人口特征、房屋地址等信息。第二，核实家庭登记数据库中的记录或数据。主要措施包括修正数据库的系统性误差、检查房屋地址和将家庭登记数据库中的人口数字与官方调查得到的人口数估计值进行比较。第三，在普查之前检查行政记录是否有差错。第四，统一行政记录的定义或分类。第五，科学确定 20% 比的抽样调查时间。

7. 瑞典——行政记录

自 1960 年起，瑞典每隔 5 年进行一次人口和住房普查。1995 年瑞典议会做出决定，从 2000 年起，普查方法由传统的全面调查改为完全基于行政记录，即从行政记录中收集所需要的人口信息。在 2005 年普查中，瑞典首次完全使用来自不同行政记录的信息，是第一次完全基于行政记录来源的人口和住房调查。瑞典使用的行政记录是实现了计算机联网且质量很高的全国住宅花名册（有详细的住房和个人信息）。该花名册是依据全国土地调查的结果编制而成的。在土地调查中，每一个居民的住宅都拥有一个独一无二的地址编号。调查员登记每个住宅的全面信息，包括地址号码、所在街道、道路的名称、住宅主人姓名等。为了保证住宅花名册真实反映住宅当前的实际情况，对新建造的住房予以及时补进和对拆迁、自然消失的住房予以剔除。所有的居民都要按照他们的住宅地址编号进行登记。

8. 印度——银行电信提供资料

2010 年 4 月 1 日，印度政府开始进行十年一次的人口普查，普查持续长达 10 个月之久，产生印度的总人口以及人口构成的一些具体指标的数值。普查结束后，每个公民将拿到一个带有编号的身份证，作为唯一的身份证明。印度流动人口数量巨大，多数地区未在政府部门登记，因此历届人口普查最终得出的都是一个约数。新一轮的人口普查将沿袭以前历届普查的老办法，即普查人员通过基层政府机构，获得居民的注册登记信息，同时还采纳银行、电信等服务行业提供的客户资料。

（二）计划生育数据质量抽查

统计数据是各行各业开展定性、定位和定量统计分析的基础，对其质量的要求就是准确、及时和完整。而评价统计数据质量的常用方法之一就是事后质量抽查。美国、英国等发达国家对事后质量抽查进行了长期的讨论，积累了丰富的理论和实践经验。

1. 美国——ACE

1980 年，美国开始结合双系统估计方法采用事后质量抽查测算人口普查的覆盖率。2000 年，美国的人口普查事后质量抽查称为"准确性与覆盖度评估"（Accuracy and Coverage Evaluation，ACE），采用三阶段分层整群抽样设计。

第一阶段，ACE 调查首先将所有街区群按居住单位数量和是否为美国印第安人居住分为小型街区层（每个街区群 0~2 个居住单位），中型街区层（每个街区群 3~79 个居住单位），大型街区层（每个街区群 80 个以上居住单位）和美国印第安人居住层。再按人口比例分配各街区样本量，在各层内等距抽取街区群样本。该阶段样本抽取出来以后，还需进行居住单元比较和目标延伸搜索，以弥补调查目录的不足。对每一个街区群样本进行现场调查，编制每个街区群内的居住单位地址目录，称为 ACE 独立（居住单位）地址目录。对每个入选的街区群样本，将该街区群的 ACE 独立（居住单位）地址目录与该街区群的"最新普查（居住单位）地址目录"进行对比，确定是否需要进行目标延伸搜索，完善调查目录。如果这两份目录的居住单元一致，则无须进行目标延伸搜索；而如果两份目录不一致，则按照不一致单元的数量进行排序，等距抽取其中一部分进行目标延伸搜索，即对划分区域内除调查目录外的其他建筑和场所进行居住单元地搜索与登记，对登记错误的居住单元进行改正，对遗漏的进行补充。

第二阶段在第一阶段样本街区群分子层基础上，采用与第一阶段抽取街区群相同的方法从这些划分的子层中分别抽取调查小区样本，目的是缩小最终抽取调查小区样本的数量，提高样本的代表性。

第三阶段抽取住户单位，对第二阶段抽出的包含 79 个住户单位以下的调查小区内的住户全部进行调查。而包含80个住户单位以上的调查小区则被再分成街区片（由若干住户单位组成），采用系统抽样法抽取一定比例的街区片住户单位。对抽取的样本住户内的个人年龄、性别、种族、房屋所有权期限、地区、城市类别、邮寄回答率等进行事后分层。在每个事后层内构造双系统估计量估计该层的人口数，再通过汇总得到全国人口数。最终计算得到的人口普查净遗漏率为1.16%。

2. 英国——CCS

英国自1961年开始在人口普查后进行普查日外出人口10%调查、事后调查估计覆盖和回答误差等的研究。2001年人口普查事后抽查称为普查覆盖度调查（Census Coverage Survey，CCS），采用两阶段分层不等概率抽样设计。

第一阶段将英国相邻的地方行政区重新归类，形成112个"设计区"。每个设计区包含大约500,000人，由若干邮政编码区域组成。由于各区域的漏报率水平不一致，为提高估计精度，根据1991年普查中影响漏报率的相关变量构造"普查难度指数（Had to Count Index）"，将每个设计区划分为简单、中等、困难三类调查区，再从每一类调查区内抽取调查区。第二阶段采用简单随机抽样。从每一调查区内抽取一定数量的邮政编码（每个邮政编码对应多个住户），这些邮政编码对应的住户构成最终样本单元。最后将CCS最终样本按年龄性别交叉分为37组，经过CCS与普查记录进行匹配，构造双系统估计量来推断总人口数。推估得到2001年人口普查净遗漏率为6.1%。2011年的CCS在1991年的基础上做了一些改进，如划分设计区时不仅考虑地理位置因素，还综合考虑区域类型等其他因素；对重复率和漏登率分别进行估计等。

3. 印度——PES

印度从1951年人口普查起开展事后质量抽查。2001年人口普查事后质量抽查（Post Enumeration Survey，PES），主要目的是计算覆盖误差（Coverage Error），采取两阶段分层系统抽样设计。

调查首先根据1991年的遗漏率和相对百分误差确定2001年PES的样本量。再考虑区域的离散性、数据分析的可靠性及非抽样误差的控制等因素，在国家的层面上抽取3,000个街区。同时由1991年的调查发现，在区域范围内更能精确合理地估计相对标准百分比误差。因此，将全国所有的邦分成六个区：南区、东区、东北区、北区、西区、中区，分别在全国和区域的层面上进行估计。

根据 1991 年人口普查结果预先推算 2001 年各邦人口数，再按与这个人口规模数成比例分配街区到各个邦。在每个邦内，先将该邦所有的街区按照位置代码排序，采取系统抽样抽取街区，最终抽取的 3,000 个街区用来估计覆盖误差。再从这 3,000 个街区中按照系统抽样抽出 600 个街区，用来估计普查登记内容误差。对被选中街区的所有住户都进行调查。

对最终抽取的样本按年龄、性别、城乡和区域进行事后分层，构造双系统估计量，估计特定属性人口的普查覆盖率和人口数。2001 年，印度 PES 显示全国范围内总的净遗漏率为 2.3%，其中，城市比农村遗漏得更多，前者净遗漏率为 4%，后者净遗漏率为 1.7%。

（三）计划生育数据质量评估

1. 美国

自 1980 年起，美国开始进行正式的人口普查质量评估，并把它作为每隔 10 年 1 次的人口普查不可分割的一部分，评估采取了不同的方法，包括行政记录比较、逆记录检查、网络抽样询问、事后计数调查与人口统计分析。

（1）行政记录比较。

它是通过对比从行政记录系统中抽取的样本人口记录与本次人口普查人口记录而获得覆盖误差估计值的一种方法。在这个方法中，要求获得不同来源的人口行政记录文件，并不重复地把它们组合在一起构造超级人口行政记录系统，根据超级人口行政记录系统与普查记录比较结果的未匹配率来确定被普查遗漏的人口数。

行政记录比较有两大优势：一是它完全独立于人口普查，因而被普查遗漏的人口可能包括在人口行政记录文件中；二是它能覆盖普查目标总体中的大部分难以计数人口，如无家可归者、在逃犯人等，这两大优势有助于发现普查遗漏人口。行政记录比较有四个缺陷：一是难以保证超级人口行政记录系统完全覆盖目标总体及其各个子样本总体的人口；二是为提高匹配率必须扩大比较范围以致增加现场工作量；三是超级人口行政记录系统可能存在重复人口，因为人们为各自不同的目的，可能会在不同的行政记录文件中使用不同的姓名和地址，这可能导致虚假的未匹配；四是难以精确确认行政记录文件所对应的目标总体，这不便于推断总体参数。

行政记录已应用于美国人口普查质量评估和其他统计领域，通过对比超级人口行政记录系统与1940年人口普查记录，结果发现，很多被登记在行政记录文件中的男性被人口普查遗漏。随后，美国又进行行政记录文件与人口普查记录、人口普查预演调查和其他统计调查记录的比较。例如，对比医疗保险记录、1970年人口普查记录和1980年事后计数调查记录；对比社会保障记录、1980年事后计数调查记录和1988年普查预演调查记录；对比国家税务局记录与1978年2月的当前人口调查记录、1978年人口普查预演调查记录、1980年事后计数调查记录、1988年人口普查记录；对比电动车驾驶员执照记录与1980年人口普查记录、1970年人口普查记录、1988年人口普查预演调查记录；对比福利记录、1980年人口普查记录；对比老兵行政记录与圣路易斯1988年人口普查预演调查及其事后计数调查记录，对比缓刑中的犯人假释者姓名和地址记录与1990年人口普查记录。

（2）逆记录检查。

它属于抽样调查，其抽样框通常由以前普查被计数人口、以前普查遗漏人口、出生人口、迁入人口和当前人口组成。样本从每一类人口中随机抽取，对抽取的样本与本次人口普查数据库的人口记录进行比较，样本中个人未匹配率为在人口普查中被遗漏的个人比例估计值，即遗漏率。美国曾使用逆记录检查估计1960年普查遗漏人口数及其遗漏率。

逆记录检查的最大优势是能够提供人口普查中的遗漏人口总数。它也有明显的缺陷：一是为了提供普查错误计数估计值，需要增加一个独立的普查计数样本；二是抽样框之间可能有人口重复，这导致同一人口可能被多次抽取，从而影响样本对目标总体的代表性。

（3）网络抽样询问。

在人口普查期间，通过网络随机抽取一部分人口进行询问以获得被普查遗漏的人口。要求回答者报告他们亲属的姓名和地址，如父母亲、兄弟姐妹和孩子及其地址。检查所报告的地址上的普查计数以确定回答者的亲属是否在普查中计数。普查遗漏估计值为那些被遗漏人口数的抽样权数之和。

这个方法的优势是可以查找到大部分难以计数人口。劣势是实施比较困难，因为回答者即使知道他们的亲戚居住在哪里，也可能不知道他们确切的居住地址。

在 1978 年普查预演调查中，美国使用这个方法估计这次普查预演调查中的遗漏人口数，但估计结果的最终报告一直没有对外发布。1990 年邮寄普查表返回后，在 10 个地区组织电话后续调查评估网络抽样询问的有效性。先请回答者填上已经不再是家庭成员的孩子姓名和电话号码，然后找到这些孩子询问是否被普查计数。

（4）事后计数调查与人口统计分析。

美国从 1980 年人口普查开始，一方面在事后计数调查中用双系统估计量构造实际人口数估计量及人口普查净误差估计量；另一方面独立运用人口统计分析来估计实际人口数，并将其作为前一结果的佐证。双系统估计量是通过移植统计学中用来估计封闭环境中某种自由移动动物数量的有名的捕获——再捕获模型来构造。人口统计分析设法用人口的出生、死亡、迁移、医疗保险等有关的行政记录资料来获得实际人口数的估计值。由于双系统估计量只能在被人口普查登记概率相同的层内构造，所以需要对抽取的样本普查小区的人口按反映被普查登记概率大小的标志作事后分层。很显然，在样本量一定的情况下，事后分层标志越多，每个事后层分配的样本量越少，估计的人口数目精度越低。为解决这个问题，美国在 2010 年设计了用罗吉斯蒂回归模型实现事后分层目标的实施方案。由于普查与其事后计数调查不独立引起的交互作用偏差使双系统估计量低估或高估实际人口数和人口普查净误差。为解决交互作用偏差问题，美国在 2000 年进行了基于捕获—再捕获—再捕获模型的三系统估计量实际人口数目估计实验。由于三系统估计量构造涉及一系列复杂的理论和实践问题至今尚未得到很好的解决，因而到 2010 年仍然未被美国普查局采纳。美国普查局计划在 2020 年使用三系统估计量估计实际人口数及人口普查净误差。

2. 英国

自 1801 年起，英国（英格兰、苏格兰、北爱尔兰和威尔士）每隔 10 年进行 1 次人口普查。1961 年开始在人口普查后进行事后计数调查。

调查将英国划分为若干设计区。每个设计区由行政区或邻近的一组行政区构成。如果行政区规模达到 50 万人以上（在英国很少有人口规模达到 50 万人的行政区），就单独作为一个设计区，反之就由邻近的一组行政区组合为一个设计区。每个行政区由若干输出区（个人被普查登记概率基本相同）组成。按反映人口普查计数难度的六个变量（年龄、住房类型、种族、房屋私人租赁、房屋其他租赁或部分租赁部分抵押、收入）将每个行政区的所有输出区划分在五个抽样层，即计数非常容易层、计数容易层、计数有些困难层、计数比较困难层、计数很困难层。每个输出区由若干邮政编码组成，每个邮政编码由若干家庭户组成，邮政编码分为样本邮政编码和非样本邮政编码。

2011 年事后计数调查样本量维持在 2001 年水平上，即在全国大约抽取 32.5 万个家庭。这样做基于三方面的考虑：一是经费预算有限；二是 2001 年事后计数调查成功的经验表明，2011 年只要设计合理，组织得当，使用与 2001 年相同的样本量也能获得同样精度的估计值；三是 2001 年成功并不意味着 2011 年使用更大的样本量就一定能够获得更大的成功。样本量确定后，按预计的普查遗漏情况分配样本量。对预计普查遗漏严重的地区分配的样本量要多，反之要少。一般来说，样本量少的地区估计的精度难以获得普查数据用户的认可。

以行政区为范围，采取分层两阶段方式抽取事后计数调查样本。第一阶段，以输出区为抽样单位，使用不等概率抽取输出区；第二阶段，以邮政编码为抽样单位，使用等概率方式从抽取的输出区中抽取邮政编码，对抽取的邮政编码内的所有家庭 100% 抽取。

样本抽取后，使用问卷采集信息，对采集的信息进行比较。比较包括四个阶段。第一阶段，进行确定性比较。如果普查和事后计数调查的家庭和个人记录完整、准确，就使用计算机比较，把两个调查的数据输入装有比较程序的计算机。比较结束后，计算机自动输出比较结果。由于记录完整，所以不会发生比较误差。比较结果匹配或者未匹配，对未匹配记录转入第二阶段做概率比较。第二阶段，概率比较。它包括两个步骤：首先，估计未匹配记录转变为匹配记录的总概率权数。它依据未匹配记录的三个变量（姓名、房屋所有权和年龄）的一致性程度来确定。一致性程度越高，概率权数就越大。三个变量的概率权数之和就是总概率权数；然后，比较未匹配记录总概率权数与设定的总概率权数的上下限临界值。比较结果有三种：如果未匹配记录的总概率权数超过了临界值上限，就把它们作为匹配记录；如果小于设定的总概率权数临界值下限，就作为未匹配记录；如果总概率权数在上述两者之间，就转入第三阶段决定它们是匹配记录还是未匹配记录。第三阶段，手工决定。比较人员只需要决定第二阶段转入的未匹配记录是匹配还是未匹配记录，而不需要为匹配而在周围区域搜索。比较结果有两种：匹配记录和未匹配记录。第四阶段，手工比较。对第三阶段仍然未匹配的记录，使用严格的比较规则在周围区域进行搜索，看是否能够找到对应的记录。比较结果有两种：匹配和未匹配记录。

比较结束后，计算与覆盖误差有关的指标。第一，人口普查重复人口数目估计值。它可以通过四种方法获得：一是检查样本本身的人口普查记录；二是比较人口普查记录与事后计数调查记录；三是现场确认在人口普查记录中出现但未出现在事后计数调查记录的人口是否实际存在；四是使用各种外部信息来源。第二，计算全国实际人口数目估计值。首先，使用双系统估计量估计每个行政区的实际人口数；然后，把估计的每个行政区的实际人口数汇总即为某个设计区实际人口数的估计值；最后，汇总所有设计区实际人口数估计值即得到全国估计的实际人口数估计值。第三，计算全国人口普查净误差估计值。它为估计的全国实际人口数与全国普查人口数之差。第四，计算全国遗漏人口数估计值。它为净误差与普查重复人口数之和。第五，计算全国普查净误差率估计值、全国普查重复计数率估计值、全国普查遗漏率估计值。

近几年来，英国同时使用事后计数调查和人口统计分析评估人口普查质量。第一，人口统计分析结果作为判断事后计数调查结果可靠性的依据；第二，人口统计分析作为估计普查年和非普查年人口数目的基本方法；第三，人口统计分析为修正普查人口数提供基础数据。

3. 澳大利亚

澳大利亚 2011 年事后计数调查目标是提供 2011 年人口普查净误差及其构成部分（遗漏和错误计数）。

从理论上看，事后计数调查抽样框应该与人口普查范围相同。然而，由于一些实际原因，其覆盖范围往往受到限制。澳大利亚 2011 年事后计数调查抽样框没有包括下列人口：公共住宅人口（旅馆、汽车旅馆、医院、老年公寓）、事后计数调查时居住在其他国家的人口、人口普查日后死亡的人口、人口稀少地区（每平方公里不足 0.57 个住宅）人口、遥远地区人口、居住在澳大利亚的其他国家和地区的外交官及其家属。

样本采取分层多阶段方式从抽样框抽取。在抽取样本之前，将全国划分为 100 个地区，在每个地区按人口密度、距离远近等标志分层。在每一层，第一阶段，以普查数据采集区为抽样单位，采取等距概率比例规模抽样（Probability－Proportional－to－Size Sampling，PPS）方式抽取普查数据采集区；第二阶段，对每个抽取的普查数据采集区进一步划分为街区，以街区为抽样单位，采取等距概率比例规模抽样方式抽取街区；第三阶段，在每个抽取的街区中，以住宅为抽样单位，采取等距概率比例规模抽样方式抽取住宅，对抽取的住宅不再进一步抽取个人。对人口稀少地区，在抽取普查数据采集区之前增加一个抽样阶段，以保证样本并不是完全按地区均匀分布。

对抽取的样本，使用问卷采集数据，然后比较这些数据。比较的对象是人口普查与事后计数调查登记的同一住宅或个人记录。住宅比较的目的是确定事后计数调查中的住宅是否在人口普查中被登记（如果登记就称该住宅为匹配，反之称未匹配）。对未匹配住宅，现场查看其在样本普查数据采集区是否实际存在或是否被普查漏登。所有未匹配住宅都要经过事后计数调查监督员的确认与签字。对经过住宅比较后的匹配住宅，再对其中的人口进行个人记录比较。个人记录比较的内容包括姓名、性别、出生日期、出生地、婚姻状况、是否为澳大利亚本土居民、出生国和与家庭户主的关系。根据比较结果的相似性，判断事后计数调查个人是匹配、未匹配或是否匹配悬而未决。

住宅和个人比较结束后，下一步所要做的工作是估计人口普查净误差及其构成部分。为提高人口普查覆盖误差估计的精度，事后计数调查必须与人口普查独立，包括操作独立和人口独立。操作独立指人口普查的操作方式不影响事后计数调查。人口独立指人口普查不能遗漏某些人群。人口普查净误差定义为：普查登记人数与"人口数真值"之差。应该在人口普查中被计数的事后计数调查人口数目估计值为事后计数调查样本个人抽样权数之和，而普查人口数为普查表中的人口数加上估算的无答复住宅中的人口数。在确定事后计数调查样本个人抽样权数之前，先确定事后计数调查样本住宅最终抽样权数，它等于样本住宅设计抽样权数（抽样概率倒数）×（某层人口普查住宅数目/该层样本住宅设计抽样权数之和）×（某层样本住宅数目/该层实际接受调查的样本住宅数目）。如果某样本住宅中的人口全部接受了事后计数调查，那么样本住宅最终抽样权数是该住宅样本个人抽样权数，反之要根据该住宅在人口普查中漏登或拒绝答复的人口数目，对样本住宅最终抽样权数进行调整，才能得到该住宅接受事后计数调查的样本个人抽样权数。净误差构成部分中的遗漏人口数定义为，事后计数应该在人口普查中被计数的事后计数调查人口数目估计值与事后计数调查同人口普查匹配的人口数目估计值之差，重复登记人口数定义为重复登记人口的个人抽样权数之和。

2011 年澳大利亚普查局提供了全国及各地区（南威尔士、维多利亚、昆士兰、澳大利亚南部、澳大利亚西部、塔斯马尼亚、北领地、澳大利亚首都领地），以及不同年龄、不同性别的事后计数调查人口数目估计值、人口普查净误差率、遗漏率、重复登记率及其抽样标准误差。这些数据用于修正本次普查人口数和评价本次人口普查数据采集过程的质量。

1971 年以来，澳大利亚在使用事后计数调查的同时，还使用人口统计分析估计人口普查覆盖误差。使用人口统计分析的前提条件是拥有完整的人口出生、死亡和国际净迁移的时间序列数据。人口统计分析结果用来佐证事后计数调查估计的普查覆盖误差的准确性。由于老年人口时间序列数据需要进行估计，因而使用人口统计分析估计的老年人口数目精度呈降低趋势。

4. 新西兰

1996 年新西兰进行了第一次正式的人口普查事后计数调查。2006 年事后计数调查的目标是估计普查净遗漏人口数、遗漏人口数和重复登记人口数。

2006 年事后计数调查抽样总体由新西兰私人住宅的常住居民和在事后计数调查期间居住在新西兰私人住宅里的个人、海外访问者组成。与国际统计惯例一致，抽样总体没有包括居住或停留在非私人住宅的人口、居住在其他私人住宅（庙宇、有篷的车辆、游艇）的人口、普查日前死亡和普查日后出生的人口、海外的外交官以及他们的家庭成员和与他们住在一起的人口等。

样本抽取包括六个步骤。第一步，将全国划分为 41,392 个街区。为减少抽样单位，将这些街区合并为 20,394 个基本抽样单位。第二步，按地理位置和人口统计特征把这些基本抽样单位划分在 119 个层中。第三步，从 119 层中抽取家庭劳动力抽样调查所需要的基本抽样单位 1,768 个。第四步，从 1,768 个基本抽样单位中抽取 1,011 个。抽取的方法是：从毛利人、太平洋岛屿人和亚洲人均多的层中或毛利人、太平洋岛屿人均多的层中抽取全部基本抽样单位；从毛利人多或太平洋岛屿人多或亚洲人多的层中抽取 5/8 的基本抽样单位；从其他的岛屿层中抽取 1/2 的基本抽样单位；从其余的层中抽取 3/8 的基本抽样单位。第五步，将抽取的每个基本抽样单位划分为 6~7 组，每组含私人住宅约 10 个。第六步，随机地从抽取的每一个基本抽样单位中抽取 1 个小组，含最终样本私人住宅 10,907 个。

使用事后计数调查问卷采集抽取的基本抽样单位的每一个私人住宅及其家庭成员。如果成员不在家，由其邻居代替回答。对无法调查的住宅或信息不完整的住宅，进行后续调查采集额外信息。

比对同一样本基本抽样单位小组的事后计数调查问卷与普查表信息。比对采取手工方式进行。首先比对住宅，如果问卷中的住宅在普查表中无法找到，就认为该住宅被普查遗漏。住宅比较的结果有三种：匹配住宅、未匹配住宅和比较状态悬而未决住宅。其次对匹配住宅再比对其中的个人，用于个人比对的变量包括姓名、出生日期或年龄、性别、民族和常住居民还是访问者等。个人比对后的结果也有三种：匹配者、未匹配者和比对状态悬而未决者。

使用［（估计的事后计数调查人口数/估计的普查人口数）×普查登记人口数 +（未返回普查表但有足够证据证实家庭实际存在的普查人口数）］作为估计目标总体实际人口数的计算公式。在此基础上计算人口普查净遗漏人口数及净遗漏率。另外，使用事后计数调查抽样权数估计普查遗漏人口数与重复登记人口数。

5. 小结

从前面四个国家的人口普查质量评估实践可以看出，每一种覆盖误差估计方法都有它特定的使用范围与条件。其中逆记录检查、行政记录比较和人口统计分析需要有健全的行政记录资料。对绝大多数发展中国家来说，由于缺少这方面的资料，因而难以使用这三种方法。然而，事后计数调查不受资料的限制，无论是行政记录不健全的发展中国家，还是行政记录健全的发达国家都可以使用它。目前世界上共有 126 个国家和地区进行人口普查及其质量评估，其中 96 个国家和地区在人口普查后进行事后计数调查。

美国开始是采取行政记录比较、逆记录检查和网络抽样询问来评估人口普查质量。后来，随着一些学者对人口普查质量评估方法研究的逐步深入，事后计数调查和人口统计分析相继被美国普查局采纳。由于美国是一个多种族、多民族国家，建立健全的人口行政记录系统有一定的困难，因此一直是把事后计数调查作为它的人口普查质量评估的主要方法，而人口统计分析只是作为这一主要方法的辅助方法。行政记录比较、逆记录检查和网络抽样询问已停止使用。

英国使用双系统估计量不像美国那样增加一个事后分层环节，而是在事前分层中就考虑到被人口普查登记的等概率分层问题。另外，首先使用双系统估计量估计样本普查小区本身的实际人口数，并计算样本普查小区估计的实际人口数与其普查人口数比率；然后用这个样本比率逐步估计大范围的实际人口数。为验证双系统估计量结果，使用人口统计分析估计的相应结果作为参照物。

新西兰事后计数调查有三个显著特点：一是使用线性估计量而不是双系统估计量估计实际人口数；二是事后计数调查样本是从家庭劳动力抽样调查样本中抽取的；三是提供全国和各个地区以及不同类型人口的覆盖误差及其抽样误差的估计值。澳大利亚把人口普查净误差定义为应该在人口普查计数的事后计数调查人口数估计值与普查人口数之差。这种方法与美国的净误差定义完全不同。由于事后计数调查覆盖人口总体的范围小于事后计数调查与人口普查，因而由事后计数调查资料构造的单系统估计量往往会低估实际人口数和人口普查净误差。

四、计划生育信息化发展趋势

（一）云计算技术应用将为计划生育信息化提供强有力的技术支持

云计算作为一种基于因特网的超级计算模式，其本质在于将软件、硬件、存储空间、网络带宽等IT资源转化为服务，满足用户日益提高的应用需求。云计算将更好地解决计划生育信息化过程中的几个关键问题：（1）信息共享平台。利用云计算建设以服务为中心的运行平台，通过数据集成和融合技术，打破部门间和行业间的数据堡垒，实现部门间信息共享和业务协同，实现对计生信息统一有效的管理。（2）信息云。建立强大的信息云将大大简化各种行政审批手续，节省时间和费用，让政府、部门用户和居民工作生活更加便捷高效，从而提升行政效率和公共服务能力，促进政府职能转变。（3）信息云存储。通过集群应用、网格技术或分布式文件系统等功能，将计生部门网络中各类存储设备通过应用软件集合起来协同工作，共同对外提供数据存储和业务访问功能，并打造一个以计生信息存储和管理为核心的云存储计算系统。（4）云计算中心。云计算中心能够显著提升海量人口和计生数据存储、分享、挖掘、搜索、分析和服务的能力，通过对数据分析和处理，将数据更清晰直观地展现出来，为各级政府科学决策提供支持。（5）云安全。计生部门内部数据信息可能涉及国家安全等敏感问题。移动办公也要经过开放的无线公网接入政务外网以及信息在空中无线传播。通过政务外网中大量客户端对网络中软件行为的异常监测，获取网络中病毒、恶意程序、安全问题的最新信息，推送到服务端进行自动分析和处理，再把解决方案分发到每一个客户端。

新加坡：利用云计算技术建设全国统一的全国人口数据中心

新加坡利用云计算技术建设"全国人口数据中心"值得借鉴，一是数量适中的共享数据项。共有个人身份号码、姓名、性别、种族、生日等应用面最广的 20 项数据供公共服务机构共享，数量少、维护简便、安全隐患也少。目前支持共享的机构达 40 家，根据具体情况设置使用权限。二是落到实处的更新维护机制。上述 20 项数据均由责任主体进行实时维护，其方法是直接更新中心数据库，然后通报各相关部门进行同步更新。三是中心数据库与专业数据库的关系十分清晰。中心数据库只存放各部门均需使用的常用信息，由中立方统一管理，供各部门使用；专业库存放相关业务数据，由业务部门分别管理。当业务部门需要专用数据时，按部门之间的共享权限进行专项处理，依托政府交换平台进行信息传输，做到一数一源。

（二）大数据的挖掘与应用将成为计划生育信息化的助推器

在大数据时代，信息化是经济与社会发展的大势所趋。随着信息化程度的加深，人口和计生服务机构采集产生的数据量越来越大，计生数据挖掘和高效利用成为人口和计划生育信息化最基础的工作，并将促进计生信息化水平的提升。通过利用云计算、数据可视化等技术对相关计生数据的分析和挖掘，信息资源的巨大的潜在价值将被释放出来，并将产生良好的经济和社会效益：（1）通过对各类数据的统一、规范处理，生成各类统计报表和汇总资料等，帮助政府领导全面了解诸如育龄人口、出生率、死亡率、出生人口数量变化等情况。（2）通过对未来人口规模、人口结构、人口迁移分布等的估算与预测可以为政府在教育、城市基础设施建设等资源的合理配置、社区的合理建设以及总体规划方面提供决策依据，加大科学决策的力度。（3）通过对大量数据信息的综合分析，对人口、经济、社会、环境之间的关系进行深入把握，及时做出预警分析，真正实现人口、资源与环境的和谐、可持续发展。（4）通过对数据信息的分类汇总与把握，切实了解各类相关人群的真实需求，并据此开展工作，提升服务的针对性与及时有效性。

美国：利用大数据分析技术进行人口统计分析

2012 年 3 月 22 日，美国总统奥巴马宣布美国政府五大部门投资 2 亿美元启动 "大数据研究和发展计划（Big Data Research and Development Initiative）"，欲大力推动与大数据相关的收集、储存、保留、管理、分析和共享海量数据技术研究，这为人口信息管理提供先进手段，通过大数据技术可以得到诸如年龄结构、性别结构、人口的地域结构以及人口的社会结构等。

（三）物联网等将为人口和计划生育信息化提供快速发展的原动力

随着信息通信技术的快速发展，以智能手机、平板电脑、智能电视、多功能导航终端等为代表的智能终端，成为拓宽计生信息采集渠道、推进信息内容共享等的重要载体，对人口和计划生育信息化的影响日益凸显。例如，孕育知识及时通过短信平台发送到每个育龄妇女手中，妈妈们有了专业指导更安心；免费婚检、孕前优生健康检查、妊娠、出生等信息通过实时通平台，在各部门间实现共享，构架出信息通报快捷通道。

印度：利用物联网技术采用公民虹膜和指纹数据

印度于 2010 年 4 月 1 日启动第 15 次全国性人口普查，在全球首次采用生物识别系统，在普查中采集 15 岁以上公民的指纹和虹膜数据。当所有人口普查信息收集完毕后，将交由设在全国 15 个城市的数据处理中心，进行数字化转换工作。印度将运用较为先进的智能数据读取软件。该软件能够实现表格的高速扫描，并自动提取相关数据。印度媒体也称，印度采用该先进软件完成人口数据库建设，将是印度此次人口普查区别于全球其他国家的最大亮点。数据录入结束后，普查机构还将通过电话账单、电费单以及个人所得税缴纳序列号等系统进行比对验证，剔除存在的重复登记情况，最终得出最为准确的人口数据。至此，印度公民将首次领取到由政府统一发放的身份证。

（李浩、张雅娟）

参考文献

［1］王承宽. 21世纪我国人口和计划生育管理问题研究［D］. 南京：南京航空航天大学，2006.

［2］李伟. 多方携手，积极稳妥应对老龄化挑战［J］. 党政干部参考，2013（12）：16–17.

［3］王进孝. 人口信息资源管理系统建设初探［J］. 电子政务，2005（13）：51–57.

［4］彭骏. 基于INTERNET的高校人口信息资源管理系统的设计与开发［D］. 武汉：华中农业大学，2007.

［5］"联合国人口机构"百度词条，2015–11–25［2015–12–18］. http：//baike. baidu. com/view/6612671. htm.

［6］联合国经济和社会事务部. 全球人口数据网络中心［R/OL］. 纽约：联合国经济和社会事务部，2013［2016–04–02］. https：//www. un. org/development/desa/zh/news/population/hub–for–population–data. html.

［7］世界卫生组织. 全球卫生观察站的最新数据［R/OL］. 日内瓦：世界卫生组织［2016–04–02］. http：//www. who. int/countries/chn/zh/.

［8］Population Reference Bureau. World Population Data Sheet 2011［J/OL］. Population Reference Bureau，2011［2016–04–02］. http：//www. prb. org/pdf15/2015–world–population–data–sheet_eng. pdf.

［9］United Nations Population Fund. UNFPA state of world population 2015［M］. New York：United Nations Population Fund，2015.

［10］胡琪，高苑敏. 完善我国人口信息管理的思考［J］. 科学发展，2014（8）：75–80.

［11］周怡. 基于GIS的实有人口数据挖掘与可视化分析研究［D］. 上海：华东师范大学，2010.

[12] 袁长丰. 基于 GIS 人口统计信息分析研究 [D]. 青岛：山东科技大学，2005.

[13] 王新洲，柳宗伟，陈顺清. 城市人口地理信息系统建设模式探讨 [J]. 武汉：武汉大学学报：信息科学版，2001，26（3）：226 - 231.

[14] 国务院第六次全国人口普查领导小组办公室. 美国的人口普查是如何进行的？[R/OL]. 2010 [2016 - 04 - 02]. http：//www. stats. gov. cn/ztjc/zdtjgz/zgrkpc/dl-crkpc/dlcrkpczs/201005/t20100526_69996. htm.

[15] 王子晖. 李克强：确保搬迁群众生活有改善、发展有前景 [N/OL]. 新华网，2015 - 12 - 01 [2016 - 04 - 02]. http：//news. xinhuanet. com/politics/2015 - 12/01/c_128488135. htm.

[16] 王琼. 人口普查：各国都有妙招 [N/OL]. 内蒙古日报社，2010 - 11 - 03 [2016 - 04 - 02]. http：//szb. northnews. cn/bfxb/html/2010 - 11/03/content_778251. htm.

[17] 李晓渝. 综述：入户人口调查 印尼下足功夫 [N/OL]. 新华网，2010 - 09 - 07 [2016 - 04 - 02]. http：//news. xinhuanet. com/2010 - 09/07/c_12526608_2. htm.

[18] 陈新华，胡桂华. 国外人口普查：从全面调查到行政记录 [J]. 西北人口，2010，31（4）：59 - 62.

[19] 戴凡. 人口大国不约而同搞普查为求数字准确各有高招 [N/OL]. 中国网，2010 - 08 - 26 [2016 - 04 - 02]. http：//www. china. com. cn/renkou/6thrkpc/2010 - 08/26/content_20795364. htm.

[20] 贺本岚，金勇进，巩红禹. 人口普查事后质量抽查的有关问题：国外经验及借鉴 [J]. 商业经济与管理，2010（9）：92 - 96.

[21] 胡桂华. 人口普查覆盖误差估计方法综述 [J]. 统计与信息论坛，2013，28（9）：39 - 46.

[22] 姚建萍. "云计算"技术应用研究——探索人口信息管理和服务创新 [J]. 中国新技术新产品，2012（17）：39 - 39.

[23] 周成兵，薛刚. 国外电子政务信息资源整合模式及启示 [J]. 电子政务，2013（12）：94 - 99.

[24] 李红娟. 大数据时代下的人口信息管理及应用探析 [J]. 现代管理科学，2014（10）：111 - 113.

[25] 李宁. 大数据背景下政府信息资源管理的探索与思考——以流动人口信息管理为例 [J]. 电子政务，2014（7）：100 - 104.

[26] 周惠真. 漳州市开创人口计生信息化新模式 [N/OL]. 漳州市人民政府门户网站，2012 - 10 - 18 [2016 - 04 - 02]. http：//www. fujian. gov. cn/inc/doc. htm？docid =532489.

[27] 王磊. "我们的普查，我们的未来" [N/OL]. 人民网，2010 - 04 - 04 [2016 - 04 - 02]. http：//world. people. com. cn/GB/11293667. html.

第三章　计划生育实施策略

实施策略（implementation strategy）是为了实现某一目标，根据当前形势的发展和变化制订出具体的实施方案，并执行这些方案，最终实现目标的一系列过程。项目实施是个复杂的系统工程，需要有一套科学的实施策略来确保项目在不同的阶段地顺利进行。广义的家庭计划生育（Family Planning）包括生育控制（birth control）和家庭计划生育相关服务，如婚前综合服务、妇幼保健、性与生殖健康、婚姻生活咨询和家庭健康教育。本章将介绍发达国家和发展中国家家庭计划生育的实施策略，为我国实施家庭计划生育提供参考。

随着国家家庭计划生育相关政策的多次变革，发达国家的家庭计划生育实施策略也进行了多次调整。以美英为代表的发达国家家庭计划生育实施策略具有以下特征：社区卫生服务机构呈多样化；从事社区卫生服务工作的人员准入条件严格；社区卫生服务机构与医院的双向转诊制度完善。国家的社区卫生服务范围广泛，基本囊括了社会各个阶层、各年龄段国民的医疗需求；以家庭为中心，为整个家庭以及家庭中的各成员提供适宜的健康规划，以达到预防疾病和促进健康的最终目的。发达国家的家庭计划服务经费是由多方参与共同支付的。一些发达国家的医疗卫生服务体系，不仅包括由国家提供的医疗保险，也有商业保险公司提供的私人医疗保险。发达国家的卫生服务评价系统通常是独立于其管理系统的，以保证卫生服务的质量与公平。而以印度等为代表的发展中国家的鲜明特色是建立基层医疗保健服务网络，准确定位目标群体，保证广大群众在医疗保健方面所获得的福利。一些公私并存的医疗机构机制，既满足了日益灵活、多样化的医疗卫生服务需求，又在一定程度上最大化地利用各种医疗资源，促进医疗保健事业的积极发展和各种资源的有效配置。在人口控制上，强调"以人为本"的理念，尊重人民的生育选择，关注生殖健康和妇幼保健，重视宣传和教育在人口控制上的突出作用。这些国家，一方面发展自己的经济和科学技术，开展家庭计划服务；同时要积极开展国际合作，通过借鉴国外的先进技术、理念和国际资金的支持，提高家庭计划生育水平。

一、发达国家家庭计划生育服务的实施策略

（一）美国家庭计划生育实施策略

作为医疗体系的一部分，美国的家庭计划生育服务与其他医疗服务在实施策略方面具有相同的地方，其主要包含了政府的职能、相关立法、筹资方式、组织结构、服务的提供者和服务对象。

1. 政府职能的转变及其出台的相关法律

美国现代医疗保障制度的建立几经波折，美国政府在医疗体系中所担当的角色也在不断调整中逐步完善。1935 年，美国出台了《社会保障法》，法案重点为建立联邦老年人的待遇，要求各州就老年人、盲人、残障人士、母亲和儿童的福利、公共健康、失业补偿等方面做出充分的法律保证。该法案的颁布表明了联邦政府对社会福利事务开始进行干预。1970 年，肯尼迪成为参议院健康分委会主席，联合密歇根州的众议员玛莎·格里菲斯共同提出《医疗保障计划》，旨在建立一个免费的医疗服务综合性项目——由政府付费的医疗保险制度，标志着美国政府着手掌控其医疗保障体系。从 1973 年美国颁布的《健康维持组织法案》到 1997 年通过的州儿童保险计划，在某种程度上联邦政府逐步扩大着其对医疗保障领域的影响。虽然克林顿政府推行的医疗改革最终以失败告终，但其为美国各州政府在管理本州的医疗保健体系上提供了新的思路，推动了美国向全民医疗的更进一步的发展。奥巴马在竞选总统时许诺，新一届政府的国内政策将以医疗保障改革为重点，在当选总统后，奥巴马政府迅速起草了新的医改法案。这项名为《病人保护和可承担照顾法案》于 2010 年 3 月通过了众议院、参议院的投票。该法案的通过表明了全民医改在美国获得了历史性的突破，使美国的医保覆盖率扩大到 95%，建立了一个近乎全民医疗的福利保障体系。此医改法案亦侧重加强政府对医疗保障体系的干预，法案赋予联邦政府管理美国医疗保险领域的权利。目前，美国已形成了以商业医疗保险为主的多元化医疗保障体系，该体系主要包括政府医疗救助、非营

利性商业健康保险、营利性商业健康保险。有学者将这一体系分成了两大类——政府提供的医疗保障和私人部门提供的健康保险。

作为医疗保健的一部分，家庭计划生育相关政策也经历着多次变革。从 1914 年玛格丽特·桑格因宣传计划生育而入狱，到 1936 年美国颁布第一个涵盖避孕内容的国家公共卫生计划；从 1960 年 FDA（Food and Drug Administration）批准口服避孕药，到 1970 年美国政府把家庭计划生育政策制定为国家法案并支持和资助家庭计划的落实；之后再到美国疾病控制中心把 20 世纪家庭计划生育作为美国公共卫生主要成就之一。这期间美国的家庭计划生育取得了巨大的成就。

2. 家庭计划生育实施的组织与结构

（1）政府部门。

经过多年来的调整，虽然由政府直接提供的家庭计划生育服务有限，但联邦政府通过参与公共卫生的六大领域——政策制定、筹资、公共卫生防护、美国卫生服务体系的信息采集与传播、公共卫生能力建设及服务的直接管理，在保护和促进公众健康以及家庭计划生育方面起到了决定性作用。卫生与公众服务部（United States Department of Health and Human Services，HHS）是联邦政府参与公共卫生行动的主要执行者，它直接参与政策制定、公共卫生筹资、公共卫生防护、信息采集与传播、能力建设和服务的管理，其管辖的医疗保险（Medicare）和医疗补助计划（Medicaid）服务中心提供了将近美国四分之一人口的医疗健康保险。卫生与公众服务部在美国 50 个州和 5 个属地都设立了行政机构来履行其职能，在未设立专门行政机构的地区以州和属地卫生官员协会作为州卫生机构代行其职能。除此之外，各个州还设立基层卫生部门来保障公共卫生服务的落实与实施，并参与反馈该社区的健康状况，协助上级部门制定政策以及提供必需的公共卫生服务以实现人群健康的目标。

（2）私营机构。

在美国医疗体系中私营医疗保险有着举足轻重的地位，总的医疗费用中大约有 50% 来自私营医疗保险计划，并且政府医疗保险计划的一些工作也是由私营医疗保险公司来配合落实的。随着医疗保健费用的持续增长以及政府政策的不断变化，新的私营医疗保健模式应运而生并渐渐被公众接受。Kaiser Permanente 管理模式是由健康维护组织的概念衍生而成的医疗保健新模式，是一种将医疗保险和医疗服务融为一体的健康保险组织形式，其所提供的医疗保障不是偿付保险费或作为第三方支付医疗费用，而是以自有医院和医生直接向病人提供医疗服务。这种管理保健型医疗服务主要包括健康维持组织、优先提供者组织和定点医疗服务计划。

（3）非政府组织。

美国国家医学研究院（Institute of Medicine，IOM）成立于 1970 年，隶属于美国国家科学院，在政府框架之外独立运作的一个非营利研究组织。其主要任务是以科学事实为依据，独立地为国家医疗政策提供建议咨询。该机构独立于政府框架之外，不仅能保障医学信息得到科学地分析，还有益于形成独立的意见和指南，为政府、专家、各种社会团体的领导者以及公众，提供相关的、没有偏见的、以事实为依据的权威信息和建议。美国医学研究所研究的内容广泛，主要围绕着公共政策、医疗保健和质量及女性健康等 17 个主题领域开展其工作，并确保每一个主题均有相关的研究计划、事件和报告，通过鉴别和综合相关科学事实，配合严谨商议程序，帮助政府制定出卫生决策。

3. 家庭计划生育的资金来源

（1）政府部门的参与。

美国政府参与医疗保障制度主要是通过商业医疗保险实现，而 20 世纪 60 年代出台的公共保险计划，尤其是医疗照顾和医疗补助，大大提高了弱势群体获得医疗保健的经济可及性。医疗补助是目前美国最大的卫生保健项目，其方案的实施是联邦政府和州政府共同筹资和管理。其中，州政府提供部分资金开展最基本的卫生服务并保证受服务人群的覆盖范围，以获得联邦配套的基金资助。联邦政府还规定某些低收入人群，如老年人、残疾人、儿童、孕妇等，是这类最基本医疗服务的受益人；将家庭收入低于贫困线的儿童和家庭收入低于 1.33 倍贫困线的孕妇作为强制纳入医疗补助覆盖范围。美国国会还于 1992 年通过了国家儿童健康保险计划，该计划是目前覆盖范围最大的儿童保险方案，亦由联邦政府和州政府共同管理和筹资，以保证所有未纳入医疗保险范围的儿童和孕妇都能享受国家医疗补助。

（2）私营机构的参与。

到 20 世纪 90 年代，私立医疗保险逐渐成为卫生保健的主要筹资方式。由 Kaiser Permanente 管理模式提供的医疗服务，将保险筹资者和医疗服务提供者合二为一，这在很大程度上降低了医疗费用和医疗服务费用。"蓝十字计划"和"蓝盾计划"现已合并为"蓝十字蓝盾协会",是美国最大的健康保险公司,覆盖了 50 个州,占领了大约 30% 的私营保险市场。投保人在缴纳保险费后,一般情况下的医疗费用就不需要病人承担。公司作为第三方负担,采用按服务项目的方式向医疗机构支付费用。

4. 服务提供者及其服务内容

(1) 家庭计划生育服务。

美国的家庭计划生育主要是以家庭自主行为和决策为主。对家庭生育计划的规划,不仅可以帮助个人实现其生育意向,而且对人群的生育能力、健康水平乃至整个社会都有着重大的意义。家庭计划生育可以通过以下几个方面影响健康水平:①允许女性在合适的年龄孕育——她们可以选择在自身和孩子健康风险最低时开始妊娠,这使得女性能够推迟第一胎的出生、避免高龄怀孕,提升母亲和婴儿的健康水平;②允许夫妻选择其子女的数量;③允许夫妻决定孩子出生的时间间隔;④作为服务项目的一部分,提供安全有效的计划生育方法,包括提供信息、教育以及综合的预防性保健措施。

在美国,每年约有 6,200 万女性怀孕,4,300 万女性有着性生活但不想怀孕,并且美国大多数女性只想要 2 个孩子或者更少的孩子。为了实现这个目标,大多数女性在其生命中的 30 年内均需要避孕保护。2002 年,美国约有 3,800 万女性正在使用避孕措施。其中应用最广泛的方法为口服避孕药,约占 30.6%,之后依次为结扎输卵管、男性使用避孕套或接受输精管切除术等方式。从 1970 年出台的 Title X of Public Health Services Act(简称 Title X)开始,美国政府正式开始资助和研究人口、计划生育和性教育等问题,并为人群提供计划生育服务。

美国家庭计划生育服务主要由 Title X、Medicaid 公共医疗项目、联邦政府专项拨款以及州政府配套资金等项目支持。其中,Medicaid 主要用于为低收入人群提供避孕、终止妊娠和生育等医疗服务;Title X 则更多用于维持计划生育诊所的基础设施和服务。医疗补助计划和国家儿童健康保险计划提供来自联邦和政府的公共基金为民众购买计划生育服务,2002 年他们共为 650 万名女性提供了避孕和节育服务。自 1972 年开始,医疗补助计划逐步覆盖计划生育服务,到 2001 年该计划投入于计划生育的资金占其公共基金的 61%。2004 年的一项成本效果分析指出,与不采取避孕措施相比,避孕措施不仅节约成本还有益健康(以质量调整生命年为测量单位）。

在家庭计划生育服务技术方面，美国一直以 WHO 出版的指南为纲，指导避孕措施安全、有效地进行。1996 年《避孕措施的医疗合格标准》第一版的发行，为那些有健康问题或者其他问题的女性提供了合理的医疗避孕措施；2004 年的第三版按 4 个类别为每一种避孕措施/条件组合提供了 1,700 多条使用建议；《精选避孕措施实践手册》则指导身体健康且有需要的人如何采取避孕措施，该手册还就提供避孕服务时经常出现的临床管理问题提供了指导方针。

（2）妇幼保健服务。

在美国，早在 20 世纪初妇幼健康问题就已经受到人们的独立关注。1909 年第一次白宫儿童健康会议建议并于 1912 年成立了儿童卫生局，该机构主要负责调查有关儿童问题，如儿童的社会福利保障、教育、儿童的生活环境等。1921 年 Sheppard - Towner 法案促使联邦政府第一次开始支持妇幼卫生服务；在该法案的基础上建立的"社会保险法案的标题 V"扩大了服务范围、开展了填补空白的服务，特别注意到了对残疾儿童的服务。"标题 V"还通过建立联邦—州之间的合作，明确了政府对妇幼卫生的责任。到 20 世纪 80 年代，妇幼卫生已成为越来越明确的卫生保健服务内容，政府设立"妇幼卫生服务一揽子基金"以保证妇幼卫生工作的顺利开展。目前，在妇幼卫生局的指导下，州立"标题 V"项目在明确人群的需要、确定战略，评估标题 V 和非标题 V 方案对妇幼卫生水平的影响等方面发挥了领导作用，使妇幼保健项目继续满足人们的需求，并开展使更多人能够接受与满意的服务措施。

当前美国的妇幼卫生工作主要关注以下方面：孕前健康促进，从女性受孕前即关注其健康及健康相关行为以保证胎儿的健康生长；计划生育和堕胎，通过生育调节和人工流产等服务实现计划生育；产前卫生保健，医疗补助计划将扩大接受综合服务的受保人群，使得更多人可以接受产前卫生保健服务，以保证胎儿及孕妇的健康状态；围生期保健，主要研究内容为低出生体重和早产的流行病学危险因素及其干预措施，以促进相关指标的下降；免疫接种；预防儿童伤害；托儿服务，监管卫生、安全和教育，是妇幼卫生工作领域的中心内容之一；关注虐待和忽视儿童及有特殊医疗保健需求的儿童。

由于妇幼卫生保健工作对其家庭有很大的关系，美国在开展妇幼保健服务时遵循以下原则。首先，以家庭为中心展开工作。"通过建立家庭和专业人士互相尊重的合作关系，以家庭为中心的卫生保健不仅能够保证儿童及其家庭的健康和完满状态，还能够提供高品质服务的实践标准"。其次，以发展的观点看问题。因为从妊娠到青少年期，胎儿和儿童处在非常重要的生长发育过程，并不断发生变化，这就要求医疗系统能迅速发现问题并实施早期和持续的干预，以实现最好的生长结局。最后，健康促进和疾病预防同样重要。实施干预时不仅要看其直接影响，还要保证所关注的长远利益不会被干预措施带来的短期危害抵消。

（3）家庭保健服务。

美国的家庭保健服务发展迅速，早在 20 世纪 90 年代，家庭保健服务就是卫生保健服务中的可发展产业，到现在已经形成了一定的规模。全美家庭保健协会将家庭保健定义为："在家庭环境中，为恢复期患者、残疾人、慢性病患者提供的医疗和生活服务。"家庭保健服务的项目主要包括：医疗护理，医疗保健，物理、语言和职业疗法，社会工作，营养咨询，生活护理和家务，转送患者，安慰护理，医疗设备服务和饮食服务等。其大部分医疗服务主要由护士根据医生的指示完成；并且护士还会负责监督和培训其他医务工作者及各种非医疗工作者以保证服务质量。美国家庭保健服务的社会化程度很高，其不仅仅由医疗机构承担。在美国凡是经政府有关部门批准，并持有执照的家庭保健服务机构，均可从事这些家庭保健医疗服务。

对于大多数人来说，门诊服务是他们需要医疗保健服务时最开始和后续服务的医疗点。美国的门诊医疗服务主要由医院门诊服务、独立的门诊服务中心以及保障网络诊所的门诊服务提供，内容包括：避免疾病和伤害发生或恶化的预防保健；常规非急诊病的诊断、治理和管理的初级保健；复杂病的诊断治疗和管理的二级保健；帮助病人恢复和保持身体功能的康复护理；生活自理能力受损病人的长期护理；以及所辖社区内，基于人群的公共卫生服务。

（二）英国家庭计划生育实施策略

同美国一样，英国的家庭计划生育服务与其他医疗服务在实施策略方面也具有相似的地方。

1. 政府职能的转变及其出台的相关法律

1911 年英国议会通过了《健康保险法》，这标志着英国正式开始建立国民健康保险制度。1942 年的《贝弗里奇报告》成为英国社会保障制度的改革纲领性文件；1944 年的《国民健康制度白皮书》提出，英国政府建立综合性国民保健制度并实施免费原则，所有医疗费用由税收负担。1946 年出台的《国民医疗保健服务法》规定，凡是英国公民均可享受国有医疗机构的免费医疗保健服务。根据此法案，在 1948 年，英国建立了免费国民医疗保健体制（National Health Service，NHS），该体制使英国成为国家经营管理医疗体系的代表国家之一，也让英国成为现代社区卫生服务的发源地。在 1958—1987 年间，中央政府加强其对福利领域管理体系的进一步深化改革和整合。1997 年政府给 NHS 注入了新的理念，卫生部签署了新的白皮书《建立现代化的、可靠的新 NHS》，提议通过 NHS 工作人员的努力去克服国内市场障碍，以更好的方式取代当时的完全竞争的方式。2000 年出版的《NHS 十年计划》促使 NHS 成为适合 21 世纪的医疗服务系统。经过 50 年来英国政府的不断努力，到 2003 年，NHS 开支已达到了 GDP 的 7.7%，成为英国最庞大的服务体系。

2. 家庭计划生育实施的组织与结构

英国政府对所有医疗机构进行国有化后，自 1946 年开始实施全民医疗，以确保所有居民都能享受免费的医疗服务。之后每届政府都会根据其实际情况调整对国民健康服务体系的建设方向。最初的 NHS 系统主要提供三类服务：医院服务由院长委员会和区域医院委员会负责；社区服务由地方卫生局提供；初级保健服务则是由行政委员会管理经营。当时的服务看似完整，但是相互之间独立，缺乏配合。经过 1999 年医改法案的改革，现今的 NHS 系统的组织结构由以下几个机构组成。①战略卫生局，主要负责制订健康计划、起草医疗合同，但不得参与经营管理和收入分配。②初级保健组和初级保健信托，前者负责提供初级保健服务、充实基层服务；后者是由前者不断兼并扩大形成，实现了规模效益、节约成本、规避风险。③NHS 基金信托，向战略卫生局负责，提供初级保健服务；NHS 基金信托由地方政府拥有，不需向中央政府负责，拥有绝对的财务和经营的自主权，有独立于 NHS 基金信托的监督者对其所提供的服务是否恰当进行监督。

民办医院在英国也有很长的历史，1946 年颁布的国家卫生服务法就允许一些由宗教团体管理的医院独立运营。从 20 世纪 60 年代开始，英国政府鼓励和帮助私人开展医疗保健业务；1979 年又进一步修改了有关法律措施来促进私营医院的发展。到 2002 年，英国政府对医疗卫生体制也进行了一系列的改革，把具有资质的私营医疗机构引入到 NHS 中。私人医疗的主要服务对象是商业健康保险购买者，一般是由私营企业部门将私人医疗保险作为职工的福利之一，进行集体投保。目前，英国有 30 多家可以提供商业健康保险的保险公司，所提供的保险项目多达 200 余种。

在英国虽然绝大部分医疗费用都是由国家承担，但也有一些不在 NHS 免费范围的医疗费用，比如 NHS 处方费、部分牙科和眼科费用等均需个人承担。针对一些特定的人群，英国医疗救助会免除这些费用，其救助对象主要是老年人、身体欠佳者、享受政府津贴者、税收抵免者和低收入者。希望享受医疗救助的人群需先进行申请，然后接受生活状况和医疗需求的调查，最后根据官方规定来判定是否能享受救助资格。

3. 家庭计划生育的资金来源

包括家庭计划生育在内，英国卫生经费的来源主要是国家税收，公民通过纳税人的身份向政府缴纳一般税，或公民以雇主或雇员的身份向政府缴纳社会保险缴费筹资金，然后由 NHS 体系向全体公民提供全面、平等的医疗服务。医院医疗服务的购买者主要是地方卫生局以及全科医生基金持有者；地方卫生局根据当地居民的医疗需求代表国家向服务提供方购买医疗服务。社区卫生经费由国家财政拨款，国家对社区卫生系统有很强的计划调节作用。

4. 服务提供者及其服务内容

英国的家庭计划生育服务已经融入其社区卫生服务体系，主要由社区医院设立的计划生育门诊提供服务。计划生育门诊提供的技术服务主要有三类：第一类是计划生育技术辅助服务，如放置宫内节育器、皮下埋植、输卵管结扎、妊娠诊断和人工流产等；第二类是更年期、性心理、青少年咨询和临床服务；第三类是妇科和乳腺疾病诊治。计划生育门诊不需预约，可随时前去就诊，接诊医生只会问及与医学相关的信息，不用担心涉及个人隐私信息。

英国的妇幼保健服务体系主要由社区医疗保健服务中心与医院共同组

成，包括通科医生、社区儿科医生、助产士、护士等人员，服务宗旨是以人为中心、以人的健康为中心。此外，英国政府1994年通过了相关法案，强调孕妇要积极参与以孕妇为中心的孕产妇保健活动，政府会通过媒体等方式宣传介绍孕妇的权利和孕产期保健知识。

英国的家庭保健服务主要是以家庭治疗形式呈现，以整个家庭作为干预的对象，通过分析家庭成员心理、调整家庭成员之间关系来解决个人心理问题。伦敦家庭治疗研究中心是英国最大、最专业的家庭治疗研究机构，着重于家庭和夫妇系统性心理治疗领域的临床研究工作。

（三）澳大利亚

澳大利亚采用国家规划管理、私人提供服务的社区卫生服务模式，实行全民免费医疗。其特点是政府为居民购买健康保险或作为社会健康保险的主要筹资者，由私人开业的全科医生与社会健康保险部门提供社区卫生服务。澳大利亚社区卫生服务机构提供的服务范围没有全国统一的标准，其服务内容主要取决于当地居民的需要以及获得政府资助的社区卫生项目。其中，计划生育协会负责澳洲全国的生殖健康培训服务。它接受国家卫生部的领导，以执行董事会的形式对服务实施进行管理，每年需要接受政府的专门评估以提高其生殖健康服务的质量。

澳大利亚针对不同人群提供不同的生殖健康服务。澳大利亚生育率低，约1.8%，为了鼓励妇女生育，政府对于生育行为给予资金上的资助。此外，全日制工作的妇女可以享受9个月的孕产期假，男方可享受1周假。1989年以来，澳大利亚开始制定并逐步完善妇女健康问题的相关政策，同时在妇女的健康服务方面投入大量资金。这些举措确保了几乎所有孕妇都能享受到优质的产前和产时保健服务，并按其自身的需求选择其他服务。

澳洲政府也重视对特殊人群的生殖健康教育，包括对青少年可能发生的生殖健康风险如性暴力、少女妊娠、不安全流产和性传播疾病感染等问题。如保健人员采取了友善教育法和同伴教育法，为他们创造出一个温馨、友善的环境，使青少年有安全感，并取得他们的信任，倾听他们的问题，为他们保守秘密，鼓励他们自己做出决定并尊重他们的意见。健康教育队伍的人员组成很全面，包括医生、护士、教育者、社会工作者、艺术家和心理医生等，他们为青少年健康需求提供服务，在促进青少年健康方面发挥了巨大的作用。在澳大利亚，少女初潮的平均年龄为8岁，16岁的女孩已有频繁的性生活。因此，政府将中小学的性教育活动列入教学大纲中，小学讲解剖知识，中学讲性传播疾病的预防和避孕用具的使用方法，每两个月还开展一次青年论坛，这些都促进了青少年的生理和心理健康。

（四）新加坡

新加坡的人口控制政策从其建国伊始就是不可动摇的治国原则。李光耀在执政期间，为了解决人口增长过快的问题，提出了相当全面的抑制政策，主要有：尽快传授简单的节育方法；教育国民改变传统的家庭价值观念，教会人民用新的社会标准来适应社会和经济局面；提出"两个足够"的口号；制定鼓励节育的福利政策等。此外，新加坡政府也没有忽视"人口萎缩"和"人口素质逆淘汰"问题，为了将人口生育率维持在替代水平，新加坡政府采取的主要对策是鼓励受过高等教育的知识妇女多生育，而受教育程度低的妇女生育孩子最多不超过两个。

家庭人口计划政策之一：严格控制人口增长。从 1965 年开始，新加坡就制定实施了一系列控制人口增长率的政策，这些政策主要包括以下几个方面。①向已婚妇女提供家庭生育计划和门诊服务。②宣传小家庭利国利民。③对三个子女以上的家庭征收高额所得税。④第三个孩子以上的产妇不能获得有薪产假，但若在产后自愿接受绝育手术，则可以得到有薪产假。⑤鼓励公务人员做绝育手术，凡公务人员做绝育手术的均可获得 7 天全薪产假。⑥提出"两子女家庭"的模式。对少子女家庭的子女入学给予选择学校的优待，对象包括：第一，父亲或母亲在生育第一或第二个孩子后便接受绝育手术者；第二，一个孩子或两个孩子的家庭；第三，父亲或母亲在生育第三个或第四个孩子以后接受绝育手术，但父母必须在 40 岁之前施行这项手术；此外，少子女的家庭还可以获得减免所得税的优待，第四个及第四个以后的孩子不能享受所得税减额的优待。⑦鼓励晚婚、晚育。规定分娩费用随子女数量的增加而增加，以此来鼓励少生优生。

家庭人口计划政策之二：鼓励部分人口群体增加生育人口。新加坡政府在 1984 年提出新的人口政策，主要包括两个方面：其一，争取使人口数量实现零增长；其二，鼓励具有高等教育文化程度的育龄夫妇多生育，主要是提倡受过高等教育文化程度的夫妇一生可生育三个或三个以上子女，并规定这些子女在一年级新生入学报名中享有优先权，能够优先进入重点学校。

二、发展中国家家庭计划生育服务的实施策略

(一) 印度家庭计划生育实施策略

印度是当前世界上人口增长最快的国家之一，也是为数较少的具有明确人口政策的国家之一。印度是世界上第一个从国家层面上有目的、有计划地调控人口发展的国家，也是第一个在全国范围推行家庭计划的国家。同时，印度灵活运用经济与行政杠杆，制定一系列行之有效的公共医疗服务政策。这些政策既满足给富人提供各种先进的、高标准的医疗保健服务；同时也要保障普通百姓享受基本医疗的权利。在有限的财政条件下，印度政府建立了庞大的、全国性的公共医疗服务网络，达到了较好地公平分配的效果。

1. 政府职能的转变及其出台的相关法律

1947 年独立后，印度政府于 1949 年通过的第一部宪法中明确规定"所有国民都享受免费医疗"，并努力构建具有该国特色的医疗卫生服务体系。由于随后几十年经济的发展和医疗卫生水平的稳步提高，人口死亡率大幅度下降，而人口出生率却没有下降，导致了印度人口的急剧膨胀，制约了印度的发展。为了控制人口的极速增长，1952 年，印度计划委员会提出应该实施家庭计划工程，降低人口出生率以适应经济发展的需要。1962 年，印度中央政府明确设置生育控制目标，把降低生育率作为印度家庭计划工作的核心目标。而 1970 年，对生育控制效果的过高期望导致印度政府开始将人口控制的主要目标由降低生育率转向大规模推进绝育，并进一步发展为强制性绝育。1994 年的开罗国际人口与发展大会呼吁更全面地关注生殖健康。受此影响，印度政府宣布在其国家人口政策中采纳一种"目标豁免"的方法，并于 1997 年 10 月重新定位了国家家庭计划政策。即从根本上转向更广泛地关注健康和家庭需要，更重视生殖和儿童保健服务，尊重人民的生育选择，覆盖更广的群体，如青少年、绝经后的妇女和绝育后的男子。

到 2000 年，印度政府颁布了《印度国家人口政策 2000》，提出致力于医疗卫生基础设施的建设、大力培养医务人员，这标志着印度家庭计划政策的重大转向：从片面追求避孕节育转向重视生殖健康服务；由单一节育转型为

提供多功能服务；扩大妇幼保健的范围；提高保健质量；降低婴儿死亡率，努力维持控制人口增长与让民众享受更好的医疗健康服务之间的平衡。

2. 家庭计划生育实施的组织与结构

（1）政府主导的公共医疗体系。

印度宪法规定了"国民免费医疗制度"，并随之建立了全民免费免疫计划和公立医院免费治疗项目，规定公民免费享有部分基础的公共卫生服务和卫生防疫等医疗卫生服务，建立起了一套以政府为主导的公共卫生服务体系。该体系由中央至地方的六个不同层次组成，与之相应的医疗服务提供机构分别是：中央级医疗机构、邦级医疗机构、地方级医疗机构、社区级医疗机构、初级卫生中心和基层卫生中心。在该体系中，只要不是大病，印度公民均能获得免费医疗，而对急诊病人则采取先看病后缴费的政策。在具体分工与合作上，中央政府负责设计制定全国性重点疾病控制项目、妇幼卫生和计划生育项目及农村卫生项目政策；筹集项目的实施经费；加强卫生服务的监管，以保证公共卫生服务和基本医疗服务的均等化。地方政府则发挥熟悉当地情况、贴近居民的优势，对中央确定的项目进行因地制宜地修改和完善，并负责具体项目的实施。

（2）基层服务。

印度农村的三级医疗网络包括保健站、初级保健中心和社区保健中心三部分，免费为公众提供基础医疗服务。保健站一般有两名工作人员，一名女性保健工作者和一名男性保健工作者。女性保健工作者主要负责母婴健康、计划生育和预防接种，也发放一些基本的药品。一个保健站要负责邻近三五个村庄约 3,000 ~ 5,000 个村民。从 2002 年印度的家庭福利部开始对各个保健站提供全力支持，包括：支付女性保健工作者和卫生访视员的工资、房租和意外事故补助，还有药物和器材装备的费用。初级保健中心由州（联邦）政府负责建立和维持，一般管辖 6 个保健站（2 万 ~ 3 万名农村居民）。它的职责主要是提供治疗性、预防性、促进性和家庭福利性服务，而对于较为严重或需要住院的病人只能送往社区保健中心或地区医院。初级保健中心是农村社区和地方政府卫生官员之间的第一个连接点，每个中心由一名地方卫生官员和其他 14 名职员组成，是每 6 个保健站的转诊单元，其一般设置有 4 ~ 6 张床位。社区保健中心也是由州（联邦）政府建立和维持，负责 4 个初级保健中心（10 万名农村居民）。每个社区保健中心一般有 30 张左右病床和 4 名专门医生如外科、内科、儿科和妇科医生，另外还配备有 21 名辅助医疗人员或其他职员，并配有较完善的实验室和 X 光检查设备等。社区保健中心无法处理的病人一般都送往设备较好、医护人员齐备的地区医院。一个地区通常有 2～3 个这样的医院。

（3）私营医疗机构。

在印度，私营医疗机构包括营利性和非营利性医疗服务机构两大类。大部分私立医疗部门都是营利性机构，但政府要求私立医院必须担负一定的社会责任，如为贫穷患者适度减免费用。印度的私立医疗机构发展得较好，部门所占的比例增加很快，是门诊和住院治疗的主要场所。各种私立医院竞相发展，为不同需求层次的人群提供相应的医疗服务。私立医院拥有先进的医疗设备和管理方式，并且拥有很多高水平的医务人员，这使得私立医院的医疗水平和费用远高于公立医院。非营利性医疗机构资金来源广泛，因此能以低费用提供较高品质的医疗服务并承担一些医疗保健服务，如妇幼保健及艾滋病咨询等。此外，非政府组织的生殖健康诊所也开展不孕症诊疗、产检、妇检、计划免疫接种、小儿常见病的防治、健康教育、计划生育咨询、人工流产、输卵管结扎、营养指导和性病防治等服务。这套健康管理与健康保障体系设计非常明确，既照顾到了各层面的需求，也保证了社会公平。

3. 家庭计划生育的资金来源

（1）政府部门的参与。

印度卫生系统主要通过各级政府税收、非税收收入以及社会保险费等形式筹集资金，主要用于中央、邦、地方三级政府医疗保健服务的支出。其中地方和州（联邦）政府承担费用支出的四分之三，中央政府负担大概四分之一。目前印度的社会医疗保险主要有两大类：政府性社会保险计划和非政府性社会保险计划。前者是为正规组织部门员工提供保险的"国家雇员医疗保险计划"和为中央政府雇员提供保险的"中央政府医疗保险计划"，但这两个计划的融资作用有限，覆盖面小。后者主要为由非正规经济部门推出的三种医疗保险：农产品加工企业组织合同农户向保险公司集体投保、非政府组织为成员设计的保险项目集体向保险公司投保、非正规经济产业工会的健康福利项目。这三种保险项目主要是针对发病率较低但医疗费用较高的大病风险。

（2）私营机构的参与。

私人筹资主要包括个人直接支出、商业健康保险和非营利组织提供的保险计划等。其中，个人直接医疗费用支出是私人筹资的主要来源。个人直接支出指患者就医后直接支付医疗费用的方式。由于社会保险和各类健康保险融资作用有限，导致私人直接支出占医疗费用总支出的比例非常高。印度商业保险市场由国有保险公司主导。自 1986 年开始，印度国有保险公司就为团体客户提供费用补偿型健康险产品。到 2006 年，商业健康险保费总收入约 6.99 亿美元。

（3）非政府组织的参与。

在印度健康与家庭福利部的支持下，福特基金会、美国国际开发署、联合国人口基金以及世界银行等官方和非官方机构通过大规模援助在印度开展了一系列家庭计划项目。仅 1980—1985 年间，来自六个国际援助机构的物质与金融支持总额达 2.5 亿～3 亿美元之多。美国国际开发署是印度最大的家庭计划捐助机构，此外联合国人口基金、丹麦、日本和挪威的援助机构多年来也为印度各种家庭计划相关的各类活动进行过小额捐款。自 1974 年以来，联合国人口基金已连续 6 次与印度政府在家庭计划领域进行了"国家项目行动计划"合作，截止到 2003 年已完成了 7 个国家项目，累计援助经费已达到 4.218 亿美元。

4. 服务提供者及其服务内容

（1）家庭计划生育服务的转变。

20 世纪 50 年代，印度政府控制生育的号召得到了印度社会精英阶层的广泛认可和积极响应。自 1949 年到 1961 年间，印度政府创建了 4,000 个生育控制诊所，为育龄妇女发放避孕套、宫内节育器以及阴道栓等避孕药具。但是，这些生育控制诊所的数量增长大多限于城市地区。

到 1963 年，通过诊所实施家庭计划的项目被拓展的家庭计划项目所替代。大量家庭计划工作人员被部署到农村地区，其中包括拓展服务教育者、助理医师、家庭福利工作者、辅助护士（助产士）和村级避孕药具贮存保管志愿者等。项目动员了大约 15 万训练有素的工作人员参与，设定明确人口统计学目标，而且要求在一个具体的时期内必须达到这些目标。

从 1970 年开始，印度政府将人口控制的主要目标由降低生育率转向大规模推进绝育，并出台了一系列激励措施在全国大规模推广输精管结扎术。通过设立流动性和临时性的绝育营，印度政府在全国范围内发动了数次声势浩大的输精管结扎运动，绝育成为当时主流的节育方法。

1978 年以后，政府提出一个经过修订的新人口政策——家庭幸福工程。新的人口政策设计以自愿为原则，强调推进教育和提升生育动因，由以前的重视通过绝育来降低生育率转向关注生育间隔等家庭计划。

2000 年，印度中央政府成立了国家人口委员会，由总理亲自挂帅，负责指导、监督所有家庭福利和生育健康计划的实施。印度各邦也成立由首席部长负责的类似机构，并明确承诺政府将尊重人民的生育意愿和知情选择权，从片面追求避孕节育转向重视生殖健康服务。实施策略包括：首先，向有避孕需求的育龄夫妇提供多种避孕手段，及时登记出生、死亡、结婚和孕产等人口变动情况，宣传家庭小型化，提高分娩安全度，减少婴儿和产妇死亡率；其次，将医疗卫生工作的重点向农村倾斜，面向村庄和家庭提供医疗保健服务。

（2）妇女教育和家庭计划生育宣传。

印度作为一个人力资源大国，一方面高级人才众多，同时又是文盲率最高的国家之一。尽管独立以来的人口统计显示整个印度人口的总识字率在不断提高，但是经过长达半个世纪的教育发展，印度仍未成功消除文盲问题。这与印度人口激增和弱势群体特别是妇女受教育的机会的可获得性有很大的关系。

几乎所有控制人口增长的发展中国家都一致认为，妇女科学文化水平的提高对人口过程起着重大影响。这种影响主要表现在两个方面：一是母亲有较高的文化素养，直接为孩子创造了一个优良成长环境，有助于人口素质的提高；二是教育使育龄妇女在家庭以外寻求其他的兴趣——比如在工作方面，这样可以压缩花在子女身上的时间，从而缩减家庭规模，使生育率降低。在印度其他地方人口急剧上升的时候，位于印度西南部的喀拉拉邦人口数稳定。喀拉拉邦与众不同的最主要原因就是注重教育，尤其是对女性的教育。在 20 世纪 80 年代，喀拉拉邦政府推行了大规模的改革，将财政预算的二分之一用于教育和公民健康事业。志愿者奔赴乡村为人们扫盲，其中三分之二接受教育者是女性。政府还特别将没有地位的女性团结起来，唤醒她们的自觉，让她们也参加到社会生活中来。节育计划、计划生育甚至是强行绝育都失败了，但是教育却让生育率下降了。

此外，印度也十分重视对家庭人口计划的宣传。在 20 世纪 60 年代前期，印度不太注重家庭人口计划的宣传；60 年代后期才逐渐加强这方面的工作。1968 年，印度政府开始把人口教育列为全国教育的内容：首先在大学中进行，然后在中小学开展，最后是对一般社会青年。印度议会还号召每个议员每年至少联系 1,000 户，逐户宣传家庭生育计划。如今的印度计划生育法规定，政府要加强对家庭人口计划的宣传，把控制人口的宣传贯彻到各级各类学校及各种训练班中，务求人人懂得控制人口的重要性和必要性。

（3）计划生育服务的奖惩措施。

为调动民众实行计划生育的积极性，印度政府出台了若干奖励和优惠政策。如表彰和奖励那些在推行少子女家庭、降低婴儿死亡率和出生率以及普及基础教育等方面工作模范的村民自治委员会或城市基层委员会。为保持人口性别比例，妇女和儿童发展部继续执行促进女童存活率和健康的女童发展计划。若第一胎或第二胎为女童，则给予 500 卢比的奖励。针对女童结婚早、生育早的现象，农村发展部实施的母亲受益计划将对 19 岁以后生育第一胎的母亲实施奖励，但奖励的兑现须与产前检查、由专业人员接生、出生登记和儿童免疫接种挂钩。对贫困线下的人口，政府实施一种与医疗保险相关联的家庭福利计划，即如果贫困线下夫妇生育少于两胎并绝育，他们将获得不超过 5,000 卢比的住院医疗保险；对于到达法定结婚年龄经过登记结婚的贫困线下夫妇，女方满 21 岁之后生育第一胎并愿意接受小型家庭模式，政府也将给予奖励。对于不实行计划生育的情况也出台了相关的惩罚措施，但因其不具强制性，故作用极为有限。

（4）家庭保健和基础医疗服务。

2005 年，印度政府颁布了新的"国家农村健康计划"，该计划旨在通过农村三级医疗网络为广大农村人口提供公平的、负担得起的、优质的卫生保健服务。"国家农村健康计划"在村镇设置了"50 万名值得信赖的女性社会医疗积极分子"。在公共医疗设施不完备的省份，平均每位积极分子负责 1,000 名村民，以提高卫生保健的可利用性和可及性。这些积极分子是经过培训的社区志愿工作者，由村务委员会选出并对其负责，主要任务是加强社区机构医疗供给、生育服务和婴儿照料、预防饮水传染病和别的传染病、营养和卫生设施建设等。按照该计划，病人可以免费得到医生的诊治和基本的常用药。即便遇到重大疾病需要输血或手术，病人也只需担负 5% 左右的费用。如果病人生活在规定的贫困线以下，还可以获得"全国健康优惠基金"的全免费治疗。该计划敦促各村委会为自己所在村制订卫生保健计划，制订跨区域的卫生、饮水、营养等保健计划，并为中央、省、县卫生管理提供技术支持。

此外，由于农村医疗条件的限制，印度政府鼓励医院努力发挥印度传统医药的作用，积极使用印度草药。在农村建立草药中心，对医院不能免费提供的药物，鼓励病人使用印度草药替代，降低穷人的治疗费用。

（二）伊朗家庭计划实施策略

自伊朗伊斯兰共和国 1979 年建立后，政府根据自身民族宗教文化和政治经济现实，对本国的人口政策进行不断调整。在 1980 年到 1988 年两伊战争期间，伊朗政府鼓励人口生育，以期增强本国的人力资源储备。但是伊朗的资源与环境承载量不足以支撑迅速膨胀的人口，在两伊战争结束后，伊朗政府立即采取一系列人口控制措施并在短短十余年时间内取得举世瞩目的成效。为了预防人口结构的老龄化，2005 年以后，伊朗政府逐步取消限制生育的政策。而之后由于城市化和教育水平的提高，人们的生育愿望降低，人口增长缓慢。

1. 政府推动

1988 年伊朗政府举行"人口和发展"研讨会，将人口规划纳入国民经济五年计划中，并针对人口自然增长率、总和生育率、孕产妇死亡率和婴儿死亡率设立目标。1990 年，伊朗政府正式开始实施名为"安排家庭计划"的计划生育政策，提倡每个家庭只生两胎。同年，伊朗政府成立了"生育率调节委员会"，负责国家计划生育政策的实施和各部门间的协调。1993 年，伊朗议会通过了《人口与安排家庭法》，要求每个家庭生育孩子不要超过 3 个。3 个以内的孩子可以享受免费医疗保险和免费教育，按人头领取可以低价购买生活必需品的票证。而超标出生的孩子则不能享受福利，超标生育的妇女也不能享受法律规定的产假。到 2005 年，伊朗政府又开始逐步取消了生育控制的政策。

2. 宗教配合

伊朗是一个伊斯兰教国家，宗教在全国自上而下有着严密的体系和强大的权力。没有宗教的支持，任何改革都无法推动。传统的伊斯兰社会提倡多养育儿女，认为孩子是真主的安排。幸运的是，伊朗的计划生育工作得到了宗教界的支持。宗教人士认为，政府控制人口的做法符合宗教和教民的利益；放置宫内节育器和男女结扎也并不违背教义。除此之外，各级宗教领袖在讲经时还增加计划生育和卫生保健的内容，帮助伊朗人民跳出传统的宗教观念。宗教的支持和教民的配合，使计划生育在伊朗没有阻碍，进展顺利。

3. 宣传教育

伊朗政府积极开展多方位的宣传教育，使整个社会认识到人口问题的重要性，对计划生育政策的实施起到了积极作用。例如，教育部门在中学开设人口教育课程，在大学开设家庭计划方面的必修课程；宣传部门在电视、广播设置相关节目，增加生殖健康和母婴保健方面的知识。伊朗男女青年结婚之前，强制接受免费的家庭健康教育，包括：计划生育及避孕、生殖健康、生育知识和医院可提供的服务、家庭权力、家庭卫生、家庭行动守则等，不接受家庭健康教育者不予办理结婚登记手续。

4. 提升妇女地位

伊朗政府出台了"伊朗伊斯兰共和国国家妇女政策"，为农村和偏远贫困地区妇女和女童提供基础教育、继续教育、职业技术教育和高等教育，并安排农村妇女和女童参与相关实践活动。除此之外，政府还向妇女传授管理技能，帮助她们进入决策领域；拓宽妇女职业技能培训内容，创造就业机会。女性受教育程度的提高使她们日益独立，更加注重自身的健康和完善，开始积极地走出家庭、参与到社会生活中，进而改变了传统的生育观。

5. 建立基础医疗和妇幼保健网络

伊朗实施的是二级医疗体系：初级医疗保健机构由村、社区卫生室和卫生站构成；二级医疗机构则由保健中心、医院和医学院构成。分布在城市和农村各地的卫生室或卫生站规模虽然很小，但为伊朗民众提供了最广泛的疾病预防接种、儿童成长监护、计划生育指导和基础的医疗服务；免费为村民或居民建立家庭档案，一户一册，详细记录夫妻姓名、生育、避孕和疾病状况，以及该家庭孩子的出生和成长情况；向育龄家庭提供计划生育和生殖健康的咨询服务，免费发放各种计生药具。在这些初级医疗机构里，除了正式的卫生员外，还包括一群妇女健康志愿者，她们由卫生部统一招募和培训，每人管辖50个左右的家庭，挨家挨户进行家庭健康教育，宣传计划生育和生殖健康。

除此之外，伊朗政府还提倡优生优育和母婴保健，以提高出生人口的健康素质。一方面，政府加强婚姻咨询和婚前检查工作，在全国建立了近

500 个咨询中心，申请结婚者必须进行各种婚前检查，学习生殖健康和计划生育的相关课程；另一方面，政府重视育龄妇女和孕妇的保健工作，为所有的育龄妇女接种白喉和破伤风疫苗，对孕妇进行至少 11 次的产前检查，每次都要测量血压和体重并评估胎儿的发育状况，指导并帮助孕产妇解决在不同阶段面临的营养、休息、衣着、母乳喂养、婴儿营养方面的问题。在产后 10 天和 40 天，产妇还要接受两次检查以确定身体恢复状况。

6. 重视国际合作

在伊朗，从中央部委到基层到处都能见到联合国人口基金的援助项目、接受过出国培训的人员和现代化的进口设备。联合国人口基金在伊朗发挥了积极作用，例如，提供有价值的技术支持和咨询；帮助组织国际会议，扩大对伊朗的宣传；选派伊朗官员和技术人员出国学习；帮助伊朗政府从开发计划署、世界银行等国际机构筹集资金等。这使伊朗成功有效地利用国际资源，吸收有益的东西，扩大自己的影响，并获得了良好的国际声誉。

（三）菲律宾家庭计划实施策略

菲律宾幅员狭窄，资源并不算丰富，但是人口总数却在全球排名前 20，沉重的人口负担阻碍了菲律宾的社会发展。为了控制人口，菲律宾于 1967 年设立了家庭计划工作机构——人口委员会，并于 1980 年推行家庭计划政策。该政策旨在关注家庭幸福和母婴健康，但是由于宗教和传统观念阻挠、政局动荡和避孕药具价格高昂等因素，家庭计划政策的实施进展缓慢。尽管如此，菲律宾政府在人口教育方面取得的成绩仍有很大的借鉴意义。

菲律宾政府重视教育，视教育为立国之本。基础教育共 10 年，包括 6 年的小学义务教育和 4 年中学教育。人口教育贯穿小学到中学乃至大学，小学和中学的人口教育结合科学、经济和家政等课程出现。为了使学校的具体操作有章可循，教育部门还颁布了人口教育大纲，并制订相应的教学安排。大学里的人口教育则设置为独立课程，教材的编写建立在三个基础上：一为哲学基础，以宪法为原则，阐明大纲要义；二为心理学基础，分析不同层次人民的需求；三为社会基础，综合辨析菲律宾现有国情和世界社会背景。除此之外，菲律宾的性教育也开展较早，自小学五年级开始，教育学生正确对待性，掌握婚姻和性的相关知识，如计划生育、避孕节育等。

（四）南非家庭计划实施策略

南非为多种族人口，长期的种族隔离使计划生育政治化，制订的计划生育方案只针对妇女，不顾及整个家庭的卫生保健。1994年曼德拉当选总统后，国家开始为孕妇和6岁以下儿童免费提供卫生保健。1996年颁布了流产法，使安全流产变为合法。1997年起，政府又在学校课程中增加了性教育和生活技能内容，使计划生育和生殖保健状况有所改变。

南非的计划生育和生殖健康服务主要由卫生部负责，属于国家初级卫生保健范围，由政府部门及医疗机构、计划生育诊所和民间组织共同执行。其注重以人为本的理念，主要表现为：尊重需要避孕的人群并以之为中心展开服务；避孕药具的使用必须基于知情选择，保证质量与数量；强调每一名妇女在离开医院或诊所前得到必要的避孕咨询和避孕药具等。

由于艾滋病迅速地蔓延，南非政府积极调动各种社会资源，推动建立了计划生育、生殖健康服务和艾滋病防治相结合的工作模式。服务对象也从育龄妇女逐步向青少年、男性、公众和政府决策者扩展。为保障和维护艾滋病人的权利与尊严，在艾滋病自愿咨询及检测工作中遵循知情同意和无记名检测原则，对检测结果为阳性的妇女及新生婴儿进行阻断性治疗干预措施，减少艾滋病毒母婴传播，并鼓励政府、非政府、教会、社区和广义大家庭共同关爱、扶助艾滋病患者和"艾滋病孤儿"等。

三、国内外计划生育服务实施策略的经验

（一）发展社区卫生服务和基层医疗保健网络，重视服务人员质量

发达国家的社区卫生服务机构呈多样化，包括：GP（General Practice）诊所、社区卫生服务中心、老年或儿童等特定人群保健服务中心、社区护理机构、家庭照料中心和社区精神卫生中心等。从事社区卫生服务工作人员的准入十分严格，如全科医师必须先接受5~6年的医学院校教育，再接受3年全科医师训练，经考试合格后才能获得上岗资格；以后每年还要接受继续教育，以保证社区卫生服务的高质量。社区卫生服务机构与医院的双向转诊制度较完善，其中，社区内全科医生负责解决社区居民常见病、多发病的诊疗以及有关健康问题。医疗保险体系规定其享受者必须经过全

科医师首诊才能入院治疗，除了急重患者，如若不经全科医生首诊则不予享受免费医疗服务。

建立基层医疗保健服务网络，准确定位目标群体，保证穷人在医疗保健方面所获得的福利是一些发展中国家医疗保健体制的鲜明特色。印度政府通过三级医疗网络向全民提供基本的医疗和预防保健服务，并重点突出了对贫困人口和弱势群体的保护，将有限的资源公平补给到最需要医疗服务的地方。尽管在实际运行中，由于保健站和保健中心覆盖面不足、基础设施薄弱、卫生人员和医疗物资缺乏等客观因素限制，可能使得有些公共医疗卫生服务无法充分开展起来，但却在一定程度上减轻了人民的经济负担，保证了社会公平性。伊朗政府更加重视基层医疗保健服务网络的建立和完善，为伊朗民众提供广泛的基础医疗服务、计划生育指导和健康知识的宣讲，使得伊朗的家庭计划能够在短短十余年内取得显著成效。因此，应重视发展社区卫生服务和基层医疗保健网络，提高家庭计划生育服务人员的专业水平和服务质量。

（二）扩大家庭计划生育服务范围

发达国家的社区卫生服务范围广泛，基本囊括了社会各个阶层、各年龄段国民的医疗需求。针对不同人群采取不同的服务原则和服务措施，尽可能保证更多的人享受到令其满意的卫生保健服务。发达国家实行的家庭计划是以家庭为中心，为整个家庭以及家庭中的各成员提供适宜的健康规划，以保证家庭成员的健康以及家庭结构的和谐。如大多数发达国家在保证孕产妇福利的同时也关注其丈夫的福利，措施之一就是给准爸爸放陪产假。因此，一些国家需进一步规划家庭计划保健服务的范围，以整个家庭为基本单位，以达到预防疾病和促进健康的最终目的。

（三）增加卫生支出，发展私营医疗机构

发达国家的家庭计划服务经费是由多方参与共同支付的。美国的卫生体系分公立与私立，分别由政府资金及个人投资支持其运转。虽然英国的卫生服务经费大部分由政府财政拨款，但是国民保险及社会和慈善机构捐款也占有一定的比例。一些发达国家的医疗卫生服务体系，不仅包括由国家提供的医疗保险，也有商业保险公司提供的私人医疗保险。私营医疗保险在一定程度上减轻了政府资金投入，提高了医疗服务质量，所以在某种

程度上也推动了社会医疗保健事业的发展。因此，一些国家可增加对保险公司的支持力度和管理，在缓解国家财政投入的同时保证服务质量不受影响。

20 世纪 80 年代以后，在经济自由化和私有化的趋势下，印度政府也开始进行医疗卫生体系市场化改革。私营医疗机构在此时迅速发展壮大，为不同层次需求的人群提供差别性选择，使中高等收入的居民能够获得高质量的医疗服务，同时又带动了公立医院医疗技术的革新和服务质量的改善。这种公私并存的医疗机构机制，既满足了日益灵活、多样化的医疗卫生服务需求，又在一定程度上最大化地利用各种医疗资源，促进医疗保健事业的积极发展和各种资源的有效配置，保障了社会的公平性。

（四）由独立医疗研究机构提供卫生决策和评估

发达国家的卫生服务评价系统通常是独立于其管理系统的，以保证卫生服务的质量与公平。美国医学研究院就是独立于政府框架之外、专注于以科学事实为依据向国家医疗政策提供意见咨询的组织。另外一些国家是通过医师协会来协调和调控政府、病人、医生之间的关系，以监管卫生保健体系的质量。由第三方监管卫生服务体系的运行，在很大程度上可以防止腐败的滋生，能够为体系的改进提供客观的意见，为体系提供正确的运行轨道。通过定期评估体系的运转情况来保证投入资金的最大利用率，最终提高民众的健康水平。

（五）促进家庭计划生育服务转型，提倡"以人为本"的人口控制策略

在人口控制上，应强调"以人为本"的理念，尊重人民的生育选择，关注生殖健康和妇幼保健，重视宣传和教育在人口控制上的突出作用。印度有着 60 多年的人口控制历史，人口政策几经波折。目前，印度政府从强制性生育干预的历史中吸取教训，将家庭计划的重心从人口数量和生育控制成功转型到真正关注人口发展上来，充分考虑民众的反应和社会力量的参与，并结合实际情况及时调整和不断优化。伊朗的家庭计划把人口政策与教育、宗教、医疗保健、妇女地位等结合起来，社会动员高效。其人口政策带有柔性的人文关怀色彩，提倡节制生育但不带有强制性，强调人口素质的提升。菲律宾政府的人口教育贯穿小学到中学乃至大学整个教育体

系，教育学生掌握生殖保健相关知识。南非政府则建立了计划生育、生殖健康服务和艾滋病防治相结合的工作模式，进一步拓展了生殖保健的服务对象范围。

（六）重视国际合作，得到更多的国家基金会资助

作为发展中国家，一方面要发展自己的经济和科学技术，开展家庭计划服务；同时要积极开展国际合作，通过借鉴国外的先进技术、理念和国际资金的支持，提高家庭计划生育水平。譬如，印度政府在福特基金会、美国国际开发署、联合国人口基金以及世界银行等官方和非官方机构的大规模援助下，开展了一系列医疗保健服务项目，对为农村和偏远地区提供平等的医疗保健服务产生了积极影响。伊朗也有效地利用了国际资源，响应家庭计划的国际号召，在国内积极开展生殖保健的相关工作，并及时总结经验教训，凭借联合国人口基金的资金和技术援助，组织召开国际会议，获取良好的国际声誉，进一步扩大自己的影响力，以便获得更多的国际援助。

（何电、张维宏）

参考文献

［1］桂欣. 英美医疗保障制度的比较与借鉴［D］. 成都：西南财经大学财政税收学院，2011.

［2］荣霞. 美国全民医疗改革：从克林顿到奥巴马［D］. 南京：南京大学历史学院，2014.

［3］人口增长和美国前景委员会. 人口与美国前景［R］. 1972.

［4］Institute of Medicine（US），Committee on Assuring the Health of the Public in the 21st Century. The future of the public's health in the 21st century［M］. Washington，DC：National Academy Press，2003.

［5］Institute of Medicine，Committee for the Study of the Future of Public Health. The future of public health［M］. Washington，DC：National Academy Press，1988.

［6］周艳（整理），姜军（审校）. 美国医学研究所［J］. 中华乳腺病杂志，2008，2（6）：714－715.

［7］尹力. 公共卫生与预防医学（第15版）［M］. 北京：人民卫生出版社，2012：1361.

［8］尹力. 公共卫生与预防医学（第15版）［M］. 北京：人民卫生出版社，2012：1459－1469.

［9］何欢. 美国家庭政策的经验和启示［J］. 清华大学学报（哲学社会科学版），2013（1）：147－156.

［10］International Federation of Red Cross and Red Crescent Societies. World disasters report 1996［M］. New York：Oxford University Press，1996.

［11］尹力. 公共卫生与预防医学（第15版）［M］. 北京：人民卫生出版社，2012：1448－1451.

［12］National Center for Family－Centered Care. Family－centered care for children with special health care needs［M］. Bethesda，MD：Association for the Care of Children's Health，1989.

［13］周建芳，汝小美，温勇，等. 国外家庭保健服务模式对人口计生系统开展技术服务的借鉴［J］. 南京人口管理干部学院学报，2009，25（3）：16－19.

［14］呼巾杰. 英国国民卫生服务体系研究［D］. 保定：河北大学社会保障系，2008.

［15］仇元峰，张鹭鹭，田伟，等. 国内外社区卫生服务发展模式比较［J］. 中国全科医学，2006（17）：1397－1400.

［16］陈林. 英国国民健康服务体系研究［D］. 武汉：武汉科技大学社会保障系，2008.

［17］王巧梅，李雪婷. 英国、瑞典两国人口和计划生育公共服务考察体会［J］. 中国计划生育学杂志，2010，18（8）：511－512.

［18］张遥，张淑玲. 英国商业健康保险经验借鉴［J］. 保险研究，2010（2）：124－127.

［19］余臻峥. 国外典型国家医疗救助制度经验及其借鉴［J］. 现代商贸工业，2010，22（19）：97－98.

［20］中华人民共和国卫生部妇幼司赴英国法国考察团. 中国妇幼卫生考察团赴英国法国考察社区健康服务情况报告［J］. 中国妇幼保健，1997（6）：376－378.

［21］李芬，周晓实，潘乃柱. 澳大利亚综合性的生殖健康服务项目考察报告［J］. 中国妇幼保健，2002（1）：54－54.

［22］肖立国. 略论新加坡政府的人口控制政策及成功经验［J］. 广西社会科学，2000（2）：77－79.

［23］武翠兰. 新加坡人口政策给我们的启示［J］. 理论导刊，2001（1）：61－62.

［24］彭伟斌. 印度国家人口政策的历史演进及影响因素研究［J］. 人口学刊，2014，36（6）：30－40.

［25］李琼，侯可华，邓畅. 印度医疗保障体系探析［J］. 保险研究，2008（10）：89－93.

[26] 申秋红. 印度人口发展状况与人口政策 [J]. 人口学刊, 2014, 36 (1)：24 - 31.

[27] 冯天丽. 印度人口政策的转变——由单一的节育目标向多功能服务转变 [J]. 成都：南亚研究季刊, 2001 (2)：32 - 35.

[28] 陈浩, 张哲, 陈婧. 印度医疗卫生体系浅析及对我国的启示 [J]. 首都医药, 2013 (24)：12 - 13.

[29] 黄晓燕, 张乐. 印度公共卫生医疗体系 [J]. 南亚研究季刊, 2006 (4)：8 - 13.

[30] 米红, 袁晓航. 印美医疗保障体系私有化比较 [J]. 社会保障研究, 2012 (4)：3 - 9.

[31] 王云鹏, 时建伟. 印度医疗体制的主要特色及其对我国的借鉴意义 [J]. 长春教育学院学报, 2009, 25 (1)：56 - 58.

[32] 卫生部生殖健康考察团. 印度生殖健康工作考察报告 [J]. 中国妇幼保健, 1999 (10)：650 - 652.

[33] 王晓丹. 印度国家人口政策 [J]. 当代亚太, 2003 (2)：56 - 59.

[34] 关丽娜. 战后发展中国家的人口现状及人口政策的特点 [J]. 赤峰学院学报：汉文哲学社会科学版, 1995 (4)：41 - 48.

[35] 施敏. 女性受教育, 孩子生得少 [J]. 大科技·百科新说, 2010 (12)：44 - 45.

[36] 梁伟, 李宝玉. 中国与印度人口控制比较研究 [J]. 南都学坛：南阳师范学院人文社会科学学报, 2003, 23 (6)：117 - 122.

[37] 张文镝. 独具特色的印度农村医疗保障体系 [J]. 上海党史与党建, 2009 (8)：58 - 59.

[38] 冀开运, 冀佩琳. 伊朗人口政策的演变及特点 [J]. 长安大学学报：社会科学版, 2014, 16 (1)：84 - 88.

[39] 樊正英. 伊朗的人口与计划生育工作 [J]. 人口与计划生育, 2000 (1)：54 - 55.

[40] 何文华. 菲律宾人口教育和计划生育 [J]. 中国性科学, 1995 (3)：62 - 63.

[41] 李未醉. 菲律宾的人口现状和人口政策 [J]. 东南亚南亚信息, 2001 (6)：2 - 3.

[42] 江亦曼, 张旭光, 汝小美. 实现计划生育与生殖健康、艾滋病防治的有机结合——赴津巴布韦、南非考察的几点体会 [J]. 人口与计划生育, 2003 (5)：45 - 46.

第四章　计划生育技术服务

一、计划生育技术服务的内容及意义

世界卫生组织（WHO）指出，个人和夫妇可以通过使用避孕方法和治疗不孕来实现计划生育，妇女决定生育间隔和限制怀孕的能力会对其健康和每次妊娠结果产生直接作用，但该计划生育目标的实现需要经济、技术的支持。计划生育技术服务是指计划生育技术指导、咨询以及与计划生育有关的临床医疗服务，是计划生育工作的重要环节。加强计划生育技术服务工作，对控制人口，提高人口素质，保障公民的生殖健康权利，保护妇女的身体健康，都具有重要意义。随着生殖健康概念的提出，计划生育技术服务的内容得以向外延伸，技术服务的范围涉及性和生殖健康的各个方面。

根据1994年9月WHO通过的《国际人口与发展大会行动纲领》的定义，生殖健康是指在生殖系统结构、功能和生殖过程所涉及的一切事件中身体、精神和社会等方面的健康状态，而不仅仅指没有疾病或不适。生殖健康意味着人们能够有满意而且安全的性生活，有生育能力，可以自由决定是否生育、何时生育和生育多少。其内容包括三个方面：一是生育调节，其中可细分为计划生育、避孕节育和不孕不育；二是优生优育；三是生殖保健，即所有的男性和女性人生各个阶段的保健，包括生长发育期、青春期、生育期、更年期、老年期等。因此，广义的生殖健康概念涉及人的生命过程各阶段。WHO提倡将生殖健康保健的内容整合于计划生育服务中，2010年WHO《计划生育、安全流产保健和母婴保健干预包》将计划生育整合至性与生殖健康疾病的预防和治疗中，整合至预防和治疗性传播疾病、宫颈癌和乳腺癌的初级保健中，也包括避孕方法的健康教育与咨询及避孕方法的提供。结合WHO提出的生殖健康的概念、计划生育的服务技术指向以及WHO提出的阶段性目标，将目前计划生育的技术服务进行总结，其内容包括：（1）开展计划生育避孕技术服务，包括健康教育与咨询；（2）安全流产服务；（3）整合至性和生殖健康疾病的预防和治疗（性传播疾病、艾滋病的预防与治疗）；（4）整合至社区初级保健（宫颈癌、乳腺癌的预防与治疗）；（5）参与围产期的全程计划生育服务保健。

二、避孕技术服务

依靠科技进步，推进优质的生殖技术服务是计划生育服务的重点；提供安全、有效和适宜的避孕措施，是计划生育服务的核心内容。目前国内外可为群众提供的避孕方法和产品种类繁多，不同方法和产品的性能特点不同，且其专业性强、进展快，而接受或使用这些避孕方法的服务对象又具有各自的生理、心理和社会、经济、文化等方面的特殊性，所以需求各异。为了保证有避孕需求的所有人群（包括青少年、成年人以及处于STIs、HIV 感染高风险的服务对象及艾滋病患者等）能安全、有效地选用适当的避孕方法，自 1996 年来 WHO 面向决策和政策制定者、项目管理者、计划生育服务提供者和民众，编写的"计划生育工作四大基石性指南"，对于计划生育技术、方法的科学认识和使用都具有重要的价值。计划生育技术服务系列的四大基石性指南包括《避孕方法选用的医学标准》《避孕方法使用的选择性实用建议》《避孕节育知情选择咨询指南》和《计划生育服务提供者的手册》。这些指南严格遵循医学循证原则，为在全球范围内安全有效地使用计划生育技术提供了重要借鉴经验；并致力于促进人们根据自己的需求知情选择适合他们的避孕方法，使人们对不同避孕方法的认识更加深入和客观；同时保证避孕咨询和服务提供者都有科学依据。我们以这些指南为依据分别介绍避孕技术以及服务提供者和服务对象需求的技术内容。

（一）避孕方法介绍及选择

1. 常见避孕方式的避孕机理

（1）雌孕激素复方避孕方法是最为有效的复方配方，因为可以持续抑制月经中期促性腺激素高峰而抑制排卵，与服用患者的年龄或服用时间无关，与甾体激素制剂的效能有关。其种类包括：复方短效口服避孕药、复方避孕针和复方阴道环。（2）单纯孕激素的避孕方法，单纯口服孕激素避孕药中孕激素含量比复方制剂中孕激素含量低，不能持续抑制排卵，避孕效果明显差于复方制剂。单纯孕激素避孕针主要通过抑制卵巢释放卵子而发挥作用，还能增加宫颈黏液黏稠度，阻止精卵相遇，使子宫和输卵管活动力下降，促使子宫内膜蜕膜化，同时还具有使卵巢对促性腺激素刺激反应下降等多环节作用。（3）非激素类避孕方法包括体外射精、易受孕知晓法、宫内节育器（Intrauterine Device，IUD）、男女避孕套和绝育术等，主要通过隔离精子和卵子的相遇达到避孕效果。WHO 将避孕方法分为传统和现代避孕方法，其避孕机理及使用时机见表 4－1。常见避孕方法的效果见图 4－1。

表 4－1　常用的避孕方法作用机理、有效性和使用时机

分类	方法	描述	作用机制	防止怀孕的效力	使用时机
传统方法	体外射精	男性将阴茎从性伙伴的阴道中抽出，并在阴道外射精，使精液远离性伙伴的外生殖器	使精子远离女性身体，阻止受精	正确而持续使用时为96%；常用情况为73%	任何时间
	易受孕知晓法（自然计划生育或周期性节制房事）	日历法：监测月经周期中的受孕日；症状法：监测子宫颈黏液和体温	双方通过避免在受孕日进行未采取保护措施的阴道性交来预防怀孕，通常节制房事或使用避孕套	正确而持续时为95%～97%，通常为75%	任何时间（知晓月经周期和起始时间）
现代方法	复方口服避孕药	含两种激素（雌激素和孕激素）	预防排卵	正确而持续使用时＞99%；通常为92%	月经 1～5 天
	单纯孕激素避孕药	仅含孕激素，不含雌激素	增加子宫颈液浓度阻止精子与卵子结合并抑制排卵	正确而持续使用时为99%；通常为90%～97%	月经 1～5 天

续表

分类	方法	描述	作用机制	防止怀孕的效力	使用时机
现代方法	皮下埋植法	植于上臂皮下体积小而灵活的小棒或胶囊；仅含孕激素	与黄体素的作用机制相同	>99%	月经1~7天
	孕激素避孕针	根据产品情况，每2个月或3个月进行一次肌肉注射	与黄体素的作用机制相同	在正确而持续使用的情况下>99%；常用情况为97%	月经1~7天
	IUD：含铜	植入子宫的小而灵活的塑料器械，含铜套管或铜线	铜成分破坏精子并阻止与卵子结合	>99%	月经1~12天
	IUD：LNG	植入子宫内的T字形塑料器具，每天定时释放少量左炔诺孕酮	抑制子宫壁（子宫内膜）的生长	>99%	月经1~12天
	男用避孕套	覆盖男性勃起阴茎的外包物或覆盖物	形成阻止精子与卵子接触的屏障	在正确而持续使用的情况下98%；常用情况为85%	任何时间
	女用避孕套	置于女性阴道中的宽松外包物或膜，由轻薄、透明而柔软的塑料膜制成	形成阻止精子与卵子结合的屏障	在正确而持续使用的情况下90%；常用情况为79%	任何时间
	男性绝育	通过阻塞或切除将精子运送到睾丸的输精管实现永久避孕	阻止射出精液中含有精子	3个月精液检测之后>99%；无精液检测的情况下为97%~98%	术后3月内使用其他避孕方法
	女性绝育	通过阻塞或切除输卵管达到永久避孕	阻止卵子与精子结合	>99%	任何时间（确定未怀孕）

续表

分类	方法	描述	作用机制	防止怀孕的效力	使用时机
现代方法	哺乳期闭经法	适用月经仍未恢复新生儿母亲的临时避孕措施；仅适用于婴儿不足6个月大，母乳喂养期内的母亲	抑制排卵	在正确而持续使用的情况下为99%；常用情况为98%	产后立即使用，最多6个月
	紧急避孕药	仅含孕激素的避孕药预防怀孕	防止排卵	降低怀孕几率60%～90%	在未采取保护措施性交之后5天之内

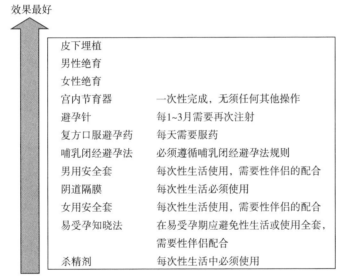

效果最好

皮下埋植	
男性绝育	
女性绝育	
宫内节育器	一次性完成，无须任何其他操作
避孕针	每1~3月需要再次注射
复方口服避孕药	每天需要服药
哺乳闭经避孕法	必须遵循哺乳闭经避孕法规则
男用安全套	每次性生活使用，需要性伴侣的配合
阴道隔膜	每次性生活必须使用
女用安全套	每次性生活使用，需要性伴侣的配合
易受孕知晓法	在易受孕期应避免性生活或使用全套，需要性伴侣配合
杀精剂	每次性生活中必须使用

效果最差

图4-1　不同避孕方法效果比较

2. 服务对象关注避孕方法的内容

服务对象与服务提供者的关注点稍有不同，服务提供者应在咨询过程中注意不同服务对象的关注重点，并提供适当的避孕方法选择（见图4-2）。

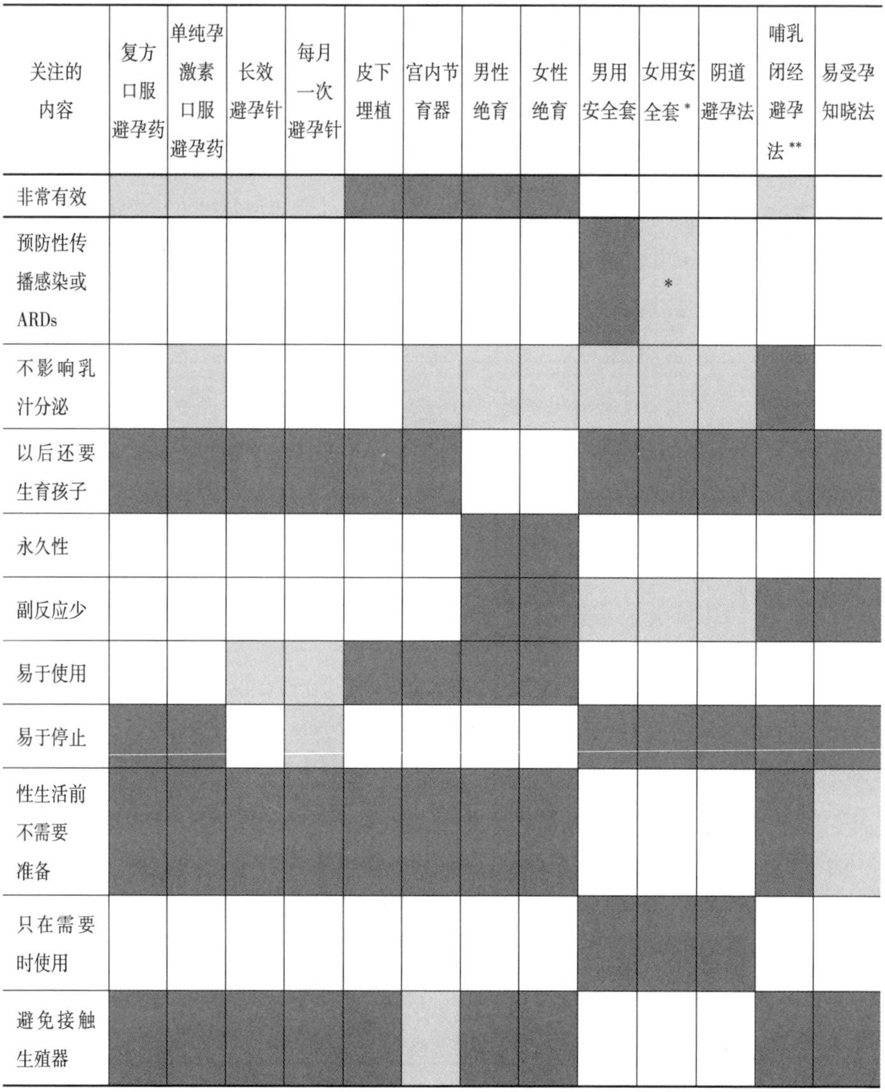

关注的内容	复方口服避孕药	单纯孕激素口服避孕药	长效避孕针	每月一次避孕针	皮下埋植	宫内节育器	男性绝育	女性绝育	男用安全套	女用安全套*	阴道避孕法	哺乳闭经避孕法**	易受孕知晓法
非常有效	■	■	■	■	■	■	■	■					
预防性传播感染或ARDs									■	▨*			
不影响乳汁分泌		■	■	■	■	■	■	■	■	■	■	■	■
以后还要生育孩子	■	■	■	■	■	■			■	■	■	■	■
永久性							■	■					
副反应少							■	■	■	■	■	■	■
易于使用					■	■	■	■					
易于停止	■	■		■					■	■	■	■	■
性生活前不需要准备	■	■	■	■	■	■	■	■					▨
只在需要时使用									■	■	■		■
避免接触生殖器	■	■	■	■	■		■					■	■

图 4-2 服务对象对不同避孕方法的关注内容

■ 对这种需求的最佳选择　　▨ 对这种需求的较好选择

*女用安全套对性传播感染的预防效果不明；**只能用于产后 6 个月。

3. 有特殊需求的服务对象避孕方法的选择及咨询的重点

在实践工作中，计划生育服务人员会遇到一些有特殊需求的服务对象，为此，对合并某些基础疾病的服务对象，WHO 给出了避孕方法选用的级别及推荐意见。

年轻的服务对象，不管已婚还是未婚，男性还是女性，均有获得计划生育服务信息的权力，更要注重隐私的保护和保密原则以及服务的方式方法。在计划生育服务方面，不仅要给予避孕方法选择的服务，特别要重点关注预防意外妊娠、艾滋病及其他性传播疾病。健康的青少年，原则上可以使用任何避孕方法。已有 3 次规律月经周期的女性其下丘脑—垂体—卵巢轴功能已成熟，服用复方避孕药是安全的。对于青春期女性或青春期功能失调性子宫出血的女性，首要关注的是对所选用方案的依从性。年轻人不宜选用男女绝育术，月经不规律者不适合使用易受孕期知晓法（安全期）。青少年对身体、怀孕、计划生育以及艾滋病及其他性传播疾病知之甚少，要向他们解释艾滋病、性传播感染及其风险，告知他们可能处于性传播感染及艾滋病的风险之中，强调正确和坚持使用安全套，并和他们讨论禁欲或推迟性行为至年龄较大的益处，讨论其他安全的亲密方式。

40 岁以上的服务对象要考虑其可能存在的高危因素（如吸烟、脑卒中、心血管疾病、血栓等）。对于此类服务对象，要告知绝经前仍可能怀孕，怀孕会给孕妇及胎婴儿带来更大的风险。告知绝经的知识要点及性生活有性传播感染或艾滋病的风险。健康年龄大的妇女可以安全地选用任何避孕方法。服务人员要告知停用避孕方法时间，也必须继续预防性传播疾病和艾滋病。对有心脏病（可能患有高血压、糖尿病或吸烟）的服务对象不建议使用口服避孕药及针剂；临围绝经期不建议使用安全期避孕法；月经过多者不建议使用 IUD，因为 IUD 可能会加重出血；不想再生育的夫妇可以选用绝育术。IUD 使用者建议在绝经后 1 年内取出；围绝经期建议停用避孕药，因为避孕药可能混淆停经，停用药物后可改为避孕套继续使用 1 年，如果期间无月经来潮，可以不再避孕。

产后避孕要考虑产妇是否哺乳、是否有产褥感染。可以使用 IUD 避孕，但 IUD 的放置与放置者的技巧和产妇的子宫状态有关。仅含孕激素的避孕方法适用于产后 6 周以后的妇女。

对于特殊疾病患者（如高血压、吸烟、肿瘤、精神疾病、糖尿病等）的避孕方法可参见 WHO 给出的最新建议。

（二）实现避孕方法可及性技术服务的内容及方式

服务提供者有义务向服务对象提供必要的避孕信息，并结合实际情况帮助服务对象选用最适宜他们的计划生育方法，以使避孕方法达到普及性、有效性。服务提供者除了具备相关的专业知识外，咨询技巧也是极其重要的，为此，WHO 提供了相关的指南。

1. 提供咨询服务的基本要求

咨询是使避孕方法达到可及性的必要途径。通过咨询，服务提供者能够帮助服务对象，使其对有关的生殖健康问题和避孕问题做出选择并实施，良好的咨询通常能使服务对象对避孕服务和避孕方法感到更满意，也有助于服务对象长期、有效地使用避孕措施。接待服务对象的咨询地点要私密，服务者应以正确的服务态度接纳服务对象。让服务对象充分了解自己，即使是这方面的专家，服务对象也有权力选择自己喜好的专家进行咨询。帮助服务对象了解、比较和选择避孕方法时应遵从以下几点要求：（1）服务提供者应热情、有礼貌，尊重每一位服务对象；（2）向服务对象表明愿意、倾听并提供帮助，做到相互坦诚，这对其选用避孕的方式有帮助；（3）交谈地点要私密，交谈内容必须保密；（4）不要只是询问"是"或"否"的问题，每次仅提一个问题，鼓励服务对象坦诚表达自己的需求，并认真地倾听；（5）解决问题时要帮助初次就诊的服务对象制订正确持久的使用避孕方法的计划，帮助回访对象解决问题，并认真关注所有的问题；（6）提供避孕方法信息时要提供适合服务对象需求的信息，提供避孕方法的选择和使用的信息；（7）无论何时都允许服务对象改变主意。

2. 对服务对象的需求要关注的内容

是否正在采取避孕措施；是否关注怀孕；是否要选用避孕方法；是否对避孕方法有疑问；是否关注 HIV/AIDS 的预防；对特殊服务对象（年轻的、年龄大的、孕期/产后、流产、艾滋病感染者、想怀孕的人等）的关注。关注需求时要不断问自己：（1）自己是否在认真地倾听并给服务对象留了足够的提问时间；（2）服务对象想让我做什么，我是否能做到；（3）是否了解了服务对象的想法、价值观和生活方式，并保持价值中立。鼓励服务对象参与讨论其选择方法是否真正符合他的需求与处境，其是否真正理解了该方法。

3. 其他应注意的问题

帮助服务对象避孕方法选择咨询时还应注意，避孕效果的有效性还取决于服务对象可以做到多少或记住多少，最有效的方法是不是需要重复使用等。副反应咨询时指出激素类方法的副反应起初是比较常见的，但数月后可能会消失；IUD可能会带来一些烦恼，可以共同讨论；告知永久性、长效或短效避孕方法的区别，指出男女绝育是永久性的，IUD和皮下埋植能留置数年；安全套是唯一能够预防艾滋病和其他性传播疾病的方法。

4. 促进性伴侣间进行交流

与性伴侣讨论避孕和性安全会产生很大的益处。性伴侣会积极协助，关心她/他的健康，帮助其思考自身的健康问题；性伴侣双方共同选择避孕措施；增进关系；表达真诚与尊重。咨询内容：发现年轻服务对象与其性伴侣之间有问题时，建议他/她可与信任的朋友、父母或亲属一起讨论；如果性伴侣认为性安全和避孕不重要，应当让他/她与其性伴侣讨论不安全性行为的风险，提供可带回家的印刷资料，或询问其性伴侣是否愿意到咨询地点进行讨论；她/他可寻找不通过性生活而增进相互关系的时机，尝试其他方式的亲热行为；某些年轻的服务对象可能被迫或受到金钱的诱惑发生性行为，应当告知用性交换来的金钱、礼品或好处会引发更多的问题（如意外怀孕、性传播感染、艾滋病等）；如果怀疑有性暴力的情况，应建议服务对象获取相关的帮助。

5. 促进性伴侣间的交流的方式

提供有关与性伴侣讨论的折页、宣传单或提示卡片，包括讨论性和避孕的有关的语句；如果可能，在社区或诊所候诊室播放夫妻讨论避孕场景的录像；与服务对象进行一对一的交流，与服务对象及其性伴侣共同讨论；组织女性或男性进行角色扮演或小组讨论。与服务对象进行角色联系——展示不同情形的图片或讲故事，让服务对象对这些情景做出相应的反应，咨询人员可以担任性伴侣的角色。分组讨论让服务对象对角色表演的过程中较好的部分和有待提高的部分进行评论。小组讨论时让组员讨论与性伴侣交流的经验，用纸、卡片、活页图写下好的交流方法或方式；鼓励讨论避孕方法（如使用这些方法的优缺点、经验、如何使用等），以及性传播感染、艾滋病的传播和预防等。

三、流产技术服务

1994年开罗国际人口与发展大会的行动纲领指出："从任何角度来看，

都不应该把人工流产当作计划生育方法",同时也强调"应及时为妇女提供流产后咨询、教育和计划生育服务,避免重复流产"。2004 年 WHO 正式发布的生殖健康战略中,又倡导将"科学避孕、加强流产后计划生育服务"列入促进生殖健康战略优先关注领域。流产的方法包括药物流产(运用药物终止妊娠,也叫非手术流产),渗透扩张器流产(用海藻(昆布)或合成材料制成的短薄塞条,吸收水分后膨胀,逐渐扩张宫颈。)和人工流产(包括负压吸引术、扩张宫颈和清宫术)。

(一)流产方案的技术服务

1. 流产服务的内容

2002 年国际流产后服务联盟提出的广义的流产后服务包含 5 个核心内容,即(1)流产后并发症的医疗服务;(2)流产后计划生育服务;(3)流产后咨询服务;(4)流产后社区服务;(5)流产后生殖健康综合服务。现将流产的计划生育技术服务进行介绍。流产后计划生育服务内容包括:(1)及时提供服务;(2)可供选择的避孕方法;(3)宣教与咨询;(4)胜任的技术能力;(5)良好的人际关系;(6)周密的随访服务。WHO 制定了《安全流产:卫生系统的技术和政策指南》和《安全流产的临床实践手册》以指导各国在不同法律、法规、政策及服务环境进行流产的技术指导。指南指出,在各国的法律范围内与流产有关的规范、标准和技术实践都应保障并推进以下权利:(1)妇女和青少年的健康权和人权;(2)服务对象的自愿和自主决策权;(3)不受歧视;(4)保密和隐私。

2. 流产方案的选择

流产服务并不是一种真正意义的避孕方法,是避孕失败后放弃妊娠的一种补救措施。这里的流产服务指妊娠周数小于 14 周的流产服务。WHO 指出早期妊娠的流产方案包括药物流产、渗透扩张器流产和人工流产术。重度肥胖者,了宫肌瘤、子宫畸形、宫颈手术史的孕妇不能使用人工流产的,无药物使用禁忌症的都可以采用药物流产;有药物使用禁忌症或同时进行绝育手术的可以采用人工流产术。具体的适应症、优缺点、禁忌症见表 4 - 2。

表4-2　流产方案的选择

	孕龄≤12～14周		孕龄＞12～14周	
	药物流产	负压吸引	药物流产	宫颈扩张和清宫术
具体操作方案	药物流产方案：米非司酮+米索前列醇方案和单用米索前列醇方案			
常规描述	避免了手术；模拟自然流产过程；孕龄＜9周的可由妇女掌控，可以在家里进行；需要几小时至几天，具体时间不可预测；流产后会出血和子宫痉挛，可能有其他副作用如恶心呕吐等；与负压吸引术相比，可能需要更多的就诊次数	快捷；可以通过检查流产组织以评估流产是否彻底；由医疗机构实施；在术中可以进行绝育手术和放置IUD；需要探查子宫；子宫和子宫颈受损的风险低；流产时间由医疗机构及操作者掌控	避免了手术；模拟自然流产过程；孕龄＜9周的可由妇女掌控，可在家里进行；需要几小时至几天，具体时间不可预测；流产后会出血和子宫痉挛，可能有其他副作用如恶心呕吐等；妇女需留在医院直至妊娠完全终止；有疤痕子宫的妇女在12～14周进行药物流产子宫破裂的风险很低（0.28%）	快捷；可以直接检查流产组织评估流产是否彻底；由医疗机构实施；在术中可以进行绝育手术和放置IUD；术前需宫颈准备；需要探查子宫；子宫和子宫颈受损的风险低；流产时间由医疗机构及操作者掌控
适应症	重度肥胖；子宫畸形、子宫肌瘤、宫颈手术史；不愿选用手术流产者；不愿接受盆腔检查或该检查无法实施者	有药物流产禁忌症；对流产时间有要求的	重度肥胖；子宫畸形、子宫肌瘤、宫颈手术史；不愿选用手术流产者；缺少技术、经验丰富的宫颈扩张术和清宫术的人员	有药物流产禁忌症；对流产时间有要求的
禁忌症	对流产药物过敏者；遗传性卟啉病；慢性肾上腺衰竭；确诊或怀疑宫外孕	尚无已知的绝对禁忌症	对流产药物过敏者；遗传性卟啉病；慢性肾上腺衰竭；确诊或怀疑宫外孕	尚无已知的绝对禁忌症

续表

	孕龄≤12~14 周		孕龄>12~14 周	
	药物流产	负压吸引	药物流产	宫颈扩张和清宫术
谨慎并需做出临床判断	长期服用糖皮质激素（包括患有重度非控性哮喘患者）；出血性疾病；重度贫血；既往有心脏病或心血管高危因素；已放置 IUD（用药前取出 IUD）	已放置 IUD（用药前取出 IUD）	长期服用糖皮质激素（包括患有重度非控性哮喘患者）；出血性疾病；重度贫血；既往有心脏病或心血管高危因素；已放置 IUD（用药前取出 IUD）	已放置 IUD（用药前取出 IUD）

3. 流产中预防和控制感染

在手术和护理的过程中会接触血液和其他液体，所有服务提供者应掌握针对感染预防和控制的标准预防措施，以保护自己和患者：（1）洗手，每次接触前后，常规肥皂洗手并冲洗（包括戴手套时）；在接触不同服务对象和同一服务对象的不同部位时（阴道或肛门）应更换手套，摘除手套后也应洗手；（2）穿防护隔离衣、手套、口罩、防护镜及鞋套等；（3）无菌操作：无论进行何种手术，术前都应对子宫颈消毒；（4）按相关要求处理使用的锐器（刀片和针头）；（5）按相关要求处理使用的仪器和材料。

4. 疼痛的管理

流产过程中所有的妇女都会感到疼痛或痉挛，将引起焦虑和不适，可能致手术时间延长并影响其他的保健措施的跟进。在手术时妇女能承受的疼痛程度以及对疼痛的反应因人而异，所以需评估每个流产妇女的疼痛管理要求。缓解疼痛的方法有药物和非药物，在使用止痛药物时要详细询问妇女的病史，过敏史及正在使用的药物，并了解这些药物与止痛药的相互作用。

（二）提供流产服务的流程和方式

1. 流产前

服务提供者需向服务对象讲解可选择的流产方案和疼痛管理方案；术

前、术中和术后需要做的准备以及需要做的一些检查；流产后出现的疼痛、流血等症状持续的时间；如何辨别潜在的并发症，在哪里能获得帮助；何时恢复包括性生活在内的日常活动；后续的保健（包括预防意外妊娠）；法律和报告的要求。提供咨询服务时用简单易懂的语言交流，保护隐私，对服务对象提出的问题和需要做出恰当的回应与支持，避免将个人的价值观和信仰强加于服务对象。如果妇女决定流产，服务者应提供流产的潜在的危险因素和确切的科学信息以及可选方法的利弊以帮助妇女做出选择。另外，还需要详细询问病史，全面的体格检查以及必要的实验室检查，并与妇女讨论避孕方式。

2. 流产中

应有一定经验的操作人员提供流产技术服务。在流产中需要预防和控制感染；加强疼痛的管理。

3. 流产后

（1）出院前：清晰的口头和书面医嘱（包括需要重返医院急诊就诊的症状，如痉挛或疼痛加剧、阴道大量出血、发热等）；评估下次月经来之前再次怀孕的风险，以及流产后 2 周内恢复生育力的可能性；为妇女提供避孕信息和咨询服务；为贫血患者提供铁剂；提供心理支持；根据需要安排其他保健服务，如 STI/HIV 咨询和检测，为受虐者提供支持服务，或转诊到其他临床专家。（2）后续的随访：仅对单独使用米索前列醇药物流产者进行例行随访，但可以让妇女自选 7～14 天后的一次随访，以便提供有关避孕的咨询服务，或提供进一步的情感支持或处理相关临床问题；随访内容包括了解流产是否已经完成，检查文件及转诊的文件，询问症状，提供针对性的体检；评估生育打算和避孕服务的需求；必要时提供额外的生殖健康服务和转诊。（3）评估流产后并发症：安全的流产几乎不会存在潜在威胁生命的并发症，然而即使采用所有必需的预防措施，并发症（妊娠继续、不全流产、出血、感染、子宫穿孔、与麻醉相关的并发症，一些非流产直接相关的并发症）依然可能出现。（4）流产后的避孕：通常情况下几乎所有的避孕方法都可以在流产后立即开始，但要注意医学指征的掌握。需要指出的是激素类的方法（包括药物、注射制剂、皮下埋植、贴片和阴道环）可在任何流产方式包括感染性流产后立即开始。IUD 要在孕早期和孕中期流产后立即放置；然而孕中期流产后 IUD 的放置风险高于孕早期流产。药物流产后确认完全流产后可以放置 IUD，感染流产后不能立即放置 IUD。避孕套可在流产后任何一次性行为时使用。阴道隔膜或宫颈帽可以在流产后立即使用。大于 14 周的流产妇女应推迟至产后 6 周使用。安全期避孕方法应推迟至恢复正常月经以后。女性绝育术可在无并发症的流产后立即进行，如果遇感染性流产，严重出血，创伤或急性子宫积血时应推迟手术。男性绝育术可以在任何时候进行。紧急避孕药可以在任何一次无保护的性行为后的 5 天内服用或使用 IUD，可以降低怀孕几率。性交中断可在流产后第一次性行为中使用。

（三）实现优质流产服务的要素

优质的流产后计划生育服务不仅需要专科人员的临床专业技术，还需要多部门的组织、支持和管理。

1. 提供流产服务的时机

因非意愿妊娠而寻求流产的妇女或接受并发症治疗的妇女都比较焦虑或痛苦，需要私密的空间和抓好时机进行相应的指导。WHO 专家提出应考虑的要素是：（1）不远的将来可能再次妊娠；（2）帮助妇女选择一种她能坚持使用的方法；（3）利用现有的机会。提供咨询和服务的最佳时间因妇女和机构能力的不同而有所不同。

2. 避孕方法的选择

向服务对象提供多种避孕方法，并使其充分知情。

3. 宣教和咨询

宣教和咨询不仅可以影响流产妇女对避孕方法的选择，还可以提高避孕措施的使用效率。它可以帮助服务对象在知情、自愿、慎重的情况下做出避孕选择，并帮助妇女分析非意愿妊娠的原因。

4. 技术力量

指医疗/计划生育服务机构对妇女提供流产后服务的集体能力，其影响妇女的知情选择。服务提供者的技术和知识是技术力量的基石，但技术力量的保持和发展离不开机构相关部门的发展及后勤力量的有力保障。

5. 人际关系

由于不同宗教或法律的影响，人们对流产妇女的态度往往不同，多持不支持的态度。在咨询和提供技术服务过程中服务提供者应保持价值中立，并真诚接待这些服务对象，这是很重要的。

6. 服务的连续性

不加强随访会使非意愿妊娠增高和避孕方法的使用率下降。应告知妇女附近哪里可以获得避孕药具，定期随访，了解需求，处理出现的不适，必要时提供转诊。

四、其他计划生育技术服务

关于其他涉及计划生育技术的生殖健康项目如辅助生殖技术，产后计划生育服务，性生殖感染和艾滋病等生殖健康的服务内容，WHO 有相应的指南介绍。

（一）产后计划生育服务技术

产后避孕是指产妇在胎盘娩出后的一段时间内，为防止意外妊娠而采取避孕措施。由于产后妇女的生理状况的改变，并可能涉及哺乳需求，因此选择的避孕方法也可能不同。即便有再生育要求的产后妇女，也应适当控制生育间隔，可以优先考虑长效避孕方法。

这里主要介绍产后哺乳闭经法及哺乳 6 月以上的避孕方法的选用。

（1）产后哺乳闭经法是以选择母乳喂养的方式预防怀孕的一种避孕方法。满足的条件是：哺乳是指除了母乳只给婴儿很少或基本不给婴儿其他饮食或饮品；婴儿小于 6 个月；月经尚未恢复。哺乳是与母乳喂养有关的，闭经是没有月经。

告知知识：对于大多数婴儿来说，最健康的喂养方式是出生后头 6 个月内的母乳喂养。母乳中含有婴儿所需的适当的营养素，并有助于婴儿抵抗感染，母乳喂养对母亲的健康也是有益的。纯母乳喂养应在产后 1 小时内开始，且在婴儿满 6 个月之前不应喂其他任何食物和饮品。要经常哺乳，不分昼夜，只要婴儿饿了随时哺乳，即使在母亲生病或婴儿生病时，也应坚持母乳喂养。开始添加婴儿辅食时，每次喂其他食物或饮品之前，先给母乳。母乳作为婴儿饮食的主要部分可达 2 年或 2 年以上。

服务者应向哺乳期间的服务对象解释产后 6 个月内纯母乳喂养，没有月经时可以避孕。如果不是纯母乳喂养，在分娩 4 周后仍可能怀孕。如果产褥期外超过 2 天的阴道出血，则不能使用哺乳闭经避孕法。如果白天哺乳间隔时间超过 4 小时，或夜间超过 6 小时，应考虑用其他避孕方法。一旦孩子 6 个月或更大，应采用其他避孕方法。

服务提供者应告知服务对象哺乳闭经避孕法使用时机和停止使用时机。开始时机：产后为促进婴儿的健康和避免怀孕，尽早开始哺乳，立即使用哺乳闭经避孕法。停用时机：当月经恢复时（不包括产后 8 周内的出血）；停止完全母乳喂养时；婴儿长到 6 个月或以上时；当产母不再想使用哺乳闭经避孕法时。

哺乳期间推荐使用非激素类的方法，如避孕套等；也推荐仅含孕激素的方法，如单纯孕激素口服避孕药、长效避孕针或皮下埋植。停止哺乳后避孕方法的选用参见 WHO 意见。

（2）应向服务对象提供母乳喂养的技巧和饮食方面的建议。

（3）询问再次生育的计划。

（4）鼓励在怀孕期间考虑避孕节育：如果在产后立即采取绝育术，应去具备相应资质的分娩机构分娩，并可在分娩后 7 天之内实施绝育手术，否则在 6 周后再做此类手术；产后可立即放置 IUD，应该去有资质的服务机构分娩，在分娩后 48 小时内放置，否则 4 周后再放置；如果有性传播感染和艾滋病的风险，应在妊娠期间使用安全套。

（5）性传播感染和艾滋病的防控：艾滋病病毒可以通过哺乳由母亲传给婴儿。为预防性传播感染和艾滋病，建议采用哺乳闭经法同时使用安全套。当母亲有艾滋病或感染了艾滋病病毒，如果不能得到安全的母乳替代品时，可以进行母乳喂养。6 个月以后，或得到完全替代母乳的产品后即停止母乳喂养。更为详细的选择可以参见相关参考文献。

（二）生殖道感染疾病的计划生育技术服务

性传播疾病和艾滋病是全世界日益蔓延的严重问题，每个人都需要选择保护自己和家庭的预防方法。

1. 性传播感染和艾滋病的相关知识

性传播感染是指通过性接触在人与人之间传播的感染。某些性传播感染可通过任何形式的性行为传播，包括阴茎、阴道、肛门和/或口之间的接触。为获得最佳的防护，性伴侣之间应使用安全套或避免生殖器区的任何接触（包括口交和肛交）。性传播感染可能无症状，也可能有症状，有时症状严重之前人们（尤其是女性）可能不知自己已感染。某些性传播感染可用抗生素治愈，其中包括淋病、衣原体感染、滴虫感染、软下疳和梅毒。其中滴虫性阴道炎大多通过非性途径感染，也可以用抗生素治愈。某些感染不能治愈，如乙型肝炎、生殖器疱疹、人乳头状瘤病毒（Human Papilloma Virus，HPV）和艾滋病。

2. 艾滋病毒

艾滋病毒（人类免疫缺陷病毒）可以存在于感染者的血液、体液和某些身体分泌物中，可以通过以下途径传播：（1）通过性接触（在阴道性交和肛交过程中通过精液或阴道分泌物传播，口交的感染机会显著降低）；（2）通过感染的血液，特别是通过共同或重复使用注射针头和相关设备（医用或吸毒）；（3）怀孕、分娩或哺乳时母婴传播。艾滋病病毒不通过空气传播，昆虫叮咬，唾液或亲吻（只要口腔没有破损），接触/拥抱或分享食物、盘子、杯子也不会传播。

艾滋病（获得性免疫缺陷综合征）是以艾滋病毒感染晚期所引起的某些疾病为特征（如果未经治疗）。由于艾滋病毒逐步削弱机体的防御能力，从而引起疾病的发生，如肺炎、结核病、疟疾、带状疱疹或腹泻等。感染艾滋病毒后一般多年后才会产生疾病的症状和体征。

艾滋病病毒感染者通常看上去健康，与正常人没有区别，绝大多数不知道自己是感染者。为了预防和促进就诊和治疗，使这些人群知晓艾滋病病毒感染的状态是非常重要的。确诊艾滋病的唯一方法是血液检查，在暴露于艾滋病病毒6周后才能检测出。推荐对所有处于艾滋病病毒风险的对象进行检测。检测应建立在自愿、知情同意的基础上，并结合相应的咨询，且对所有的检测结果保密。当服务对象知晓其检测结果是阳性时，应对他们提供咨询和支持，包括为其性伴侣/配偶提供咨询。如果没有危险，应当鼓励性伴侣间互相告知检测结果，如有需要，应转诊。到目前为止，艾滋病尚无治愈的办法，也没有预防的疫苗。在某些地区，可获得抗病毒的药物，可明显提高生命质量和延长生命。为防止艾滋病病毒的母婴传播，应对感染的女性提供更大范围的服务，包括计划生育服务、预防母婴传播的药物、正确哺乳的建议和支持。

仅有一个未感染的性伴侣是预防性传播疾病及艾滋病最安全的方法。使用避孕方法要达到既能预防怀孕，又能预防艾滋病和性传播疾病传播的目的，可以选用男用安全套或女用安全套和其他避孕方法合用，比如避孕针和避孕药片，但预防的根本前提是性伴侣未感染，其他预防方式还包括安全的亲密接触，推迟或避免性行为。

其他的性传播感染和艾滋病的防治指导意见请参考 WHO 相关指南。

（三）性与生殖健康计划生育服务

服务者应具有与生殖健康相关的知识，以便为服务对象服务。

1. 围绝经期保健

绝经是 45～55 岁期间的一个正常阶段。绝经前月经开始不规律，出血量变化大。妇女最后一次月经定义为绝经，如果已经 1 年没来月经，就能确定为绝经。此后妇女不再有生育能力。与绝经有关的症状，如阵发性皮肤灼热、阴道干涩（可引起性交痛）和情绪波动，可引起妇女的情绪烦躁，也可引起骨质疏松（后背痛）或心脏疾病。对其的咨询要点是向服务对象解释她们身体即将发生的变化，帮助她们做好绝经前的准备。妇女可以通过富含钙的饮食预防骨质疏松（如奶、豆制品、酸奶、鱼）。绝经期的妇女可以通过激素替代疗法减缓症状，需要时可将她们转诊到相关的机构治疗。

2. 乳腺癌预防

乳腺癌是妇女常见的癌症之一。母亲或姐妹患有乳腺癌的 40 岁以上的妇女危险性较高。所有的妇女应当关注自己乳房的变化：肿块增大或变厚；乳房形状的改变；乳头位置的改变；乳房皮肤的改变；乳头内陷；乳头异常分泌物或出血。如果发现肿块应当到医院就诊。

3. 宫颈病变保健

宫颈癌是 HPV 引起的一种性传播感染。有性传播感染的妇女是宫颈癌的高发人群。宫颈分泌物涂片检查（宫颈拭子采集）能帮助妇女发现是否患有宫颈癌或癌前病变。检查结果不影响避孕方式的选择。有国家检测项目的地区可对性活跃期的妇女进行定期的检测，20～65 岁患者至少每 3 年检查一次。分泌物检查不应作为获得计划生育方法的必查项目。进行分泌物涂片检测的服务提供者应接受专门的涂片检查培训。

4. 男性的性与生殖健康

男性可能有与女性同样的性和生殖健康需求，包括性传播感染疾病、艾滋病的筛查和治疗，可参见 WHO《性传播与其他生殖道感染：基础实践指南》；应向男性提供如何预防性传播感染和艾滋病的咨询；关于计划生育的正确信息，特别是安全套的使用与男性绝育；不孕症的咨询与治疗；性功能障碍的咨询与治疗；阴茎、睾丸和前列腺癌症的筛查与治疗；妇女的身体、性、妊娠与分娩的信息；帮助他们理解性伴侣的需求与关注的问题，了解对性伴侣支持和理解的重要性。

（四）家庭保健计划生育服务

家庭保健是指把对个人的保健扩大到家庭的其他成员，通过针对家庭及其成员间的干预，增进个人和家庭成员的健康。家庭充分利用自己生育、生产、消费和赡养等方面的功能，通过家庭成员的资源共享，相互支持和信任，使得健康促进达到最大化。世界卫生组织认为，"家庭"是开展社会卫生保健的最优规模单位。由于一般家庭卫生保健知识和资源的局限性，家庭在依靠自身实现卫生保健的同时，需要政府和社会提供相应的服务，帮助他们更好地实现家庭保健。关于政府和社会如何帮助家庭实现家庭保健，国际上有不同的运作模式。例如，英国的"政府运营"模式，美国的"以医疗保险为依托的市场化运作"模式，澳大利亚的"项目"运作模式和日本的"全民参与"模式等。

以最早使用"家庭计划"概念的英国人口生育政策为例。英国人口生育政策的推行更多的是嵌于其免费国民医疗保健体制中，社区医疗是该体系中的重要角色，其计划生育技术工作是该医疗体系和社区医疗的重要组成部分。英国的计划生育工作重点强调计划生育技术服务，而且工作范围更加广泛。在英国，人口计划生育工作范围坚持"以人为本""以家庭为核心"的理念，不断扩展技术服务对象和服务项目。英国的"家庭治疗"项目很好地体现了这种工作理念，它以家庭为单位，通过调节家庭关系来达到维护家庭成员心理健康的目的。并且英国有专门的家庭治疗师职业，有完善的职业培养方案。英国的社区医院设有计划生育门诊，在充分尊重个人隐私，知情选择的基础上，为民众提供各类避孕节育服务、性和生殖健康知识咨询服务、心理咨询和临床服务；同时也为民众提供包括更年期心理保健咨询和指导服务，开展女性疾病诊疗等多种服务项目。

（五）不孕计划生育服务

世界上许多夫妇在某个时期或多或少存在不孕方面的问题。不孕的原因可以来自男方，也可以来自女方。许多不孕是由性传播感染引起的。性传播感染可引起盆腔感染性疾病，导致输卵管瘢痕、阻塞，阻碍精子和卵子相遇，引起不孕。不孕的其他原因还包括男女双方的生殖功能问题（如精子数量少、畸形、排卵问题等）或者分娩或流产过程中的不安全医疗操作等。

通常不孕不能治愈，而性传播感染的早期检查和治疗能帮助预防不孕。如果妇女患有盆腔感染应给与抗生素治疗。如果性传播感染在社区比较常见，应对所有的对象宣传其预防和治疗，并适时推进安全套的使用。一些方法可以辅助怀孕，但通常费用昂贵，如现有的辅助生育技术。

服务者在咨询中的服务要点包括：（1）对于不孕，双方共同来咨询非常重要。（2）通常男性指责不孕是女性的问题，咨询时向其解释不孕的原因有男方因素也有女方因素，还有不能确定的因素。（3）安慰不孕的夫妇，告知他们不是不正常的人，也不是做人的失败。（4）告知使用避孕的方法不会导致不孕。（5）告知通常每5次月经周期中才有1次怀孕。夫妇间至少进行1年的怀孕努力后再做进一步的咨询或治疗。（5）最易受孕的性交时间是排卵前5天和排卵日。（6）夫妇应当定期进行性生活，每周2~3次，以增加怀孕的几率。

服务者可以将有需求的服务对象转诊至相关机构进行诊断和治疗。

五、发达国家常见计划生育技术

20世纪之前，资本主义国家因工业化发展而刺激人口激增，转移过剩人口的方式是强制的政治性移民，人口数量的激增并没有成为关注的问题。直到20世纪40年代，发达国家认为人口增长缓慢可能导致经济增长停滞，从而越来越关注过低生育率带给社会经济发展的负面效应，也越来越注重计划生育技术的实施。现如今，发达国家采用避孕措施来防止人口增长的比例越来越高，其主要以口服避孕药、宫内节育器、安全套三种避孕方法为主，但不同的国家对其使用还有所不同。下面以美国、法国、日本为例进行介绍。

（一）美国常见计划生育技术

1. 美国计划生育技术现状

在美国，人们完全是自愿采取避孕方式，政府并没有太多的干预，同时美国政府鼓励研究更加科学有效的避孕方法，以便更好地为大众的生殖健康服务。大多数美国人在 30 岁以后都会采取必要的避孕措施。目前，美国约有 3,800 万女性正在使用避孕措施。现如今美国妇女以口服避孕药（占 60%）为主要避孕措施，皮下埋植剂和安全套为辅。同时伴有避孕贴剂、避孕药、避孕针、家用避孕环等措施，但 IUD 的使用比例较低，仅仅只有 0.8%，且多数是年龄超过 40 岁的女性使用。2011 年在加利福尼亚调查的计划生育服务中发现超过 20% 的人认为未产妇不适合 IUD，20% 以上认为青少年不应使用 IUD，7% 认为青少年不应使用 IUD，这说明美国人对 IUD 的使用有排斥。另外一个很重要的现实是，上述避孕措施都不能防止性传播疾病。因此，美国政府一直广泛宣传"双保险"，就是既使用避孕药剂避孕，同时使用安全套防止性传播疾病。

过去，绝育术是美国夫妇使用最多的避孕方法，占 37% ~ 44%，选择这种避孕方法的人群年龄多在 30 ~ 35 岁。特别是男性绝育术，男性绝育术的失败率最低，效果最好，被公认比女性绝育术更为安全、简便。有系统评价的循证证据表明，直视钳穿法输精管绝育术是最安全的手术路径，现已被列入坎贝尔泌尿外科学，是 WHO 推崇的最佳计划生育技术，正在成为国际标准。从欧洲、美国各地研究来看，输精管结扎术和堵塞术有效率超过 90%，是安全、可靠、简便、可逆的男性绝育方法，值得进一步推广使用。根据联合国 2003 年统计资料，新西兰（18.0%）、加拿大（15.2%）、美国（13.2%）、瑞士（8.3%）和西班牙（8.1%）等男性绝育现用率较高。有研究表明，输精管绝育术是唯一使男性育龄人群能够承担或与配偶分担计划生育责任的长效和永久性方法，而且随着应用时间的推移，也是收益最高的节育措施。不仅有益于夫妇，也有益于计划生育规划。

2. 美国常见计划生育技术使用情况的变化原因

（1）计划生育技术的发展：随着美国绝育术的使用，产生了一系列问题：男性绝育术的远期副作用较大，男性绝育术后要恢复生育能力需再做手术，男性绝育术后两三年以内恢复比较容易，十年后很难恢复。女性绝育术虽然避孕效果可达 99% 以上，不影响性生活，并且只需一次小手术即可安全避孕，但缺点是永久不育，且需要手术。因此，绝育术在美国的使用开始呈下降趋势。与此同时，随着避孕药不断地改进，产生了新一代口服避孕药，改变了老一代避孕药导致发胖、长痤疮、毛发增多等副作用，并且对胎儿的发育毫无影响。另外，避孕药对女性有许多益处，例如：防止长青春痘，减少痛经及经前综合征等，所以口服避孕药的使用率开始上升。据统计，目前有 1,100 万人使用，占 10%~25%，其中，在 15~44 岁的女性中，短效口服避孕药的使用率约为 16%。另外，很多新型的避孕方式因其自身特点也开始被人们广泛接受，如皮下植入式避孕剂有效期相对较长，有效率高（99%），费用较低，且长效皮下埋植剂含有孕激素的硅橡胶埋植剂对人体有益；避孕贴剂简单方便，是一片一寸见方的缓释荷尔蒙膏药，有效率高（99%），只需一周贴一块，每月贴三周，贴在肚皮上或身上任何地方；避孕针只需打一针可以避孕三个月，有效率高（99%）等。

（2）人们自身情况的改变：美国绝育术使用率的下降也与人们自身情况的改变有关，一些小年龄段、低收入家庭和家庭结构发生变化的已进行绝育手术的妇女通常容易后悔，例如，大约 15% 的妇女因为生活情况的变化而后悔曾做绝育术，以至于许多人最终寻求进行手术再通。不考虑生育孩子的数量，美国 18~24 岁年轻绝育妇女后来寻求再通信息的人数是 30 岁以上绝育妇女的 4 倍。一般进行输卵管再通手术的成功率较低，失败率高达 50%。因此，由于人们思想转变及绝育术手术成功率较低，使得美国人对其使用逐渐降低，除非 100% 确定不再生育的妇女才会选择绝育手术，因为她们不会因此而后悔或去承担再通手术风险。在美国，避孕是一个不需要躲躲闪闪的话题，也是一个越来越轻松的话题，因此，人们对避孕措施可以自主选择。

（二）法国常见计划生育技术

1. 法国生殖健康技术的现状

法国的避孕措施比率也较高，1978 年、1988 年和 1994 年的比率都超过了 67%，据调查显示，2000 年法国已婚育龄女性的避孕使用率达到了顶峰（75% 左右）。法国的避孕方法以多样性形式持续了很多年，法国人从开始谈恋爱就使用安全套，婚后使用口服避孕药，生完孩子之后的妇女多选择使用 IUD。据调查显示，现如今，在各种避孕措施中，有 22.6% 的 15~49 岁的女性会选择 IUD，比 2010 年增加了 1.9%，有 15.3% 的人会选择安全套，同比增加了 3.2%。目前，口服避孕药在法国的使用率仍处首位，但随着避孕方法的转变，IUD 的使用率逐渐上升为第二位，使用安全套的比例也上升至 7.4%，排在第三位。

在以多样性形式避孕的过程中，口服避孕药在法国的避孕方法中一直处在最重要位置，其使用率持续增加，从 1978 年的 28.3% 上涨到 2000 年的 45.4%。直至 2012 年 12 月，避孕药被爆出丑闻：法国公众了解到，在处方中被广泛使用的第三代和第四代避孕药会增加罹患深静脉血栓的风险。法国卫生部长玛丽索尔·杜函娜（Marisol Touraine）表示："好的避孕方法是在对的时候和对的人进行的"。有研究者对 4,453 名女性和 1,587 名男性进行调查，了解在避孕药危机之后，法国人是否已经改变了原有的避孕方式。调查结果显示，法国女性有五分之一已经改变了原有的避孕方式，因而使得法国妇女对口服避孕药的使用率有所下降，但口服避孕药的使用率目前仍居法国避孕方法首位。

2. 法国常见计划生育技术使用情况的变化原因

（1）政策及国情的改变。1967 年法国开始避孕合法化，使得法国避孕药得到迅速发展。从 1974 年 15～49 岁法国女性仅有 4% 的人使用口避孕药到 2002 年 38.0% 的妇女使用口服避孕药。法国政府在药剂的生产及流通过程中给予了积极的监督，并严格把控质量关，同时国家也大力鼓励研制新药，改善现有的甾体类避孕药，趋于发展新的甾体释放系统，增大选择使用避孕药的全程范围，强调较好地依从。同时，法国医疗机构一直建议育龄女性使用避孕药，从而使得年轻的育龄女性使用口服避孕药的比率也越来越高。从 1960 年开始，在法国和绝大部分西方国家一样，避孕一直是女性主导的事情，因而口服避孕药和 IUD 等避孕措施的使用率很高，有研究显示，20～44 岁的妇女中，只有 5% 的法国妇女完全不采取避孕措施，这些人年龄多数在 24 岁以上，工人或没有医疗保险者居多。自 1980 年开始，随着艾滋病疫情的加重，因为安全套可防止艾滋病的传播，达到双重保护作用，因而，安全套在法国的使用率也逐渐增加。

（2）计划生育技术的改变。在法国有 86% 的 20～24 岁的年轻妇女，以及 83% 的 18～19 岁的女性青年使用口服避孕药。口服避孕药有效率达 99% 以上，是一种适合健康育龄女性的常规避孕方式，可满足妇女对避孕措施高效、安全和良好的周期控制的要求，但有的妇女服用长效口服避孕药后，经量会增加，经期会延长，还可能引起闭经；短效口服避孕药是每天都要服药，很多女性都难以坚持服用。低剂量口服避孕药可降低与口服避孕药使用有关的静脉血栓栓塞、心脏病发作和卒中的发生，但这些情况仅限于 35 岁以上吸烟者或有高血压的妇女。同时，口服避孕药在发展中产生了一些禁忌症，尤其是本身有基础性疾病的女性，建议在医生的指导下使用。因此，所有服用口服避孕药的妇女都应在服药前进行一次医学检查，三个月后复查，以后每年再检查一次。

（3）人们自身情况的改变。以前，选择使用"比较自然"（体外射精，或者是排卵期以外的安全期进行性活动）的避孕措施的法国妇女，大多是因为经济困难。现在，随着法国经济发展与社会进步，法国人生活水平提高，他们开始选择避孕效果好、时间长、简便、不影响性生活的现代避孕方法。法国妇女受教育程度越来越高，对 IUD 的认识有所提高，认为 IUD 使用更安全、更方便，因此，其使用率逐渐增高。在法国，年轻的女性为了使避孕更加保险，有 28% 的人采取同时使用避孕药和安全套的方法避孕。

（三）日本常见计划生育技术

1. 日本计划生育技术现状

日本在避孕方面是一个相对比较"落后"的国家，在第二次世界大战以后才开始推行节育措施。从 1950 年开始，当时已婚育龄妇女有 20% 的采取了一种避孕措施。随着避孕方法的普及，使用避孕措施的妇女越来越多，由 1959 年的 43% 增加到 2002 年的 56%。在各种避孕方法中，安全套的使用率从 20 世纪 60 年代以来一直很高，占据着日本主导地位。据统计，1984 年日本安全套的使用率达到历史最高，占避孕方法的 80.4%，2000 年的比率已经是 1950 年的 2 倍。在一项调查中显示，已婚者的安全套使用率为 77%，在未婚者中，安全套的使用率高达 96%，可以说安全套几乎是日本未婚青年使用的唯一的避孕方法。传统的避孕方法（体外射精、安全期等）自 2000 年以后呈上升趋势，目前使用比率仅次于安全套排在第二位，据统计 2004 年使用率达到 28%。过去，人工流产在日本一直是一个较为主要的补救计划外怀孕的方法，但 50 年代中后期开始，人们主动避孕的比例在增长。安全套的使用率一直居于首位，IUD 和口服避孕药的使用率则比较低，一直在 10% 以下，80 年代后呈下降趋势，截至 2004 年降到了 2%。

2. 日本计划生育技术使用情况的变化原因

（1）政策及国情的改变。日本对避孕行为的支持发生在"二战"之后，日本在战后将避孕方法限制在传统避孕范围之内，认为口服避孕药为非法使用，1948 年日本实行优生法。日本法律明确禁止出售避孕药，使现代节育方法在一般情况下难以实现，至今仍然如此。绝育仅仅是对那些有遗传病、精神病或麻风病的已婚夫妇，或者再怀孕会危害母亲生命或健康时才允许使用。直到 1974 年，日本政府仍未批准各种 IUD 的生产或进口，而作为药用的各种 IUD 也未被正式批准。据调查，现如今只有 7% 的人使用 IUD，而服用避孕药的人仅占 2%，已采取绝育的人则不足 2%。

在医疗机构的影响下，日本妇科医生强烈建议采用体外射精、安全期等传统避孕方法，使得传统避孕方法比例升高，仅次于安全套的使用，位居日本避孕方法第二位。安全套是日本现有避孕方法中唯一被证实既能有效避孕（一般认为安全套正确使用时有效率可达 90%，新型安全套的有效率还要高），又能在性病、艾滋病的预防中发挥重要作用的一种避孕方法。现如今，日本将推广安全套的使用列为艾滋病防治的重点措施之一，并建议丰富安全套健康教育方式，提高其健康教育效果。进一步加强对安全套及艾滋病相关知识的宣传力度，教育人群应以育龄妇女为主，同时兼顾男性。不管是健康教育还是在服务人员提供避孕服务时，都应大力宣传安全套使用方法以及可能的副作用，以发挥避孕套避孕和防病的双重作用。

（2）生殖技术的发展改变。日本对安全套的使用是从 1867 年开始的，20 世纪初日本开始生产安全套，日本在自产安全套的生产过程中，不断改进制造技术，使其质量不断提高，成本不断降低，从而使得价格也不断下降。现如今世界总产量的三分之一都出自日本企业生产的安全套，在日本的药店、超市、街头巷尾的自动贩卖机里随时随地都可买到安全套。另外，日本加大了口服避孕药的研究，使新药不断问世，许多人也不断地了解到口服避孕药的优点，开始选择使用口服避孕药作为避孕措施。

（3）人们自身观念的转变。在日本人们普遍认为避孕是男性的责任，这使得青年男性和已婚育龄妇女的配偶普遍使用安全套。由于安全套曾在军队里广泛使用，从而加深了人们对安全套的信任与依赖，引发社会上使用安全套的潮流，使得安全套使用率一度升高。另外，虽有部分日本女性也开始服用口服避孕药来避免怀孕，但是，由于避孕药的副作用较多，日本女性对此表现出不信任与恐惧，因此日本女性对口服避孕药的使用率仍处于较低水平。

六、发展中国家常见的生殖健康技术

随着经济与社会的进步，发展中国家人口也逐渐增多，世界上位居第一、第二的人口大国中国与印度均属于发展中国家，两国人口的大幅度增加，影响着其国家的发展，使得中国与印度不得不对人口问题加以重视。现在，发展中国家大多开始采取一定的避孕措施，控制人口增长。下面将以印度、尼日利亚和塞拉利昂为例进行介绍。

（一）印度常见技术

1. 印度生殖技术的现状

在印度，一名妇女平均育有 3.9 个子女，受过高等教育的家庭一般有 2~3 个孩子，而受教育程度低的家庭一般则有 7~8 个孩子，其家庭生活水平一般也会较低。印度人口急剧增加，成为仅次于中国的世界第二人口大国，而造成这种现象的主要原因是印度政府不注重人口的控制。但随着印度社会的发展与进步及政府的大力宣传，印度人逐渐意识到人口较多的负面影响，开始加大人口控制力度，促进避孕技术发展。现如今，印度国内除绝育术外，其他避孕方法也开始逐渐融入到人们的生活中，其避孕形式呈多样化。最新调查显示：安全套逐渐成为印度妇女最常用的避孕方法（57.8%），而绝育术仅有 1.9% 的女性选择使用。

在过去，因避孕措施实施的不到位，印度人对避孕措施不太了解，口服避孕药、安全套、宫内节育器等在印度国内使用也很少。据统计，54% 的农村妇女和 74% 的城市妇女表示，听说过部分避孕方法，但从没有或很少使用过这样的措施。直到 21 世纪初，印度人对避孕方法了解最多、采用最多、认为最有效的避孕方式只有绝育术，绝育术在全国 26 个邦中得到推广。印度政府采取一些财政上的奖励措施来激励家庭夫妇进行绝育手术，通过设立流动性和临时性的绝育营，印度政府在全国范围内发动了数次声势浩大的输精管结扎运动，绝育术一度成为当时避孕的主流。

2. 印度常见计划生育技术使用情况的改变原因

（1）政策的改变。以前印度制定了避孕政策，但其避孕效果不佳。早在 1950 年政府推出家庭福利计划及 1952 年实行计划生育政策。但因政府对推行计划生育政策未采取强制手段，而是以鼓励和奖励为主要手段，很少使用惩罚性手段；中央政府对各邦约束力很弱，仅有少数几个邦实施了计划生育，使得采取的避孕措施效果不佳，1989—1990 年调查显示，只有41.9% 的夫妇符合家庭福利计划，0.6% 的女性选择使用口服避孕药等避孕方法。现在印度政府鼓励民众使用安全套，并设定了安全套的最高售价，政府通过控制安全套价格以达到让普通民众买得起、用得起。印度政府每年会拨款补贴安全套生产厂家。印度人每年使用 24 亿个安全套，其中免费提供的有 6 亿个，政府提供资金补贴 8 亿个。

以前政府大量发放避孕用品，但发放至邦一级，就会 "堆在仓库中变质"，广大村民不易买到。现如今，政府免费发放安全套等避孕用品，相关卫生保健人士将安全套送入指定的村庄以成本价 10% 的价格象征性地卖给村民，使得普通村民可以方便、便宜地买到避孕用品。现在印度新的人口政策以自愿为原则，强调推进教育和提升生育动因，由以前重视通过绝育来降低生育率转向关注生育间隔等家庭计划。印度家庭计划的具体实施策略包括：首先，向有避孕需求的育龄夫妇提供多种避孕方法，及时登记出生、死亡、结婚和孕产等人口变动情况，宣传家庭小型化，提高分娩安全度，减少婴儿和产妇死亡率。为调动民众实行计划生育的积极性，印度政府出台了若干奖励和优惠政策。如果村民自治委员会或城市基层委员会在推行少子女家庭、降低婴儿死亡率和出生率以及普及基础教育等方面成为模范，将会受到表彰和奖励。为保持人口性别比例，妇女和儿童发展部继续执行促进女童存活率和健康的女童发展计划。若第一胎或第二胎为女童，则给予 500 卢比的奖励。针对女童结婚早、生育早的现象，农村发展部实施的母亲受益计划将对 19 岁以后生育第一胎的母亲给予 500 卢比的一次性奖励，但奖励的兑现须与产前检查、由专业人员接生、出生登记和儿童免疫接种挂钩。对贫困线下人口，政府实施一种与医疗保险相关联的家庭福利计划，即如果贫困线下夫妇生育两胎以下并绝育，他们将获得不超过 5,000 卢比的住院医疗保险；对于到达法定结婚年龄经过登记结婚的贫困线下夫妇，女方满 21 岁之后生育第一胎并愿意接受小型家庭模式、只生育两个子女，政府将给予奖励；对于不实行计划生育的情况也出台了惩罚措施。通过一系列的鼓励政策，印度的节育政策得到了一定的发展，其避孕措施也发生变化。

另外，政府为了改善社会环境，使避孕服务容易得到，大力培养生殖健康方面的医生，让这些专业医生深入到各个家庭中去了解情况并进行专业的指导，使他们的计划生育服务更好地开展；将医疗卫生工作的重点向农村倾斜，将医疗保健服务送至村庄和家庭中。同时，印度政府也开展产后避孕教育提高产妇对避孕方法的知晓率，进而提高避孕欲望。

（2）生殖技术的改变。绝育术曾是印度人使用最广泛的避孕措施，但随着时间推移，在使用中逐渐产生了一些问题，印度现有的卫生条件和绝育术规范程度无法保障绝育人员的安全与健康。据印度《第一邮报》报道，在比哈尔邦的一个绝育机构发现有 3 名假医生在 2 小时内使用不合格的医疗设备及不施麻醉为至少 61 名女性做手术；2009—2012 年，印度政府对曾因绝育手术死亡的 568 名女性家人进行赔偿，但据有关人说，由于印度全国监控体系薄弱，实际死亡人数可能要比这一数字高得多。2014年，一起震惊世界的惨剧在印度发生：为响应政府号召，83 名女性接受绝育手术后，至少已有 12 人死亡。这些惨剧的发生，进一步证实了印度的卫生条件及医疗技术已不再适合绝育术的实施，并使得更多的印度妇女不再信任和采用绝育术来避孕。随着印度经济的发展，印度人们开始逐渐研发和生产安全套，使安全套的成本尽可能降低，人们可以花更少的钱买更多安全套，同时，在研发过程中安全套的质量不断在提高，使印度人可以更放心使用。

（3）人们自身情况的改变。印度"多子多福"的传统观念根深蒂固，重男轻女思想较严重，在印度的某些邦，农村妇女不管生了几个女孩，都一定要生出个儿子才肯罢休。在印度的许多农村，村民没有节制生育的意识，使得宽松而温和的人口政策在印度农村基本没有约束力。另外，宗教信仰影响人们对生育的想法。印度几乎全民信教，虽然教派不同，但每个宗教几乎都鼓励多生育。更为重要的是，印度的教派冲突此起彼伏，每个教派都不想限制自身的人口数量，以免处于劣势。现如今，随着避孕措施的大力宣传及推行，许多印度人开始形成主动使用安全套的意识和习惯，也开始意识到安全套可以阻止性传播疾病的蔓延，提高性交安全度，使用避孕措施可以达到避孕和预防疾病的目的。过去，在印度家庭中是否避孕由其他长辈决定，年轻妇女很难提不同意见或参与决策；印度 65% 的妇女是在家里分娩，仅有 48% 的已婚妇女使用避孕方法；印度妇女对于购买避孕用品也都羞于启齿。现在随着印度女性受教育程度越来越高，对避孕方法的了解增多，她们到医疗机构分娩和采取避孕方法的比例也逐渐增高，也不再认为避孕是一种羞耻。

（二）尼日利亚常见计划生育技术

1. 尼日利亚计划生育技术的现状

在非洲，尼日利亚是一个人口大国，平均每个家庭有 6 个子女，尼日利亚政府于 1989 年开始推行计划生育，控制人口的增长。1990 年尼日利亚人口和健康调查（NDHS）显示已婚妇女使用避孕药的比例为 6%，15～49 岁女性使用现代避孕方法仅为 3.5%。NDHS 估计，62.1% 的女性将来不打算使用避孕方法；1999 年，国土安全部调查发现，未满足生育年龄要求的已婚妇女的比例已经下降到 18%，避孕药的使用增加了 6%～15%，使用现代避孕比例也从 3.5% 增加至 9%；2008 年人口资料局（复审委员会）调查显示，目前 12.6% 的已婚妇女使用现代避孕药具。通过上述三次调查可看出，尼日利亚人对避孕措施的认识和使用逐步增加。近几年，NDHS 对尼日利亚的男性和女性进行过一项调查，调查内容包括避孕方法的具体知识、态度、行为以及曾经使用和当前使用的避孕方法和这些方法的成本。结果显示，尼日利亚人对各种避孕方法都很了解，有 72% 的女性和 90% 的男性都至少对一种避孕方法熟悉，同时人们对现代避孕方法的熟知程度要大于传统的避孕方法，女性对现代避孕方法的熟知度为 71%，而对传统方法的知晓率仅有 36%，男性对现代避孕方法的熟知度为 90%，对传统避孕方法的了解程度为 58%。在现代方法中，男用安全套是人们最熟知的（58%），其次是口服避孕药和避孕针剂。男性和女性对避孕埋植剂的了解度分别为 10% 和 11%。在所有的女性中，对泡沫/果冻和隔膜等现代高科技避孕方法的了解程度为 6%，性活跃的未婚女性（95%）比已婚的女性（68%）了解更多的避孕方法。在传统避孕方法中，女性对安全期计算是最了解的（25%）。15～19 岁的年轻女性对避孕方法的了解程度为 43%～45%。低收入和低教育水平的女性对避孕知识的了解度为 41%～45%，避孕率在 15～19 岁年龄段开始增加，在 35～39 岁年龄段达到峰值。因此，当前在尼日利亚，人们对现代避孕法的使用高于传统避孕方法，在现代避孕方法中，男用安全套使用比例最高，其次为口服避孕药和避孕针剂。

2. 尼日利亚常见技术使用情况的变化原因

（1）政策改变。过去，尼日利亚政府虽承认人口增长速度过快，但在人口方面并未采取积极的控制措施。但现在人口的过快增长给社会、环境、资源等都带来了巨大的危害，使经济、科技等发展受到一定影响。政府逐渐意识到了这些问题的严重性，提出了为保证尼日利亚的团结、进步和独立自主，制定了有关控制人口的全国性政策。全国人口政策强调，正确认识高速人口增长的危险性，强烈要求晚婚，拉大两胎间隔，并限制妇女怀孕的次数，同时政府还大力宣传各种避孕方式，以推进全国性人口政策的实施。政府加大了控制人口增长的人力物力的投入。在人力方面，印度政府更加注重培养大量的生殖健康方面的医生，增加生育间隔方面的咨询服务人员，使得产前和产后阶段成为印度妇女了解避孕知识和咨询的最好阶段。通过对医务人员的培训，使其更加专业化，更有说服力地向妇女提供有关哺乳闭经避孕，建议她们采用适合哺乳期的宫内节育器、安全套和其他屏障避孕法。在物力方面，因财政资源、医疗设施和专业技术人员等方面的限制，目前难以提供全面的生殖健康服务工作，但有必要做长期投资。例如，建设临床医疗等，在资源有限的情况下，国家应该根据本国的具体情况和可能出现的健康问题，制订基本的服务计划，然后致力推行。同时，可适当安排时间，提供生殖健康教育活动，让妇女的家庭成员参与信息提供和讨论活动。

（2）生殖技术及人们自身的改变。由于人口的逐渐增多，使得人们对避孕的意识更加强烈。因此，对于低效果、短效期的传统避孕方法，人们对其使用率降低，开始逐渐转向现代避孕方法。随着对安全套、口服避孕药和避孕针剂更深入的了解，人们认识到其高效、副作用少、长效、对妇女及婴幼儿影响少的优点，更加信任、放心地使用它们，使得安全套、口服避孕药和避孕针剂使用率增加，成为如今尼日利亚人避孕的主流。另外，随着国家对避孕技术的大力宣传，尼日利亚妇女对避孕技术了解的更多，也开始积极响应国家号召，尼日利亚妇女在完成家庭的生育计划后，开始施行绝育术。

（三）塞拉利昂常见计划生育技术

1. 塞拉利昂计划生育技术使用现状

塞拉利昂地处非洲西部，现有人口560万，其国家妇幼保健的实施是世界上较差的国家之一。据2008年人口统计及卫生调查显示，塞拉利昂的孕产妇死亡率高达857/10万。塞拉利昂每年的出生率为59%，死亡率为

55%。塞拉利昂由于战争频繁，国家经济较贫穷，且计划生育实施效果不佳，据调查，现如今还有28%家庭没有实现计划生育。在一项调查中显示，仅有20%的女性使用过避孕针。随着塞拉利昂的发展，人们对避孕措施使用有所增加。目前，在所使用的避孕方法中，避孕针是最常用的避孕方法（48.4%），其次是口服避孕药（36.4%），皮下埋植的使用率为8.2%，宫内节育器和避孕套很少使用。

2. 塞拉利昂计划生育技术使用情况的变化原因

（1）国家经济和政策原因。塞拉利昂曾被其他国家占领，作为殖民地多年，独立后由于受以前影响，战争连绵不断。近年来，随着塞拉利昂部分党派强大，其战争逐渐减少，国家经济开始发展起来。同时，政府开始实施免费医疗保健计划，使得更多的妇女和儿童方便地接受卫生保健服务，降低死亡率，增加了人们避孕意识。塞拉利昂经济落后、文盲率高、人口出生率高、青少年妊娠率高及计划生育的实施率低等问题是影响孕产妇和新生儿健康的关键性因素。由于孕产妇和新生儿死亡率高，使得人们对于避孕的使用率较低。据调查，在塞拉利昂每位妇女一生的孕产死亡风险为1:6，5岁以下儿童死亡率高达140‰，婴儿死亡率达89‰，其中新生儿死亡占婴儿死亡的40%（新生儿死亡率为3.6%），占五岁以下儿童死亡率的25%（SLDHS 2008）。

（2）其他原因。塞拉利昂是一个多民族国家，大多民族都有宗教信仰，其中信奉伊斯兰教的居民占50%以上，信奉基督教的居民为25%，而这两大宗教对于避孕并不支持，从而使得塞拉利昂人很少采取避孕措施。

七、国外计划生育技术的特点

（一）发达国家与发展中国家常见计划生育技术比较

随着世界的发展与进步，可为群众提供的避孕方法和产品种类也日益繁多，不同方法、产品的性能和特点有所不同，进步较快。另外，接受或使用避孕方法的群众因为各自的生理、心理和社会、经济、文化等方面的特殊性，其需求也各异。现全球15~49岁的已婚妇女大约有6.35亿人使用某种类型的避孕技术，妇女人群中54%的使用某种现代避孕技术。然而，不同国家使用避孕技术的比例有所不同，西非的塞拉利昂育龄妇女

（15～49岁）使用避孕技术的比例最低（4%），中国和英国的使用比例最高，其使用率超过82%，其次是美国和北欧的一些国家（丹麦和瑞典），育龄妇女避孕技术使用率在76%以上。

发达国家过去以绝育术、口服避孕药、宫内节育器为主要避孕措施。如英国和威尔士在20世纪60年代初期每年绝育人数不超过2,000人，但80年代为90,000人，其他欧洲国家的绝育虽不如英国那么普遍，但也很流行，德国妇女绝育使用率36%，法国为12%，西班牙为3%等。同时，法国和英国妇女对IUD的使用比例也很高，在法国40岁以上的妇女使用IUD者占23%，英国为7%等。而现今其避孕方法发生了改变，口服避孕药、宫内节育器依然是主流，但绝育术的使用逐渐下降，反之安全套使用上升，成为三大主要避孕方法之一。在发达地区未婚但性生活频繁的女性更乐于使用口服避孕药，在所有使用避孕方法者中占44%。90年代欧洲15～45岁的妇女，使用口服避孕药的人数最多，德国为53%，英国为39%，瑞典为38%，意大利为30%。

发展中国家过去主要使用的避孕方法是绝育术和宫内节育器，乌兹别克斯坦（56.3%）、朝鲜（48.5%）和古巴（43.5%）等宫内节育器现用率较高，波多黎各（45.5%）、多米尼加（42.9%）、巴西（40.1%）、印度（34.2%）等女性绝育现用率相对较高，使用口服避孕药的比例较低，占3%～4%，主要是因为计划生育的政策鼓励采用长效措施，所以IUD及绝育术占了大部分。随着发展中国家对于避孕方法的了解更深、更广，其使用的避孕方法逐渐转变为以安全套、口服避孕药为主的避孕措施。据统计，印度妇女使用安全套的比率高达57.8%。

综上所述，发达国家以口服避孕药、宫内节育器为主要避孕方法，而发展中国家以安全套为主要避孕措施，产生这种差异的主要原因是口服避孕药、宫内节育器属于长效避孕药，使用方便、效果好。同时，发达国家对口服避孕药、宫内节育器研究较多，对其了解更多，使得发达国家的妇女对其比较信任。在发达国家，女性主导生殖技术，避孕一直是女性的责任，因此，发达国家对口服避孕药和IUD使用率较高。而发展中国家由于其经济发展较落后，避孕措施的实施较晚，对其宣传力度不够，使得发展中国家妇女对其不是太了解，使用率也较低。同时，也因发展中国家的许多女性认为口服避孕药使用不方便，容易遗忘，发生漏服而导致避孕失败；也有许多青年、新婚夫妇对口服避孕药的顾虑很大，担心有副作用等。由于安全套使用方便及便宜，不良反应少等使得发展中国家妇女对其使用率较高。但是，在经济发展较落后的发展中国家中也有对现代避孕方法使用较高的国家，如塞拉利昂，避孕针的使用率较高。

（二）发达国家与发展中国家常见生殖健康技术的特点

发达国家的生殖技术发展得较快，主要与发达国家的经济、文化、科技等有关。在发达国家中，许多国家经济发展较好，人口较少，因此对于避孕技术的实施，一般采取自愿避孕，如美国政府对妇女避孕方法从不进行干预，美国妇女都是自愿采取适合自己的避孕方法。同时，也由于发达国家自身的经济、科技优势，它们在生殖技术方面的研究较超前，有些国家利用其较先进的技术，大量生产避孕用品。政府对生产过程进行监督，严格把控质量关，在生产和研发过程中，不断吸取经验与教训，使得他们生产避孕用品的技术越来越简便，成本越来越低，质量越来越好、副作用越来越少等，如日本国内使用的安全套都来自于本国的生产，甚至现今世界上大多数的安全套产品都来自日本，安全套可在日本随处买到，且价格便宜。发达国家中许多国家都使避孕合法化，通过法律保证其国家人民可以正常购买和使用避孕用品，不受到歧视，同时通过法律限制不适合本国人的避孕用品，减少不良事件发生。由于发达国家的人们生活水平较高，受教育程度高，思想较开放，避孕不是一个需要躲躲闪闪的话题，而是一个轻松的话题，所以人们可以自由选择避孕效果好、时间长、简便、不影响性生活的避孕方法。

而发展中国家虽说有部分国家生殖技术发展较早，但其实施的效果并不佳，使得发展中国家在生殖技术方面发展相对落后，如印度早在 1950 年和 1952 年出台了计划生育服务相关政策，但其效果并不明显，其国家人口持续增长，成为人口大国。而效果不好的原因主要是因为发展中国家制定的各种计划生育服务政策在实施的过程中，以鼓励和奖励为主要手段，强制手段较少，使得对计划生育服务政策的响应及遵从者较少。其次，由于发展中国家的经济、文化发展较落后，在许多国家"多子多福"、重男轻女等思想较严重，从而阻滞了计划生育的实施。不过，近年来，发展中国家推行的新型计划生育服务（家庭保健计划和产后计划生育服务等），取得了较好的成绩，发展中国家通过大量培养生殖健康方面的医生，使其医务人员更加专业、系统地向人们介绍计划生育相关政策及知识，推动了生殖技术的发展。

印度等发展中国家的经验提示我们，应该将产后计划生育/生殖健康服务纳入医院妇幼保健工作的一部分，在进行产后恢复的同时，医务人员提供相关的避孕指导，开展间隔生育的咨询服务。还可以利用产后在医院的这段时间开展宣教活动，让妇女的家庭成员也有机会参与了解生殖健康的相关信息和讨论活动，为产后适宜避孕措施的落实提供有力保证。

（邱红燕、周淑、张维宏）

参考文献

[1] 世界卫生组织. 健康主题：计划生育 [R/OL]. 日内瓦：世界卫生组织，2016 [2016 - 04 - 02]. http：//www. who. int/topics/family_ planning/zh/.

[2] 第二部分：释义第五章—计划生育技术服务 [R/OL]. 中国人大网. http：// www. npc. gov. cn/npc/flsyywd/shehui/2003 - 09/11/content_ 321087. htm.

[3] World Health Organization. Packages of interventions for family planning, safe abortion care, maternal, newborn and child health [R]. Geneva：World Health Organization, 2010.

[4] World Health Organization. Family planning/Contraception [EB/OL]. Geneva：World Health Organization, 2015 [2016 - 04 - 02]. http：//www. who. int/mediacentre/factsheets/fs351/en/.

[5] 耿玉田主编，北京市人口计划生育委员会，中国人口与发展研究中心. 避孕方法知情选择咨询服务台式指南 [M]. 北京：中国青年出版社，2009.

[6] World Health Organization. Reproductive Health. Medical eligibility criteria for contraceptive use [M]. Geneva：World Health Organization, 2010.

[7] World Health Organization. Safe abortion：Technical & policy guidance for health systems [J]. Geneva：World Health Organization, 2015.

[8] 吴尚纯，吉宁. 优质的流产后避孕服务 [J]. 实用妇产科杂志，2012，28（4）：251 - 253.

[9] World Health Organization. Clinical practice handbook for safe abortion [M]. Geneva：World Health Organization, 2014.

[10] World Health Organization. A tool for strengthening STI surveillance at the country level [R]. Geneva：World Health Organization, 2015.

[11] World Health Organization. HIV/AIDS [R/OL]. Geneva：World Health Organization, 2015 [2016 - 04 - 02]. http：//www. who. int/topics/hiv_ aids/en/.

[12] 莜娴. 社会医学 [M]，北京：科学出版社，1998.

［13］ 周建芳，汝小美，温勇，等．国外家庭保健服务模式对人口计生系统开展技术服务的借鉴［J］．人口与社会，2009，25（3）：16-18．

［14］ Schreiber C A, Ratcliffe S J, Barnhart K T. A randomized controlled trial of the effect of advanced supply of emergency contraception in postpartum teens: a feasibility study ［J］. Contraception, 2010, 81 (5): 435-440.

［15］ Biggs M A, Harper C C, Malvin J, et al. Factors influencing the provision of long-acting reversible contraception in California ［J］. Obstetrics & Gynecology, 2014, 123 (3): 593-602.

［16］ Trussell J. Update on the cost-effectiveness of contraceptives in the United States ［J］. Contraception, 2010, 82 (4): 391.

［17］ Cook L A, Pun A, Gallo M F, et al. Scalpel versus no-scalpel incision for vasectomy ［J］. Cochrane Database Syst Rev, 2014: 3.

［18］ Labrecque M, Dufresne C, Barone M A, et al. Vasectomy surgical techniques: a systematic review ［J］. BMC medicine, 2004, 2 (1): 21.

［19］ World Health Organization. Reproductive Health. Family Planning: A Global Handbook for Providers: Evidence-based Guidance Developed Through Worldwide Collaboration ［M］. Johns Hopkins Ccp-Info, 2007.

［20］ Kols A, Lande R. Vasectomy: Reaching out to new users ［J］. Population Reports. Series D: Male Sterilization, 2008 (6): 1-23.

［21］ Disease control priorities in developing countries ［M］. Washington. D. C. : World Bank Publications, 2006: 1075-1087.

［22］ Frost J J, Darroch J E. Factors associated with contraceptive choice and inconsistent method use, United States, 2004 ［J］. Perspectives on sexual and reproductive health, 2008, 40 (2): 94-104.

［23］ Schwyhart W R, Kutner S J. A reanalysis of female reactions to contraceptive sterilization ［J］. The Journal of nervous and mental disease, 1973, 156 (5): 354-370.

［24］ Weisberg E, Fraser I S. Fertility following reversal of male and female sterilization ［J］. Contraception, 1982, 26 (4): 361-371.

［25］ Siegler A M, Hulka J, Peretz A. Reversibility of female sterilization ［J］. Fertility and sterility, 1985, 43 (4): 499-510.

［26］ Schmidt J E, Hillis S D, Marchbanks P A, et al. Requesting information about and obtaining reversal after tubal sterilization: findings from the US Collaborative Review of Sterilization ［J］. Fertility and sterility, 2000, 74 (5): 892-898.

［27］ Dawood M Y. Laparoscopic surgery of the fallopian tubes and ovaries ［J］. Surgical Innovation, 1999, 6 (2): 58-67.

［28］ 王磊. 日本法国已婚育龄女性避孕措施使用差异分析［J］. 性教育与生殖健康, 2009 (4)：29 – 36.

［29］ Jitthai N, Miyasaka M. HIV related knowledge and prevention among Thai female commercial sex workers in Japan［J］. Environmental health and preventive medicine, 1999, 3 (4)：190 – 196.

［30］ Herstad B. Family Planning Worldwide：2002 Data Sheet［M］. Population Reference Bureau, 2002.

［31］ 周云. 日本人避孕方法偏好的研究［J］. 人口与经济, 2001 (6)：27 – 30.

［32］ Takkar N, Goel P, Saha P K, et al. Contraceptive practices and awareness of emergency contraception in educated working women［J］. Indian Journal of medical sciences, 2005, 59 (4)：143.

［33］ International Institute for Population Sciences. National Family Health Survey 2000［R/OL］. Mumbai：National Family Health Survey, 2000［2016 – 04 – 02］. http：//rchiips. org/nfhs/nfhs3. shtml.

［34］ Ross J A, Winfrey W L. Unmet need for contraception in the developing world and the former Soviet Union：an updated estimate［J］. International family planning perspectives, 2002：138 – 143.

［35］ Mao J. Knowledge, attitude and practice of family planning：a study of Tezu Village, Manipur (India)［J］. The Internet Journal of Biological Anthropology, 2007, 1 (1)：5 – 10.

［36］ Baveja R, Buckshee K, Das K, et al. Evaluating contraceptive choice through the method – mix approach：an Indian Council of Medical Research (ICMR) task force study［J］. Contraception, 2000, 61 (2)：113 – 119.

［37］ Ross J A, Winfrey W L. Contraceptive use, intention to use and unmet need during the extended postpartum period［J］. International family planning perspectives, 2001, 27 (1)：20 – 27.

［38］ Griffiths P, Stephenson R. Uderstanding user's perspectives of barriers to maternal health care use in Maharashtra, India［J］. Journal of biosocial science, 2001, 33 (03)：339 – 359.

［39］ 石兴民, 陶明. 尼日利亚公民对计划生育的态度和避孕方法使用情况的调查研究［J］. 中国妇幼健康研究, 2000, 2：21.

［40］ Nigeria. National Population Commission, ORC Macro. Nigeria Demographic and Health Survey, 1999［M］. Abuja：National Population Commission, 2000.

［41］ Clifton D, Kaneda T, Ashford L. Family planning worldwide 2008 data sheet［J］. Washington, DC：Population Reference Bureau, 2008：15.

［42］Hogan M C，Foreman K J，Naghavi M，et al. Maternal mortality for 181 countries，1980—2008：a systematic analysis of progress towards Millennium Development Goal 5 ［J］. The lancet，2010，375（9726）：1609 – 1623.

［43］Feyisetan B J，Bankole A. Fertility transition in Nigeria：trends and prospect ［J］. 2002.

［44］Federal Ministry of Health. Revised national health policy ［M］. Abuja：Federal Ministry of Health，2004.

［45］Goliber T，Sanders R，Ross J. Analyzing family planning needs in Nigeria：Lessons for repositioning family planning in sub – Saharan Africa ［J］. Washington，D. C.：Futures Group International，2009.

［46］Federal Ministry of Health. Nigeriafamily planning conference ［M］. Abuja：Federal Ministry of Health，2010.

［47］Joseph Sam Kanu，塞拉利昂北部地区农村女性妇幼保健知识及相关行为现状 ［D］，长春：吉林大学硕士，2013.

［48］World Health Organization. Sierra Leone：WHO statistical profile ［R/OL］. Geneva：World Health Organization，2013［2016 – 04 – 02］. http：//www. who. int/gho/countries/sle. pdf.

［49］Koroma D S，Turay A B，Moigua M B. Statistics Sierra Leone，United Nations Fund for Population Activities，European Union. Republic of Sierra Leone 2004 population and housing census. Analytical report on population projection for Sierra Leone. Freetown ［J］. Sierra Leone：Statistics Sierra Leone，2006.

［50］UNDP Sierra Leone. 2011 Annual Report：United Nations Development Programme Sierra Leone ［R/OL］. Sierra Leone：United Nations Development Programme，2011 ［2016 – 04 – 02］. file：///Users/zry/Downloads/undpsl＿ ann＿ rpt＿ 2011. pdf.

［51］Sierra Leone Government，Ministry of Health and Sanitation. Reproductive，Newborn and Child Health Policy ［R/OL］. Sierra Leone：Ministry of Health and Sanitation，2011 ［2016 – 04 – 02］.

［52］搜狗词条：“塞拉利昂”［EB/OL］［2016 – 04 – 01］. http：//baike. sogou. com/v43308. htm；jsessionid = D90A7D049353E2D617BF9919A682F45F. n2.

［53］Reproductive Health，World Health Organization. Family，Community Health. Selected practice recommendations for contraceptive use ［M］. Geneva：World Health Organization，2005.

［54］Department of Economic and Social Affairs，Population Division. World Contraceptive Use 2005 ［EB/OL］. Washington D. C：World Health Organization，2005 ［2016 – 04 – 01］. http：//www. unfPa. org/swP/2005/english/indicators/index. lltm.

［55］Jones R K, Darroch J E, Henshaw S K. Patterns in the socioeconomic characteristics of women obtaining abortions in 2000 – 2001 ［J］. Perspectives on sexual and reproductive health, 2002: 226 – 235.

［56］Drif, 李秋明. 发达国家的避孕问题 ［J］. 中国社会医学杂志, 1993 (4): 173 – 176.

［57］Skouby S O. Contraceptive use and behavior in the 21st century: a comprehensive study across five European countries ［J］. The European Journal of Contraception & Reproductive Health Care, 2004, 9 (2): 57 – 68.

第五章　人力资源理论与管理

一、国际经典人力资源管理理论脉络

（一）人力资本理论

"人力资源"（human resource）在管理学上的研究起始于经济学领域，称为人力资本（human capital），虽然现代人力资本理论的诞生是以舒尔茨的人力资本理论为契机的，从威廉配第、亚当·斯密、马歇尔、费雪、马克思等古典主义学者的研究，学术界公认的近代人力资本理论的研究主要集中在舒尔茨、贝克尔和明塞尔等人的工作上，舒尔茨（1961）认为，人力资本是体现在劳动者身上的一种资本类型，它以劳动者的技术水平、工作能力和熟练程度来表示，通过投资而形成，并起着生产性作用。人力资本可以通过投资创造收益，投资形式主要有：教育（正规教育、在职培训、社会成人教育）支出、医疗保健支出、劳动力流动支出等，同时还包括受教育的机会成本、心理成本等无形支出。

Becker（1963）、Mincer（1970）都强调人力资本投资是分两类的，即一般人力资本投资和特殊人力资本投资。

1. 一般的人力资本投资

Becker（1963）认为，一般的人力资本投资外部性很强，在一个单位和企业做的一般培训（也就是一般人力资本投资）可以使得培训内容在其他单位和企业也能应用。如果劳动力市场是完全竞争的市场，任何一家公司付给工人的工资率相当于所有其他公司的工人的边际生产率，这样如果只有一个公司做普通培训的话，那么这些提供培训的公司未来的边际生产率和边际工资率将会增加；只有当未来的边际生产率大于边际工资的增长时，这些提供培训的公司才能收回自己投入于培训的成本，因此提供一般人力资本投资培训的公司会面临较高的"培训后的员工"进入竞争对手的风险，而竞争对手会免费获得经过培训后高技术水平员工。从这个意义上说，学校教育，包括国民义务教育和高等教育都是一种一般培训，能够向各个行业和单位提供具有基本素质和技能的员工。

2. 特殊的人力资本投资

企业如果提供一般的人力资本投资的培训，则经过培训的员工即使离开这个单位或者行业，在其他任何单位和行业都可以提高相同的劳动生产率，但是有些单位的培训会使得员工在其他单位的应用时劳动生产率提高有限，只要一个单位提供的培训提高劳动生产率的水平不同于其他单位提供的培训就叫作专业培训，也就是专业的人力资本投资。

Johnson 提出的企业和员工双方解决特殊人力资本投资的方法是建立延期支付制度如养老金计划，使得雇主和雇员的收益并不在当期进行分配，而是通过一种员工养老金计划让员工取得延期权益，基于一种雇主供款和个人缴费相结合，既定权益和既得权益的考虑，加上长期合同的作用，这样对双方都是一种"保障"，企业更加愿意提供特殊培训，员工也会愿意继续接受培训并"绑定"于该企业，不会简单地辞职离开。

Johnson（1976）认为，为了提高特殊人力资源的人力资本投资，为了使得收益风险与雇佣关系无关，在进行特殊人力资本投资的行业和单位，雇主与雇员必须签订一个延期支付的合约，使得双方都能避免损失，这样相对全面的一揽子薪酬体系——包括养老金，辞退补偿等，就会起到一定作用。这时，人们就会发现，收回人力资本投资回报成为进行人力资本投资选择的关键因素，收回人力资本投资回报的机制会影响人力资本投资的程度。

虽然人力资本理论研究较为一致，但是不同部门间差异的研究也被人们所重视，Robert J. Carlsson（1969）等人的劳动力市场分割理论——公共和私人、医疗卫生和其他行业等市场都是分割的，确定薪酬水平的决定性因素是有差别的，因此，不同劳动力水平的人员存在流动性或者流动性壁垒。国内学者在此基础上针对劳动力在不同所有制企业间流动作了一系列研究，在已有的分析中，李实（1997）、张力（2007）和汪雯（2008）等人都采用同一种模型分析政府主导制定工资和市场决定工资之间的差异，此模型建立了如下的假设：

（1）劳动力市场存在两个部门，一个是政府部门主导市场，该部门的特点是政府通过法规和政策实行统一控制的较为平均的工资率；另一个部门是市场主导部门，该部门就业人员的工资完全是由市场机制决定的。

（2）劳动力市场中存在着两类异质劳动力，一部分是高技能劳动力；另一部分是普通技能劳动力。

在以上假定条件下，可以用图 5 – 1 中的劳动力价格决定模型描绘出两个劳动力分市场中的价格决定机制，横轴为劳动力数量，纵轴为劳动力的价格工资率。高技能劳动力和普通技能劳动力的供给曲线分别为 S_s 和 S_n。D_s 为高技能劳动力的需求曲线，同时也表现为这部分劳动力的边际生产率 LMP_s；D_n 为普通技能劳动力的需求曲线。S_s 与 D_s 的均衡点 E_s 决定了高技能劳动力的工资率为 W_s，就业量为 L_s。同样，D_n 和 S_n 所决定的工资率和就业量分别为 W_n 和 L_n。

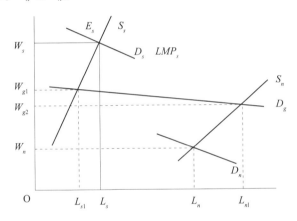

图 5 – 1　工资的市场决定机制与非市场决定机制差异

高技能劳动力和普通技能劳动力之间的工资率差异为 $W_s – W_n$，它一方面反映了两部分劳动力的人力资本的差异，另一方面也反映了两个劳动力分市场供求的相对变动情况。

根据市场主导部门劳动力分市场的工资率决定模型，当两种劳动力市场上的工资率分别为 W_s 和 W_n 时，可以计算出高水平劳动力人力资本的个人收益为 $W_s – W_n$，收益率为 $(W_s – W_n)/W_n$。

这样可以得到一条政府控制部门的劳动力需求曲线或工资线，它应该是一条近似水平的直线 D_g，它与两条供给曲线的交点决定的两种劳动力的工资率分别为 W_{g1} 和 W_{g2}，由需求曲线 D_g 决定的劳动力人力资本的收益率为 $(W_{g1} – W_{g2})/W_{g2}$，在该种体制下，劳动力的人力资本的个人收益率低于市场决定机制，因此对于具有高技能劳动力的人来说，其在市场主导部门挣得的工资更高，而对于普通技能劳动力，情况刚好相反，其在非市场化的政府机构获益更多；从人力资本收益角度看，高技能劳动力在政府机构获得的工资率低于其边际生产率，而普通技能劳动力在政府机构的工资率又高于其边际生产率。

进一步假定，劳动力市场上并不存在流动的制度性壁垒，两类劳动力在两个部门之间的流动是充分自由的（本文对比政府机构和企业，这两部门间流动实际是单向的，即从政府机构流出是没有障碍或障碍较低的，但流入政府机构是存在一定壁垒的），由于政府机构为高技能劳动力支付了低于市场工资水平的工资，政府的高技能劳动力会流向市场导向部门。

（二）管理科学理论

管理科学在 19 世纪末和 20 世纪初兴起并成为人力资源基础理论，代表学者是泰勒、法约尔和马克斯·韦伯。

泰勒的科学管理理论有两个基本原理，第一就是人的作业研究原理，个人在组织中的工作也叫作作业，可以分解到各个基本动作，动作再细分为动作要素，去掉不必要的动作要素，改进与合并，形成标准的作业方法；第二个是时间研究原理，在动作和要素分解基础上确定每个要素的时间测量，这样就能严格确定一天合理的工作量。泰勒科学管理的主要思想是劳动方法的标准化，以及组织中个人工时研究与工作定额，并且在此基础上进行科学挑选与培训工人，因为每个人都有不同的才能，人力资源的核心就是挑选出适合干某项工作的人，实行差别计件工资制，引入激励，这样就能把管理职能与作业职能分离，从而把人力资源区分为管理层面和操作层面。泰勒的贡献是把科学的方法引入管理领域，为现代管理理论奠定了基础。泰勒以自己在工厂中的管理实践冲破了工业革命以来一直延续的传统的经验管理方法，将科学实验方法引入管理领域，并创立了一套具体的管理方法。是将人从小农意识、小生产的思维方式转变为现代社会化大生产的思维方式的一场革命，没有这场革命，人类就不可能真正进入现代文明社会，其现场作业管理方法在实际的生产组织管理中取得了显著的效果（使得企业生产效率提高了许多倍）。

法约尔在科学管理的基础上，提出了多项管理原则，包括劳动分工、权力和责任、纪律和统一指挥等。马克斯·韦伯则针对提出权力合法性运用也就是权威产生进行了研究，把权威分为三类：①法理型权威（Legal Authority），建立在对规范性规则模式的"合法性"以及在此规则下提升到具有发号施令地位的人的权力的信念基础上；②传统型权威（Traditional Authority），建立在一种已经树立起来的对古老传统的神圣不可侵犯性，以及行使权威者地位的合法性的信念的基础上；③魅力型权威（Charismatic Authority），建立在对某个人的特定的和特别的神圣性、英雄主义或典范特质的崇拜，以及对由他提出或发布的规范或命令的崇拜的基础上。人只有在权威之下才能产生对指令的服从，进而产生合作、协调等重要的人力资源应用。

科学管理理论是人力资源的重要基础，但是科学管理过于理想和理性，对人自身的思索有限，没有考虑到人作为复杂的整体，在组织中复杂的诉求、利益和心理变化，人力资源的管理容易把人当作机器，产生很多负面问题，因此鼓励了行为科学理论在人力资源管理中的发展。

（三）行为科学理论

20世纪30年代，管理学中重要学派行为科学兴起，所谓行为科学，是综合运用人类学、社会学、心理学等学科的方法对人类行为做客观的、科学的研究的学说。把行为科学的思想与方法引用到行政组织研究中，就产生了行为科学的行政组织理论，代表人物包括梅奥、巴纳德和西蒙等人。

梅奥（1880—1949）进行的"霍桑实验"（1924—1932），1933年提出了人在工作中非工作因素的影响，如荣誉感、团队合作精神和使命感等。切斯特·巴纳德（1886—1961），美国公共行政和组织管理方面的理论家，西方现代组织理论中社会系统学派的创始人。他的贡献是研究了组织的本质，是一个群体间协作的系统，而能够协调大家协作是需要成本的，能够组织和协调人员的是权威，权威来自接受，巴纳德正式开始了非正式组织和关系在人力资源理论中的应用。

赫伯特·西蒙（1916—2001）是美国著名的行政学家，决策理论学派的创始人，1978年诺贝尔经济学奖获得者，代表作《管理行为》或《行政行为》，他将组织设计理论建构于决策理论基础之上，指出组织设计要有利于组织决策。他的核心思想包括，组织结构设计首先应从建立或改变组织目标入手，把组织设计成一个包括上层、中层和基层三个层级的层级结构；

组织专业分工应以尽量减少决策子系统之间的依赖性和充分利用决策能力为宗旨；现代组织"信息丰富"，但是组织成员的能力有限，所以组织必须把自己有限的能力花在重要决策即工作重心上；组织权力配置上，要正确处理集权与分权的关系，要根据实际情况把一部分容易受"门户之见"影响的决策集中起来，交给一个合适的特定部门或单位去制定，而对于基层情况不易上达的某些具体决策工作，则应交给基层或中层机构。

行为科学在人力资源上最大的贡献就是强调组织中人的需要、激励的问题，以马斯洛、赫茨伯格等人的研究为代表带来了人力资源研究的新的春天。

（四）激励理论

激励，就是组织通过设计适当的外部奖酬形式和工作环境，以一定的行为规范和惩罚性措施，借助信息沟通，来激发、引导、保持和归化组织成员的行为，以有效地实现组织及其成员个人目标的系统活动。

弗鲁姆认为：激励是"一个过程，这过程主宰着人们在多种自愿活动的备选形式中所做出的选择"。中国学者徐永森、戴尚理认为："激励分狭义和广义两种。狭义的激励就是激发、鼓励之义；广义的激励则是指运用各种有效手段激发人的热情，启动人的积极性、主动性，发挥人的创造精神和潜能，使其行为朝向组织所期望的目标而努力。"周诚君则从管理学的角度认为，"管理行为学中的激励，主要是指启迪人的心灵，激发人的动机，挖掘人的潜力，使之充满内在的活力和动力，朝向所期望的（或既定）的目标前进的心理活动的过程"。孙彤："在组织行为学中的激励含义，主要是指激发人的动机，使人有一股内在的动力，朝向所期望的目标前进的心理活动过程，激励也可以说是调动人的积极性的过程。"

美国心理学家威廉·詹姆士的研究表明一般情况下，人们只需发挥20%～30%的能力，就足以应付自己的工作。但是，当他们的动机一旦被激发，其能力可以发挥到80%～90%。也就是说，平时状态的工作能力只相当于激励状态时能力的1/3或1/4。与企业相比，公共部门的激励目的除提升个人绩效外，还在于保障公共利益，促进社会公共福利的扩张。同时这里须强调的是，激励应是一种来自外界的"适度"的刺激。人力资源理论方面主要有以下几种激励理论。

1. 马斯洛的需要层次理论

第二次世界大战后，美国心理学家马斯洛于 1943 年在《人类动机理论》一书提出"需要层次理论"：人类是"有需要的动物"，人类不但有经济上的需要，更有存在、社会等方面的需要，人类的需要产生了他们的工作目的和动机。这些需要就是管理者激励员工的因素。人的需要多种多样，按其重要程度和先后次序排列成一个需要层次，即：①生理需要，维持生存的基本需要；②安全需要，保护自己免受生理和心理伤害；③社交需要，包括爱、归属、接纳和友谊；④尊重需要，受尊重、被关注、认可；⑤自我实现需要，最大限度地发挥自己潜能。五种需要按次序逐级上升，一种需要满足之后，就不再是一种激励力量，追求高一级的需要就成了驱动行为的动机，一个人到达了自我实现的最高层次时，对于行为的激励就是无限的了。

一个设计合理的薪酬制度可以满足人的多层次需要。福利的分配原则在于满足人的生理需要和安全需要。但薪酬对行为的激励作用绝不仅仅是由于它的货币价值，从社会学的角度来看，薪酬已成为人们在组织和社会中地位的象征，代表着一个人的影响力和社会价值。收入作为地位的标志越来越突出，它有助于增强自尊并获得他人的尊重。因此它对于人的激励作用是极为有效和显著的。我国公务员的薪酬一直维持在较低的水平。虽然公共部门具有生产公共服务产品的特殊性，要求其工作人员具备更高的政治品德和职业道德精神，推崇"奉献"的公仆意识，但不能因此而忽视薪酬作为人们最基本的物质需求和心理满足的需要。随着社会主义市场经济的发展和完善，人们的需求包含了更多心理需求因素，因此在设计公务员薪酬时要更多考虑对其高层次需求的满足。

2. 双因素理论

1957 年，美国心理学家赫兹伯格提出了"激励——保健理论"，又叫"双因素理论"。激励因素是能够激励员工积极性、提高工作效率的因素，属于工作本身或工作内容方面的，如工作成就，得到赏识、进步、责任感、个人发展与提升，工作挑战性等；保健因素是指使职工感到不满意的工作环境、工作关系方面，如政策与管理、工作环境与条件、薪金、内外关系等。该理论认为只有激励因素才能起到对员工直接激励的效果，而保健因素只起到保健作用。具备激励因素导致"满意"，缺少激励因素导致

"没有满意"；具备保健因素导致"没有不满意"，缺少保险因素导致"不满意"，即"满意的对立面应该是没有满意，而不满意的对立面应该是没有不满意"。

当双因素理论被应用于现代企业人力资源管理中时，原被看作是保健因素的薪酬已被泛化为兼有保健和激励作用的双重因素。在传统的公共部门人事管理中，基本工资作为保健因素，主要满足生存和生活基本需要。为"激励"而设置的各项奖金，实际中却平均发放，弥补了低工资水平带来的不满意感，从而丧失了激励功用，成为一种保健因素。一旦停止发放奖金，就会引起不满情绪。这样的薪酬制度非但不能起到激励作用，而且很容易导致人才的流失。

3. 公平理论

1967 年，美国行为学家亚当斯提出：劳动者工作的积极性不仅受到绝对报酬的影响还受到相对报酬的影响。当他们发现与做同样工作的人相比，相对收入相当的话，他们会有公平感，进而心情舒畅地努力工作，当发现自己的收入偏低，就会产生不公平感，影响工作的积极性。

在将自己与他人得到的待遇进行比较时，选择的参照对象一般有三类："他人""制度"和"自我"。"他人"，是指在同一个组织中（同单位、同行业、同地区）从事相似工作的其他个体，以及员工经常交往的朋友、邻居和同行。所谓"制度"，是指员工所在组织的工资政策、支付报酬的程序和运作的方式。组织工资政策，不仅仅是指文件规定的等级工资，而且还包括种种不成文的规定，隐形的报酬等。组织内部长期形成的劳动报酬分配的惯例，是"制度"主要的决定因素。所谓"自我"是指，自身的一系列条件，如工作中付出的时间、精力、努力、知识，承担的责任与工作成果，与自己所得到的酬金、领导的赏识、晋升、人际关系的调整以及内在心理上的满足等多项因素之间的比率。

公平理论提示管理者，要调动员工的积极性，不仅要实行按劳分配的原则，而且要进行广泛的薪酬水平调查，对同类型、相似工作报酬进行比较，关注组织外部的薪酬变化，尽量使分配结果公平合理，获得最佳激励效果。另外，在绩效评估、薪酬、晋升等制度体系的设计当中也应充分融入公平理念。

4. 期望理论

弗鲁姆在 1964 年发表的《工作和激励》一书中提出了期望理论，该理论的基本观点是：人们在预期他们的行动将会有助于达到某个目标的情况下，才会被充分激发起来，从而采取行动以达到这一目标。弗鲁姆提出一个公式：M = E * V，这个公式中 M—激励力量（Motivation），E—概率（效价 Expectancy），V—心理评价（期望值 Valence）。个人的努力（激励）是预期后果的函数，即激励是一个人某一行动的期望和其认为将会达到目标的概率的乘积，只有当期望值和效价都高时，激励程度才会高，两个因素若有一个低，整个激励程度必定低。公式中还隐含了第三个因素——工具性或关联性（Instrumentality），即只有当工作绩效与奖酬紧密关联时，目标才有激励作用，职工才会有积极性。期望理论在西方也被简称为"VIE"理论。

行为科学的发展表明，人力资源管理应当注重对组织中的人进行研究，人的行为是影响组织效率的决定因素，提出组织应当以人为中心的观点，使组织研究从传统的静态研究转入动态研究。当然行为科学视角过分偏重对人的行为的研究，贬低了组织结构、法规与制度对行政组织的重要意义；过分注重对个别的事实的研究，而忽视对组织进行整体的、系统的研究，也带来了一定的缺陷。

（五）员工与组织匹配理论

在行为科学基础上，管理学研究发现组织与员工可能出现匹配或者不匹配的情况，章振宇提出个人的组织行为是个人与组织交互作用的结果"个人与组织之间的不一致是固有的，个人和组织之间的一定程度上的不一致可能对工作有激励作用"，过多的不兼容会造成昏昏欲睡和动机不明的个体，在大多数理论强调个人对组织的匹配的时候，组织对个人的匹配非常重要，组织再造允许个体拥有更多的控制感和决策感，可以减少不一致，导致有益的结果。

还有学者把人们对个人—情境补充（person – situation complementarity）转移到员工—组织匹配（person – organization fit），研究人格角色和组织形象的关系，发现在个体自我概念和组织形象之间的相似性越高，个体就越喜欢组织。在 20 世纪 80 年代末和 90 年代初，产生了各种各样的员工—组织匹配（P – O fit）的定义和研究。

在对员工—组织匹配的定义过程中，对员工—组织匹配存在着两种方式的分类。一种是将员工—组织匹配分成增补匹配（supplementary fit）和补充匹配（complementary fit）。增补匹配是指当某人拥有特征与环境中其他个体具有类似的特征时发生的匹配；补充匹配是指当某人拥有的特征将环境补充完整或者增加了环境中缺失的东西时发生的匹配。另一种是将员工—组织匹配分成需要—供给匹配（needs - supplies fit）和需求—能力匹配（demands - abilities fit）。需要—供给匹配是从个人的角度出发，指当组织满足个体的需要、欲望、偏好时发生的匹配；需求—能力匹配是从组织角度出发，当个体的能力满足组织需求时发生的匹配。

（六）卫生与计划生育人力资源管理特点及应用

卫生领域绩效评估和人力资源管理属于卫生经济学领域，直至20世纪60年代才在美国发展成为主流经济学的一个重要的应用分支。

从计划生育人力资源管理的特点看，以人力资源管理为代表的卫生经济学和管理体系逐步成为主流，在1965—1999年，美国授予的卫生经济学博士学位数量增长了12倍。卫生经济学家在美国政府与公共卫生政策相关的部门中占主导性的地位。卫生经济学在美国得到发展和重视的原因是多方面的，其中最重要的不外乎两点：首先，经济学研究在资源配置的选择方面有不可比拟的优势；其次，美国公众在卫生与健康方面上的花费占GDP的比重越来越高，在整个国民经济中，卫生部门占用的资源越来越多。

在我国，关于卫生和计划生育领域绩效评估、人力资源管理的研究才刚刚起步，从人员、材料、市场和经费四方面来看，我国在卫生经济学上有所作为，尚需要很长一段时间。从人员来说，由于我国直到改革开放才开始大规模地接触西方的主流经济学，对于经济学的研究积累非常有限。尤其是对于研究医疗资源配置、医疗行为评估的卫生经济学而言，更是刚刚起步。直到现在，从学科上将卫生经济学作为单独的专业进行设置的学校也几乎没有。因此，我国在卫生经济学领域的研究人员数量很少，其中有经济学背景的比例更低；而多见的研究人员主要是医学院校毕业的人员、医疗保险经办及主管部门的人员。虽然在国际上也有若干著名的华裔卫生经济学家（如哈佛大学的萧庆伦教授，加州大学伯克利分校的胡德伟教授等），但是首先此类研究人员数量稀少，其次他们对于我国的具体情况毕竟了解有限，而且他们所进行研究的结果也只是今年才对我国有所作用（直至近年，上述教授才在国内有较多的"曝光率"），加之他们毕竟身在海外，难以长期在国内传道授业，因此对于推动我国国内卫生经济学的发展而言，作用有限。

从材料而言，许多卫生经济学的研究都属于交叉型的前沿性学术研究。从经济学目前的发展而言，数量化的实证研究无疑是主流，对于以研究卫生资源分配和卫生服务效绩评估为核心的卫生经济学而言，情况更是如此。而我国长期以来在卫生行业的数据积累方面却是一个软肋。一方面数据完备性不够，不论从积累时间上还是质量上都不尽如人意；另一方面，我国现有的统计卫生数据是往往基于医学研究的目的，许多关于医疗服务价格、质量、满意率等方面的"软"数据却难以获得。因此，在进行实证性的卫生经济学研究时，也往往会遇到很大的困难。直至今日，依然没有比较完备、权威的基于卫生经济学视点的医疗行业数据统计系统；在每年的《中国统计年鉴》中，关于医疗行业、健康费用等的数据统计口径依然沿袭使用 20 世纪 80 年代的格式；在《卫生事业年鉴》中，统计的数据则绝大部分仅仅是医学专业的数据。在本文写作的过程中，就面临着相关数据缺乏的问题，只能采取其他的替代办法。

就市场而言，美国的卫生经济学之所以能够蓬勃发展，很大原因在于市场的推动，而目前我国这一方面的力量尚比较羸弱。由于美国长久以来的医疗市场就是一个竞争的市场，医疗服务提供者、医疗费用管理机构、患者甚至联邦或者地方政府都需要了解这样一个问题：哪种方法能够用较低的成本提供相同的服务或者取得更高的患者满意率，或者带来更少的逆向选择问题，以控制成本、提高服务质量、减少基金浪费。因此，市场对此类研究以及相应的研究人员有很大的需求。同时，这种机制使得研究人员来源多样化（来源于不同的机构和组织，既有政府机构，也有商业机构，还有学术团体和学校等），也促进了学术研究的发展。而我国目前的医疗市场不是一个充分竞争的市场。首先，市场的总体状况是提供的医疗服务不能满足社会成员的需要，因此供给处于总体的扩张阶段，而不存在大规模的直接竞争；其次，我国的医疗服务提供者主要还是政府控制的医疗机构，而其所有权和经营权的分离与所有制结构上的不清晰，也阻碍了竞争的产生；第三，我国目前缺乏专业化的医疗基金管理、医疗服务评估等机构，因此在研究者的来源上也缺乏独立、专业的声音，更难以形成交相问难、互相促进的学术氛围。

最后，费用的缺乏也大大限制了卫生经济学的发展。目前，我国医疗市场的投资大部分集中于设备和基础建设，但对于卫生经济学等"软"学科的投入则相当有限。而卫生经济学的大量研究是基于大规模的试验和行为研究之上的，需要大量经费的支持。我国目前投入的限制也使得卫生经济学发展缓慢。

在医疗卫生和家庭规划领域进行绩效管理和人力资源管理还需要面对以下特殊挑战：

信息不对称和道德风险。

在医疗卫生领域，目前讨论得最多的就是信息不对称和道德风险问题。信息不对称理论产生于20世纪70年代，1973年阿克洛夫的《旧汽车市场：质量、不确定性与市场机制》，以旧汽车市场交易模型为基础分析"逆向选择"，从而成为信息经济学领域最重要的文献之一，作为最重要的成果，他们提出了"逆向选择""市场信号"以及"委托—代理"理论。现在，信息不对称理论被称为近20年来微观经济理论最活跃的研究领域。它已被广泛应用到了各经济学分支之中，尤其是在解决保险市场问题、医疗问题时显示出强大的生命力。

简单来说，信息不对称（information asymmetry）是指信息在相互对应的经济个体之间呈不均衡、不对称的分布状态。基本理论框架如下：

根据信息不对称发生的时间，可以把信息不对称分为事前信息不对称和事后信息不对称。研究前者的理论称为逆向选择理论，研究后者的理论称为道德风险理论。事前信息不对称产生的原因是占据信息优势的一方隐藏了信息（或知识），事后信息不对称产生的原因是占据信息优势的一方隐藏了行动。这两种形式的隐藏对另一方都是不利的。为了实现双方均衡，而不使市场机制失灵、社会自愿配置低效率，就必须采取相应的措施来解决逆向选择和道德风险问题。

逆向选择（adverse selection）指在合同签订之前，进行市场交易的一方已拥有了另一方所不具有的某些信息，而这些信息有可能影响后者的利益，于是占据信息优势的一方就很可能利用这种信息优势做出对自己有利而对另一方不利的事情，市场效率和经济效率会因此而降低。在医疗保险中，参保者比保险人更加了解自己的健康状况，为了获得较低的缴费费率，或者为了不被拒保，参保者有很强的动机隐藏这些信息。最终，保险人发现，参保的人都是医疗风险较大的人，而为了保持收支平衡，保险人不得不提高费率，这又使得健康风险较小的人不愿参加，最终形成恶性循环，这就是典型的逆向选择问题。

于是，信誉开始有了实际意义：生产高质量产品的企业可以通过建立良好信誉而在未来获益。在这种意义上，信誉建立是一种发放信号（signing）活动：上一时期的产品质量，是这一时期质量的信号。

市场信号理论包括两个方面的内容：一是代理人占主动地位的信号显示，二是委托人占主动地位的信号筛选。信号显示（market signaling）指为了解决逆向选择问题，占据信息优势的一方（代理人）为了把自身的某些优秀特性或自己的某些优质物品显示出来不被埋没，而通过某种方式向处于信息劣势的一方（委托人）发出市场信号以表明自身与众不同或自己优质物品的行为。

信号筛选指在交易之前，处于信息劣势的一方（委托人）首先以某种方式给出区分不同类型的市场信号以求获得自己所需要的信息，并且成本很低，借此来弥补或解决自己在交易中所处的信息劣势的状况。

道德风险理论：道德风险（moral hazard）指委托人和代理人在签订合同后，代理人在使自身利益最大化的同时损害了委托人的利益，而且并不承担由此造成的全部后果。道德风险产生的原因主要有代理人的隐藏行动、代理人和委托人的目标差异以及信息不对称等。阿罗提出了和逆向选择效应相关的另一种现象，即道德风险效应。在保险市场上，由于承保人与投保人对未来风险的信息存在不对称性：投保人对自身风险大小的信息必然多于承保人所掌握的信息，结果可能会出现一种无形的人为风险——道德风险行为，即投保人因投保而不再注重防范风险。例如，在汽车险市场中，投保的汽车车主对于汽车的护理和安全问题的关注远不如那些未投保者。在医疗保险市场，道德风险除了同样会导致参保者对健康问题不甚关心外，同时还会使参保者会过度消费医疗资源从而使保险人蒙受损失。

人力资源管理的应用已经在国际和国内医疗卫生行业占据了重要位置。从国际方面看，关于在计划生育领域对新技术的培训、新兴技术人员的培养等方面，都已经成为主流（后文将详细介绍国际上人力资源管理的应用）；在我国，原国家人口计生委关于出台《进一步加强基层人口和计划生育服务体系建设的意见》中规定，加大计划生育部门人力资源管理力度，基层人口和计划生育服务体系建设的总体目标是通过加大财政投入，改善基础设施条件，提高装备水平，强化服务队伍建设，完善内部管理和服务机制，全面实现服务设施标准化、服务程序规范化、服务管理科学化、服务团队职业化。到 2015 年建立起满足人口和计划生育事业发展需要的人口和计划生育服务体系，让育龄群众人人享有优质的计划生育、优生优育、生殖保健服务。沿海发达地区及有条件的地区应率先实现上述目标。

当然，我国计划生育部门，尤其是基层人口和计划生育系统人员的工作能力和工作绩效尚不能很好地满足国家人口和计生系统建设的总体要求，直接影响人口和计划生育事业发展目标的实现。因此，必须通过培训等人力资源管理的方式提高基层人口和计划生育服务人员的整体素质。今后我国将对从事计划生育生殖健康服务的人员提升政策水平，掌握医学、心理学、公共卫生和社会工作等学科知识，具备宣传教育、技术服务、信息咨询、药具发放、人员培训等综合能力。并且，今后我国的计划生育部门将逐步稳定和健全基层工作网络和队伍，完善制度，加大投入，加强培训，提高待遇，保证基层有人管事、有钱办事、照章理事，并且今后我国将研究制订基层计划生育工作队伍建设规划，合理配置人才资源，引进优秀人才，加大教育培训力度，提升学历层次，以能力建设为核心推进队伍职业化建设。可见在我国，计划生育人力资源管理的发展方向必定是职业化的道路，这也符合世界发展的潮流。

二、卫生与计划生育部门人力资源管理国际比较

对比世界其他国家，计划生育的管理很少有像中国一样进行单独提供或者管理的部门、机构与人员，作为家庭成员规模规划的一部分，往往属于公共卫生或者社会福利部门，因此本部分的人力资源管理及其国际比较我们主要关注了卫生领域的人力资源理论及其管理实践。

计划生育与公共卫生一样，其执行和管理是劳动密集型工作，在欧盟国家有超过 600 万人员从事公共卫生和计划生育相关服务，一般在卫生和计划生育领域，人力资源管理可以分为四个部分：工作人员（work force）、工作内容（work content）、工作场所（work place）和工作结果（work outcome）（Carl - Ardy Dubis，2005）。其中，工作人员主要进行人员基本资料管理和分工；工作内容主要为包括技术、手段、能力等方面提供卫生服务的需求；工作场所卫生服务包括组织的、社会的和机构的环境；工作结果主要是卫生服务的数量、绩效、健康结果、人员的各种成就和奖励等。本章主要把经济合作和发展组织国家的计划生育和卫生领域人力资源进行比

较，希望能够为中国计划生育和卫生领域的人力资源建设提供参考意见。

（一）OECD 国家计划生育人力资源理念和制度国际比较

"经济合作和发展组织"（Organization of Economic Cooperation and Development，OECD）国家正面临计划生育人力资源的发展挑战，现有制度与理念已经不适应发展的需要。比如，很多国家更需要女性的医生而不仅仅是女性的护理人员，很多国家需要复合化的职业工作人员，对护理、基本医疗、仪器使用等综合高水平人才的需求更加广泛；另外就是对薪酬福利的要求也更高，更加要求职业化，并且受到整体就业状况和工资水平的影响。

这种高水平、全方位的需求，对计划生育和医疗护理领域人力资源的基本教育、培养、工作经验、薪酬、福利、职业稳定等提出了更高要求。

人力资源又和不同国家医疗护理的基本制度相关，目前全世界医疗护理领域主要可以按照资源投入分为三个制度：政府财政投入为主的福利模式，以英国的国家卫生服务（National Health Service，NHS）为代表；社会组织自我管理，医疗保险作为主要筹资和投资渠道的模式，以德国和加拿大的医疗保险筹资为代表；商业保险作为主要支付和投资渠道，政府投入有限的美国模式。

（1）财政投入为主模式的国家，例如英国，政府作为主要的人力资源规划和管理的机构，在人力资源配置、绩效考核、专业培训等方面制定严格和长远的规划，并实施和评估。英国国家卫生服务的全科医生（general practitioner）、护士和医生大多数是英国国家卫生服务支付工资的雇员。因为工资水平不一定满足他们的人力资本情况，因此他们被政府允许在为英国国家卫生服务工作之余开展私人诊所活动。2003 年规定他们私人诊所的收入不能超过英国国家卫生服务支付工资的 10%。从 2010 年开始，政府取消了对专家私人诊所的服务限制。

全科医生的收入也是由英国国家卫生服务的雇主委员会和全科医生协会协商的结果。目前全科医生（general practitioner）有四种合同方式。一般医疗服务合同：全科医生与初级治疗受托人（primary treatment trustee）签约，用一种全国统一的工资水平协商，目前 50% 的全科医生采取这种合同方式；个人卫生服务合同：全科医生与初级治疗受托人签约，但是依据地方政府的工资水平协商，因此需要与地方政府就服务需求和水平达成一致，目前有 45% 的全科医生采取这种合同；其他医疗服务提供合同：初级治疗受托人除全科医生外的其他提供者签订合同；初级治疗受托人医疗服务合同：全科医生的服务直接由初级治疗受托人指导。全科医生和诊所签订合同成为合作伙伴，可以分享诊所和社区医院的利润。

英国国家卫生服务涵盖全部国民，也完全垄断医疗保险服务的提供，英国私立医疗保险计划仅占据十分窄小的份额。英国国家卫生服务的资金完全来自税收，并已实现为全体英国公民提供几乎免费的医疗保险的目标。在这样的体制下，因为治疗疾病的免费，参保人就必然有过度利用医疗服务的道德风险；同时，医生作为国家公务员类似的身份受雇于医院，几乎所有医生都在政府的直接领导下工作，几乎所有的医院都归政府所有。接受的工资收入则是按计划体制一样去获得固定的工资，因而缺乏激励的动机去提供一些必要医疗的服务。为减少支出，国家卫生局对医生的工资定了上限，并推迟新技术的引进。医生低工资、低威信以及不断增加的管理限制负担，使得许多高级医生灰心丧气，越来越多高级医生选择提前退休，这样的结果使患者深受其害，医生短缺的危机可能更使在医院的等候名单加长。

（2）社会医疗保险筹资机制：在德国政治体制的特点是具有强烈的社团主义，反映在卫生保健系统的治理上则是由汇集的疾病基金、医院和医师协会组成的紧密结构自动调整。医疗卫生机构有强烈的社会组织自治传统，于是医院、医师协会等和医保基金密切合作，根据医疗保险的筹资和资源配置选择培养医生、护士等的人数和方向；加拿大全民医疗保险依据 1984 年通过《加拿大卫生法》而建立，是由政府当保险人的单一保险人制度，联邦政府负责税收和医疗保险资金的发放，通过国家卫生资金转账转移到省或地区政府，省或地区政府是资金的管理者和责任人。医院的运行是以其所服务社区人群的医疗需要为主，不受各地方政府控制。但医院的费用必须限定在医院与地方政府商定的预算数额内，超支向上追加，但政府不予保证。因此，医院有控制总费用的责任，医院有权控制每天的床位数以及医疗工作人员的数目搭配。同时，联邦政府还监督各省政府严格按照《加拿大卫生法》的要求提供适宜的医疗服务，否则，联邦政府对所资助的经费予以适当的罚扣。医院对雇佣的医师，如放射医师、病理医师以及麻醉医师等，一般都是以工资的形式进行支付。加拿大对医生的年收入和服务费有封顶限制，如安大略省，对全科医生和专科医生的费用均以

45.5 万加元封顶，超出部分医生只能得到 66.7% 的补偿。医生费用偿付以按服务项目付费为主，也包括按人头收费、按小时支付和按服务合同中支付，或者是按交替支付表等。加拿大医学会（Canadian Medical Association）2004 年进行的国家医生调查（National Physician Survey，NPS），分组依据为某一支付方式收入超过 90% 定义为单一支付，而将混合支付定义为收入来源于两个或以上支付方式且没有一种有 90% 以上绝对优势来源。这一调查数据显示，51.5% 被调查者表明其主要收入（90% 以上）来源于按项目付费的制度；混合支付占第二位为 28.2%，工资合同收入者占 7.4%。在收入来源的选择意愿方面，设计的三个选择项分别是单独工资、单独按项目付费和混合支付，结果显示有近一半的医生选择混合支付（47.9%）。专科医生和全科/家庭医生也将混合支付方式作为其首要选择，比率分别为 44.9% 和 50.8%。

（3）商业保险筹资和支付方式：商业保险成为美国医疗卫生领域不可忽略的制度参与者，因此，管理型医疗在美国实施得较为完美，20 世纪 40 年代罗斯福总统实施社会保障制度，1965 年美国国会通过老年人权益法案和穷人法案，为老年人提供老年医疗保障（medicare），为穷人提供医疗救助（medicaid）。管理型医疗保健模式出现于 60 年代，初衷是提高医疗服务的质量和持续性，并提供预防保健服务，资助人力资源的发展。采用管理型医疗模式的医疗保险机构和公司主要包括健康维护组织（HMOs）、优先选择提供者组织（PPOs）、专有提供者组织（EPOs）等，甚至部分政府提供的老年人医疗保障和穷人医疗保障机构也采用了管理型医疗保健模式。

一直以来，存在着两种截然不同的关于医院/医生联合的理论观点，即支持或反对医生/医院一体化，也就是说，医生作为个体或者群体开业对医疗提供效率高，还是在医院中作为其雇员执业更有利于服务产出的提高。观点之一，持交易成本和规模经济的理论观点认为，医院/医生一体化可以降低或者消减交易成本和契约谈判的讨价还价，因而可以提高效率和质量，效率提高使得管理型医疗保障可以在不牺牲质量的情况下降低价格，即一体化可能降低价格且无质量损失。观点之二，持政治选择或者谈判力量观点则认为，医院/医生的联合增强其与第三方付费（管理型医疗及其他保险方）价格谈判力量，因而可能提高医疗服务价格。

20 世纪 70 年代美国学者有研究报告声援垂直一体化的医疗服务体系，

即将医院、医生组织和其他相关者整合到单一所有权之下，认为能获得效率提高。加利福尼亚过去15年的经验则提供相反的证据，合作医疗保健服务提供并不一定要求垂直一体化和单一所有权，而是可以通过合约关系来实现效率。合约关系一体化的好处在于，它可以对快速变化的环境起到自动适应的功能。管理型医疗保障快速扩张，医院和医生一体化快速增长，1998年有66%的医院与医生建立战略性的契约关系，是1993年的两倍。在管理型医疗高度发展的区域（参加管理型医疗的人数占30%以上），医生和医院的契约合作关系表现得更为强烈。

医院/医生的关系在不同医疗保障体制的变化下而随之变化。管理型医疗出现之前，对医生的支付体系是按项目付费，对医院的支付体系是成本加成的付费方式，因此医院/医生之间并没有经济动因去合作以获得规模经济。管理型医疗不断扩张之后，1984—1999年单独开业医生逐年下降，取而代之是作为雇员进入到医院执业的医生逐年增加。这说明医生为应对管理型医疗的压力会主动与医院寻求联合，并且管理型医疗发达的地区这种契约关系更为普遍，医生以契约关系甚至作为雇员来建立薪酬关系以寻求合作。

作为市场经济发展上百年的美国，各专业的医生联合起来形成医生公司的组织，医疗市场的发展直接体现医生价值，医生基本形成自由流动的状态，可以签约于不同的医生公司。市场充分竞争下出现多元化的保险组织来提供医疗保险的服务，保险组织多元化使得医院、医生和保险的第三方付费所形成的关系组织也多元化。从美国医生公司的兴起，到20世纪90年代末医院/医生的一体化发展趋势，出现多种模式的一体化组织，主要包括独立医生组织（Independent Physicians Associations，IPAs）、开放的医生/医院组织（Open Physician – Hospital Organizations，OPHOs）、紧密的医生/医院组织（Closed Physician – Hospital Organizations，CPHOs）和完全一体化组织（Fully Integrated Organizations，FIOs）。这些组织表现的契约特征为：

医院为独立医生组织仅提供管理型医疗保险签约的协助，并不承担其他相关作用；较为开放的医生/医院组织中，医院将为医生提供某些管理服务，比如提供救护设施，这类组织允许医生维持独立工作空间并独立开业，仅依靠合同联系彼此；紧密协作的医院/医生组织将会考察医生提供服务的质量与成本因素，医生与医院建立排他性关系，因此可以通过标准规范获得效率提高，以降低产出成本并可能提高质量。此时，也可能因为紧密联系增强与付费方的谈判力量而提高价格；完全一体化模式则为医院雇用医生，这是一种紧密联系、完全排他的实体关系。医生作为固定工资的雇员，医院购买医疗资产和智力资产并可能将医生置于集权化的管理模式之中。

医院和医生之间快速一体化是为了应对管理型医疗快速扩张拥有的垄断力量的战略选择，也是医疗服务成本上升的源头之一。市场力量观点得到强有力的支持。特别地，一体化组织相比独立医院有较高的价格，也发现在排他性安排和低部分市场情况下这一差别更为明显。并且，一体化组织并不比独立医院的效率更高。例外的情况是，大型非营利教学医院更趋向于形成完全一体化组织（FIOs）。这类完全一体化组织与独立医院组织相比价格不高且成本不低。但是，这类完全一体化组织的确相比其他形式的医院组织提供医疗服务的质量更高些。

（二）OECD 国家计划生育人力资源的影响因素国际比较

能够直接影响计划生育人力资源供给的因素包括很多，如人口结构、技术、制度、全球化等。

1. 人口结构

人口结构变化，可以对人力资源产生直接和间接影响。从直接影响看，人口出生率不断降低，人口预期寿命不断延长，减少了计划生育服务人力资源的服务供给，增加了计划生育和卫生服务人员的服务年龄，这一点在很多欧洲国家非常明显。以 2002 年欧洲国家数据为例，近三年来丹麦、冰岛、挪威、瑞典和法国的护士平均年龄由 41 岁增加到 45 岁，英国护士中有一半是 40 岁以上，五分之一的护士在 50 岁以上，年轻护士的数目在不断下降，1988—1998 年英国 30 岁以下护士的比例从 30% 下降到 15%，法国的医生中年龄在 40 岁以下的比例也从 1985 年的 55% 下降到 2000 年的 23%。这些变化一方面是由于人口老龄化的作用，另一方面也是由于卫生行业人力资源的培养和相关制度健全，比如从上学、培训、实习、职业等年限的要求。

除却年龄结构之外，性别和移民也是两个重要的人口结构变化因素。女性越来越在卫生和家庭规划领域发挥更重要作用，在大多数欧洲国家，从 20 世纪 90 年代开始，女性的医师、全科医生占全部人员的比例一直在上升，例如在英国，女性达到了医学院学生比例的 60%，达到了 30 岁以下女性全科医生的 75%，而护士领域更是女性占据绝对主导。

在移民方面，由于欧盟的作用，欧洲国家更是受到移民的影响，在欧盟内部劳动力流动也是非常频繁的，卫生和家庭计划部门的人力资源也有跨越边境的移动。

2. 技术影响

随着科学和技术的发展，新的治疗、护理流程和器械使用越来越广泛、深入。因此，在一些工作领域对人力资源的需求在变化。例如，生物技术的发展需要医护人员具备更多生物工程和基因方面的知识，而新的信息技术使用降低了很多诊断工作的需求。以丹麦为例，一些药店由于使用信息交流的新技术，降低工作人员数目达到了 6.3%，而计算机技术的使用使得卫生和家庭计划工作更多需要计算机专业、数据分析统计专业和程序员等人力资源，同时对传统的医师、全科医生、护理人员也提出了新的要求，必须掌握基本的计算机、网络和分析能力与技术。表 5－1 是家庭医生使用计算机、个人数字助手（Personal Digital Assistant，PDA）、互联网、电子病历和个人网页的比率，可以明显看出，英国、德国、法国、瑞典等国家使用计算机和互联网比例都达到了 100% 左右。

表 5－1　欧盟国家家庭医生使用一些技术的比例

	计算机在实践中的应用	PDA 在实践中的应用	互联网的使用	电子病历的使用	个人网页的使用
芬兰	100	4	100	56	63
荷兰	100	31	100	88	47
瑞典	98	3	93	90	42
德国	95	10	53	48	26
英国	95	18	87	58	27
法国	89	11	80	6	11
奥地利	82	2	64	55	18
爱尔兰	72	6	48	28	6
西班牙	71	17	43	9	6
丹麦	70	1	62	62	13
卢森堡	68	0	46	30	12

	计算机在实践中的应用	PDA 在实践中的应用	互联网的使用	电子病历的使用	个人网页的使用
意大利	66	0	48	37	6
比利时	66	7	51	42	9
希腊	52	3	27	17	4
葡萄牙	37	3	19	5	2
欧盟的平均水平	77	8	61	42	19

资料来源：欧洲晴雨表（2001）.

个人数据助手。

3. 全球化和贸易发展

全球化和贸易发展对医疗和家庭计划领域的影响就是国际统一的人力资源标准正在形成，不仅仅是医务工作者工作标准全球接近统一，还包括医学院学生学习的标准也在统一，这将在未来加速全球卫生领域人力资源的一体化。同时，全球化和贸易的发展还加速了对卫生行业人力资源的综合和全面要求，并且提高了人力资源竞争、降低成本与提高效率的要求，例如英国的医疗体系改革中，部分无效率和低效率员工被开除，管理层和行政层的雇员增加了 25%，大部分雇员也出现了从医院的医生向首诊制的全科医生的转移。

4. 家庭计划的制度安排

卫生和家庭计划的制度也会影响到人力资源安排，比如政府权力、中央地方政府关系、利益集团、医疗费用提供方（社会保险、商业保险）等，一些国家的中央政府对卫生和家庭计划行业的人力资源管理表现出很强的力度，如法国、意大利和西班牙，而如德国，就表现出很强的地方和行业对人力资源的控制，这与整个国家的卫生管理体制有关系。

5. 医疗卫生和家庭计划的组织因素

卫生体系内部最大的组织变动其实就是灵活雇佣的出现，在传统上很难实现的 24 小时护理和服务，现在也可以出现。例如，体重过低的新生婴儿的护理和观察，20 年前还是只能放在床上，按照自然的规律观察，而现在需要经历复杂的检查过程和仪器（如保持温度、压力和适度的育儿箱），这样 24 小时都需要人手监护和观察，由于仪器和设备的出现，就需要几班人员倒班观察并能保持一致的科学性。这种倒班制度在比利时覆盖了 83% 的护士，在英国是 75%，德国全部医护人员的 48% 都有倒班制度。

全球化的发展、人口老龄化的趋势、技术和科学的发展等因素都会影响到医疗卫生行业和家庭计划部门的人力资源管理，综合体现为一种全面的人力资源管理发展趋势，传统的护理、监护、医疗服务、管理、财务、检查等严格分工正在向综合化的方向发展，对医护人员的综合素质要求更高了。

（三）人力资源管理中专业的边界变化

2000 年世界卫生组织报告中提到了医疗卫生面临的巨大挑战，也就是为了达到混合的人力资源以提供健康服务所面临的困难。在医疗卫生服务中，什么样的服务技术和人员需要混合是非常复杂的，需要很多因素的分析，不仅仅是需要医疗人员，还需要护理、技术、信息和管理等各领域人才。混合这些专业人才需要考查他们的成本、能力和劳动力供给。

Sibbald 等人针对这种人力资源综合化的要求，提出卫生和家庭服务领域里四种应对措施，即：提升、替代、升降和创新。所谓提升，就是增加现有工作的深度，也就是增加现有工作的职责或者提高现有工作所需要的技术；替代是增加现有工作的宽度，让不同领域和行业的工作人员包含在一项工作中；升降，是卫生行业内部在传统的分单元、分行业工作方式下，把一项工作移动顺序；创新是直接引入新的专业的人员做新的工作。

（四）家庭计划人力资源的培养

人口结构、全球化和科学技术都在对家庭计划和卫生健康服务方面提出挑战和要求，家庭计划的人力资源能否应对这些挑战就成为关键。人力资源培养必须能够达到选择、培训和社会化相关工作的人员，使得他们愿意且能够完成健康和家庭计划服务的任务。这种与健康护理相关的人员的培养既有学术培养也有实务和临床培养。学术培养主要在医学院校进行，以关注科学和研究为主，与护理和服务的临床有一定区别，但是学生的培养不能离临床过于遥远，否则造成学生对临床最新进展的不了解，所以必须在学生教育期间进行初级临床的实习。而各国政府在做出与医疗健康相关决策时，必须对医疗健康人员的培养进行宏观干预，这些干预可以有以下几个方面：

（1）必须出台政策建立鼓励培训的制度与体系。随着时代的进步和发展，培训的技术、手段、理念日新月异，政府必须保证以案例和经验为导向的医疗卫生人员的培训能够采用最先进的相关技术和手段，并且保证培训人员掌握最先进的培训理念。

（2）国际政治合作达成人力资源教育的标准，促进全球化和一体化。欧盟和美国的例子非常明显，就是医护人员的国际流动非常频繁，人力资源培养的标准必须全球尽量统一，这样跨越国界流动才能成为可能。世界卫生组织资助的世界医疗教育协会（World Federation for Medical Education，WFME）正在试图影响各国出台政策建立特殊、细致的人员质量国际化标准，不仅覆盖大学基本教育，还包括研究生教育和工作后的继续教育。

（3）医疗健康的科学与技术进步需要执业者保持跟进的状态，政府必须让执业者时刻意识到技术与科学的进步，关注最新消息和技术进展的分享平台，并且要让医护人员对未来科学和技术的走势有一个基本判断，政府对大学医疗卫生教育的影响就要把这种"跟进"机制与理念植入大学教学。

（4）政府应该出台财政、金融、公立奖学金、财务奖励和惩罚等综合政策对教育培训进行鼓励。

（5）职业团体应该对政府施加政治和政策影响，尤其是医师系会、医师公会等组织。

总之，健康领域的政策制定者可以通过制度、法律、组织和财务等手段影响医疗卫生的人力资源培养，这种培养必须制度化地构建人力资源体系和过程，政府必须意识到自己是医护质量的监督者和未来发展的资助者，因此政府必须对人力资源培养进行评估，药品行业保持着一种对社会需求敏感性的反馈机制，这一点医务人员和医疗卫生行业也必须跟进，政府就是要确保医疗卫生行业也能对人民的需求保持最快速的回应。

以欧盟为例，对医疗卫生和家庭计划领域人力资源培养有基本制度，包括大学教育和非大学教育，制度组成包括大学教育、职业教育、教育年限、考核机制、进阶评估等。欧盟对医护人员有基本的教育要求，主要分为医疗和护理两大类，对于医疗人员，基本的大学教育需要5~6年时间，包括大学早期的基础科学教育和后期的临床轮换实践教育，研究生阶段需要2~6年的住院医师（residency），不同医院还有特殊要求，并且欧盟还有医学继续教育（Continuing Medical Education，CME），这种继续教育以各种形式和方法展开，要求持续终身；对于护理人员，必须进入护理学校（Nursing School）3~4年时间，初期是基本的课程教育，后期是临床轮换实践，本科毕业后是研究生教育，1~6年，形成自己的专业化，可以攻读硕士或者博士学位，也需要终身的继续教育。

（五）家庭计划人力资源的绩效考核

医疗卫生和家庭计划领域人力资源管理必须进行绩效考核，绩效考核包括测量、引导和提升医护人员的表现以使得人员的表现能够提升组织整体绩效。欧盟国家大部分都已经建立了全面的针对医护人员的人力资源绩效考核，当然，不同体制机制下绩效制定和考核的主体也有所不同，例如像英国这样政府主导医疗卫生系统的国家，绩效制定和考核显现出明显的政府主导性；而在西欧一些国家，比如德国等国家，绩效制定和考核则呈现出了职业传统的能力自我评估，这种评估包括集中、分散、外部、内部、志愿和自我评估，呈现出一种政府主导和行业自主中间的变动。目前的绩效制定和考核关注于要素投入，但是对结果的考核较少。

许多国家从国家层面建立了绩效考核中心，绩效考核或者直属于卫生部或者是独立机构，主管绩效考核的或者是公务员或者是诊疗行业的专家，各国的医疗卫生和家庭计划的绩效评估都是执行全国的统一标准，目的是达到规模经济；但是很多具体绩效考核实施都是地方化的。欧洲主要国家医疗卫生人力资源绩效考核的主要因素可以描述如下：

医疗和护理工作描述：工作内容描述（Job Description）非常重要，绩效考核中必须有明确的文件形式的工作内容描述，同时必须有一个清单，详细描述选择完成这些工作内容的人员的标准，这些标准包括与描述岗位相关的知识、态度、技术。

工作计划：为了保持工作的弹性，必须建立一个完成工作的进度表，进度表要细致到每月和每周，包括常规性和必须完成的诊断、病床巡视、会议等，也包括灵活的部分，如教学、研究和管理等。

医院规范化管理：医院的规范化管理包括操作的规则，包括临床人员工作描述、临床记录管理、引入新的药品和技术的机制、准时性要求、监控措施、教学和专业纪律要求等。医院规范化管理在北美、澳大利亚非常普遍，但是大部分欧洲国家还需要发展。

工作分配和选择流程：工作从招聘开始就必须标准化；新的工作岗位需求必须向社会公开；工作申请必须是以书面形式提交；必须有推荐人填写工作推荐意见；整个招聘、任命的流程必须透明，确保公正。

工作合同：书面的雇用合同非常重要，雇用双方必须非常明确彼此对对方的期待，如工作计划、临床的权利和界限、试用期的长度、评估的原则和方法等。

内部评估和外部评审：个体的绩效必须引入内部监管者的评估以及外部同行的评审，评估和评审必须采取双方达成一致的评估方法。

（六）卫生和家庭计划人力资源的激励

所有的组织都关注激励，在医疗卫生和家庭护理领域激励是比较复杂的，因为激励是为了引导或者避免人员的行为，但是医疗卫生以及家庭计划的服务是为了实现经济节约，在成本控制之下，在预算约束范围内提供较好的服务。这种目标就要求医生、护士、护理人员不仅仅掌握所有基本的医疗、护理知识和技术，还需要知道各种治疗、护理方案中哪一种是对患者、对医疗护理机构最优化（包括成本和疗效）的治疗，而有时候由于道德风险的存在，患者和医疗机构的优化不一定相容，这些都给医疗卫生领域绩效评估带来了挑战。

目前欧盟国家针对医疗卫生领域的激励主要由以下几种形式：

（1）隐性激励（implicit）。这一部分主要是基于信任和责任感给予的相应激励，政府、行业协会、医院等的各种评估组织，出于对成本控制的需要，都会进行相应的检查和监督，甚至于对财务的审计。目前的医疗绩效管理主要是基于实践案例、数据的收集等的工作，在一些按照项目付费的医疗卫生筹资机制里（后期支付 retrospective），由于绩效考核的要求、项目的后期审定使得医疗护理人员的工作变得相当复杂，如果在管理过程中由于医生、护士等人员有好的执业记录，那么可以给予充分的信任，从而在检查、监督、审计等过程中给予适度的审慎人监管机制而不再是数量监管。

（2）显性激励（explicit）。财务收入是很大的显性激励，信息不对称和道德风险的研究发现，如果完全按照项目付费（fee – for – service）就会使得医生、护士等人员有过度提供医疗服务的激励，因此很多国家引入按人头付费（capitation）的激励机制，可能解决过度医疗和护理的问题，但是会出现治疗和护理不足的新问题，也容易导致对病人选择的问题，也就是希望找到健康、护理容易的人进行护理和治疗。因此，现在医生的财务支付都是采取混合模式，英国 NHS 体系中，医生有基本收入水平、人头费、项目费、绩效考核奖励，再加上一部分自己私人行医的收入。

三、世界计划生育人员工作的发展趋势——分析世界卫生组织人力资源发展战略报告

2015 年 3 月世界卫生组织发布重要报告——医疗卫生人力资源 2030（Health Workforce 2030，A Globe Strategy on Human Resources for Health）。报告从战略角度提出了医疗卫生和计划生育领域如何发展人力资源的战略构想。该报告对医疗卫生和计划生育人力资源进行了重新定义，人力资源不局限于医疗机构内部和组成人员，而是"所有的致力于主要目标是提升健康水平的人员"。这样，未来的医疗卫生和计划生育领域人力资源覆盖了医师、护士、家庭护理人员（midwife），还包括实验室实验员、公共卫生专业人员、社区护理工作者、药剂师以及所有支持和辅助性人员。这些人员的主要目的都是与提供预防性、提升性和治疗性健康卫生服务相关的。必须全面纳入医疗卫生和计划生育领域人力资源的范围。

世界卫生组织的人力资源报告分析，人力资源将成为医疗服务系统核心的部分，没有人力资源的发展就没有医疗卫生系统的发展。联合国在 2000 年曾经制订了新千年发展目标（Millennium Development Goals，MDGs），经过评估发现，很多国家和地区没有实现发展目标的主要原因是人力资源的缺乏。中低收入国家在人力资源短缺方面是最明显的，2012 年世界卫生组织计算在全世界医疗护理和计划生育服务方面有 720 万护理人员的短缺，而这种短缺趋势还会加大，到 2020 年会达到 1,200 万人。非洲埃博拉病毒的传播就证明了护理领域人力资源的缺乏。即使是中高收入水平的国家，也同样缺乏足够的护理人员来保证护理的更加普及和高水平。

各个国家和地区的政府都应该注意向医疗护理及计划生育服务领域进行人力资源投资，例如，护理人员的教育和培训，强化基层社区的人力资源建设等，这种人力资源投资可以取得较高的回报，更多的生命可以得到挽救、护理，并且避免较高的治疗费用。而且大量的护理领域人力资源的

投资可以创造充足的就业岗位，吸引以女性为主的就业群体进入护理和服务行业，为第三产业服务业和经济发展做出贡献。

医疗卫生与计划生育领域人力资源的投资包括规划、教育、管理、招标、薪酬激励制度等。一个全球化的整合性的战略对于跨部门、跨行业的人力资源的提供很有帮助。因此，人力资源建设需要一个国家和地区自己的规划与政策建议，也需要国际社会的充分合作。

国际卫生组织成立了全球卫生人力资源联盟（The Global Health Workforce Alliance，GHWA），这是一个跨行业的会员制的组织。成员包括了世界银行、联合国和一些社会组织等。在 2014 年 5 月，该委员会在世界卫生组织 69 次全球代表大会上要求会员国和地区提交人力资源的咨询报告，并经大会讨论通过了"世界卫生组织全球化雇用人力资源规章"（WHO Code of Practiceon the International Recruitment of Health Personnel）。为今后全球化发展人力资源起到了指导性作用。

全球卫生人力资源联盟成立后的第一阶段是促进广泛的组织、机构和个人成立人力资源的联合。该组织面向各个成员国提供人力资源的咨询与合作，并设立相应的奖金与研究制度，该组织成立了电子平台学习系统，促进成员之间交流和学习以及讨论。第二阶段就是在 2016 年的世界卫生组织大会上讨论下一步全球医疗卫生领域人力资源发展战略。

四、经济合作国家医疗卫生和家庭计划领域人力资源数据国际比较

经济合作与发展组织（The Organisation for Economic Co – operation and Development，OECD）国家整体处于医疗卫生和家庭计划服务发达国家，因此 OECD 国家的数据能代表一个基本的人力资源现状。以医生为例，如表 5 – 2 所示，为主要经济合作与发展组织国家每千人医师数目。

表 5 – 2　主要经济合作与发展组织国家每千人医师数目

国家/年份	2003	2004	2005	2006	2007	2008	2009	2010	2011	2012	2013
澳大利亚	2.63	2.71	2.78	2.84	3.01	3.02	3.12	—	3.31	3.31	—
奥地利	4.11	4.2	4.32	4.45	4.53	4.6	4.68	4.78	4.83	4.9	—
比利时	2.86	2.87	2.87	2.89	2.91	2.92	2.92	2.91	2.91	2.93	—
加拿大	—	—	—	—	—	—	—	—	—	2.48	

续表

国家/年份	2003	2004	2005	2006	2007	2008	2009	2010	2011	2012	2013
捷克	3.53	3.52	3.56	3.57	3.57	3.56	3.58	3.6	3.64	3.67	—
丹麦	3.08	3.22	3.31	3.38	3.4	3.43	3.48	—	—	—	—
爱沙尼亚	3.12	3.18	3.15	3.18	3.26	3.34	3.28	3.24	3.29	3.28	—
芬兰	2.56	2.59	2.63	2.68	2.69	2.72	—	—	—	—	—
法国	—	—	—	—	—	—	—	—	3.07	3.08	—
德国	3.37	3.39	3.41	3.45	3.5	3.56	3.64	3.73	3.82	3.96	—
匈牙利	3.25	3.34	2.78	3.04	2.8	3.09	3.02	2.87	2.96	3.09	—
冰岛	3.62	3.62	3.61	3.6	3.62	3.65	3.66	3.6	3.51	3.57	3.65
爱尔兰	—	—	—	—	—	—	—	—	2.67	2.71	2.76
以色列	3.36	3.34	3.22	3.21	3.28	3.42	3.46	3.32	3.26	3.25	—
意大利	—	—	—	—	—	—	3.74	—	—	3.85	—
日本	—	2.03	—	2.09	—	2.15	—	2.21	—	2.29	—
韩国	1.57	1.57	1.63	1.69	1.74	1.85	1.92	1.99	2.04	2.08	2.17
卢森堡	2.38	2.42	2.55	2.61	2.68	2.72	2.7	2.77	2.76	2.8	2.83
墨西哥	1.55	1.63	1.74	1.86	1.9	1.93	1.96	1.97	2.08	2.17	—
新西兰	2.17	2.19	2.11	2.27	2.3	2.46	2.57	2.61	2.64	2.7	2.81
挪威	3.28	3.44	3.62	3.79	3.9	4	4.05	4.11	4.19	4.23	—
波兰	2.43	2.29	2.14	2.18	2.19	2.16	2.17	2.18	2.19	2.21	—
斯洛伐克	3.15	3.15	—	—	3.01	—	—	—	—	—	—
斯洛文尼亚	2.25	2.3	2.35	2.36	2.39	2.4	2.41	2.43	2.49	2.54	—
西班牙	3.22	3.44	3.55	3.62	3.56	3.54	3.6	3.76	3.84	3.82	—
瑞典	3.37	3.44	3.51	3.6	3.68	3.73	3.81	3.87	3.92	—	—
瑞士	—	—	—	—	3.82	3.83	3.81	3.83	3.92	—	—
英国	2.17	2.31	2.39	2.44	2.47	2.56	2.65	2.7	2.74	2.75	2.79
美国	2.38	2.39	2.43	2.42	2.43	2.44	2.44	2.43	2.46	—	—

从表5-2中可以看出，经济合作与发展组织国家平均每千人医生的数目近十年普遍有所提高，平均数目在每千人2~3个，中国2014年统计每千人医师数目是2.04，低于经济合作与发展组织的平均水平，低于日本和韩国。

如表 5 - 3 所示，为主要经济合作与发展组织国家每千人护士数目。

表 5 - 3　主要经济合作与发展组织国家每千人护士数目

国家/年份	2003	2004	2005	2006	2007	2008	2009	2010	2011	2012	2013
澳大利亚	9.94	10.21	9.76	—	10.2	10.3	10.18	—	10.19	10.22	
奥地利	7.2	7.13	7.18	7.27	7.38	7.52	7.61	7.67	7.76	7.83	—
比利时	—	8.54	8.65	8.78	8.85	8.95	9.05	9.1	9.32	9.51	
加拿大	8.51	8.51	8.73	8.84	9.03	9.14	9.29	9.33	9.25	9.35	
捷克	7.98	8.11	8.11	8.07	8.03	7.97	8.09	8.1	8.03	8.06	
丹麦	13.58	13.99	14.39	14.48	14.29	14.73	15.44	—	—	—	
爱沙尼亚	6.14	6.24	6.29	6.31	6.4	6.41	6.16	6.12	6.24	6.17	
芬兰	10	10.09	10.23	10.35	10.49	10.72	11.03	11.16	11.31		
法国	5.77	5.78	5.95	6.09	6.12	6.15	6.21	6.22	6.21	6.32	
德国	13.64	13.69	13.97	13.72	14	14.89	15.29	14.54	14.82	15.16	15.53
匈牙利	5.28	5.16	5.23	5.22	5.11	4.88	4.73	4.71	4.8	4.82	
冰岛	—	8.79	—	9.15	—	9.61	—	10.11	—	10.54	
爱尔兰	3.54	3.8	3.85	3.98	4.15	4.33	4.47	4.63	4.72	4.84	5.22
以色列	8.94	9.09	10.97	10.94	—	—	11.12	11.05	11.27	11.92	11.93
意大利	2.1	2.08	2.18	2.2	2.27	2.3	2.35	2.41	2.51	2.55	
日本	8	8.13	8.19	8.2	8.3	8.4					
韩国	—	—	9.03	8.84	9.21	9.74	9.7	10.03	10.02	10.09	
卢森堡	12.76	13.24	13.64	13.92	13.94	14	15.93	16.13	16.4	16.53	
墨西哥	4.75	4.93	5.09	5.09	5.18	5.19	5.25	5.26	5.21	5.49	
新西兰	7.35	7.4	7.48	7.6	7.72	7.88	8.03	8.19	8.33	8.16	
挪威	4.29	4.3	4.36	4.46	4.6	4.82	4.95	5.15	5.24		
波兰	10.42	10.51	10.7	10.85	10.96	11	11	11.07	11.09	—	
斯洛伐克	14.26	14.13	14.07	14.54	14.71	14.92	15.2	16.03	16.6		
斯洛文尼亚	10.02	10.14	10.21	9.87	9.58	9.6	9.75	9.52	7.99	8.21	8.24
西班牙	9.94	10.21	9.76	—	10.2	10.3	10.18	—	10.19	10.22	
瑞典	7.2	7.13	7.18	7.27	7.38	7.52	7.61	7.67	7.76	7.83	
瑞士	—	8.54	8.65	8.78	8.85	8.95	9.05	9.1	9.32	9.51	
英国	8.51	8.51	8.73	8.84	9.03	9.14	9.29	9.33	9.25	9.35	
美国	7.98	8.11	8.11	8.07	8.03	7.97	8.09	8.1	8.03	—	

如表 5 - 3 所示，经济合作与发展组织国家每千人的护士人数普遍多于

医生人数，大部分国家超过 5 人，澳大利亚、西班牙、韩国、卢森堡等国家甚至超过 10 人，而 2014 年中国每千人护士数目和医师数目相同，也是 2.04，这与经济合作与发展组织国家相距甚远，说明我国护理方面的人力资源从数量上发展就远远不足。

对比经济合作与发展组织国家以及欧盟国家，我们可以发现，中国医疗卫生和家庭计划的人力资源在数量上存在不足，在整体规划上，包括教育、培训、招聘、培养、绩效考核和激励等综合方面都有不足，还有较大的提升空间。尤其是中国巨大的城乡差距、地区差距。一些地区的人力资源还不能完全满足中国医疗服务、计划生育服务的需求。中国正在进行医疗卫生体制改革，人力资源是改革中重要组成部分，中国医疗改革面临的看病贵、看病难等问题，也需要人力资源管理改革的促进才能进一步解决。

（胡乃军、薛伟玲）

参考文献

[1] 张力. 我国公务员工资收入决定机制转换 [D]. 北京交通大学，2007.

[2] 加里·贝克尔. 人力资本理论 [M]. 北京：中信出版社，2007.

[3] 李燕萍. 人力资源管理 [M]. 武汉：武汉大学出版社，2002.

[4] 埃文·纽曼. 公共部门人力资源管理 [M]. 北京：中国人民大学出版社，2008.

[5] Vroom V H. Work and Motivation (Jossey Bass Business and Management Series) [M]. New York：John Wiley & Sons，1994.

[6] 徐永森，戴尚理. 激励原理与方法 [M]. 长春：吉林大学出版社，1991.

[7] 孙彤. 组织行为学 [M]. 北京：中国物资出版社，1986.

[8] 陈惠莲. 试论激励在人力资源管理中的运用 [J]. 浙江人事，2006（6）：19 – 20.

[9] 卢盛忠，主编. 管理心理学 [M]. 杭州：浙江教育出版社，1985.

[10] 章震宇. 人力资源理论与实践——员工 – 组织匹配的心理学研究 [D]. 上海：华东师范大学，2008

[11] Kilpatrick A. Handbook of Health Administration and Policy [J]. Crc Press，1999.

[12] 樊明. 健康经济学 [M]. 北京：社会科学文献出版社，2000.

[13] [美] 埃米特·J. 沃恩，特丽莎·M. 沃恩著，张洪涛，译. 危险原理与保险 [M]. 北京：中国人民大学出版社，2002.

[14] 国卫指导发 [2014] 37 号. 国家卫生计生委关于加强计划生育基层基础工作的指

导意见 ［N］. 中华人民共和国国家卫生和计划生育委员会公报. 2014 - 07 - 11.

［15］ Dubois C A, Nolte E, McKee M. Human resources for health in Europe ［M］. New York：McGraw - Hill Education (UK), 2005.

［16］ 德兰诺夫，著，李国芳译. 你的生命价值多少 ［M］. 北京：中国人民大学出版社, 2004.

［17］ 于海宁. 加拿大医疗保健体制面面观之一：加拿大医疗体制的特点 ［J］. 中国卫生产业, 2007 (3)：80 - 81.

［18］ Dubois C A, Nolte E, McKee M. Human resources for health in Europe ［M］. New York：McGraw - Hill Education (UK), 2005.

［19］ World Health Organization. The world health report 2000：health systems：improving performance ［M］. Gevena：World Health Organization, 2000.

［20］ Sibbald B, Shen J, McBride A. Changing the skill - mix of the health care workforce ［J］. Journal of health services research & policy, 2004, 9 (suppl 1)：28 - 38.

［21］ Martinez J, Martineau T. Introducing Performance Management in National Health Systems：issues on policy and implementation ［J］. An IHSD Issues Note, Barcelona, Spain, 2001.

［22］ Dubois C A, Nolte E, McKee M. Human resources for health in Europe ［M］. McGraw - Hill Education (UK), 2005：145 - 146.

［23］ Global Health Workforce Alliance. Message from the Executive Director ［EB/OL］. Gevena：Global Health Workforce Alliance.

第六章　计划生育经济投入

一、背景

计划生育项目最早在东南亚地区开始，如东亚的印度、巴基斯坦和斯里兰卡，以及中国香港、韩国、新加坡和中国的台湾地区。但这些早期项目在一些国家，如印度和巴基斯坦并没有实现有效降低生育率和持续提高避孕率的目标。公共卫生专家认为其原因主要包括三方面：一是项目本身没有经过认真规划；二是没有对业务人员进行充分培训；三是缺乏资金。总体来说，技术和资金支持是计划生育项目能否取得成功的关键。直到19世纪70年代早期，在国际社会的帮助下，发展中国家快速增长的生育率才有所缓解，主要原因是这些发展中国家得到了来自发达国家和一些国际组织［包括福特基金、联合国人口基金会（United Nation Funds for Population Activities，UNFPA）和世界银行等］的技术和资金支持。同时，本国政府的公共筹资也是计划生育项目的重要筹资来源，使得本国计划生育项目的执行更具可持续性和针对性。对计划生育项目进行公共筹资被证明是非常明智的投资。研究显示，美国主要通过政府资金对本国计划生育项目进行投入，每投入1美元公共资金可以为纳税人节省3.74美元的孕期有关费用，2010年美国政府因此节省的资金达136亿美元。

如何合理安排计划生育项目资金以提供可负担的、可持续的计划生育服务，防止非计划的妊娠和堕胎，预防宫颈癌和人类免疫缺陷病毒（Human Immunodeficiency Virus，HIV）感染等方面的疾病，对提高人口素质、促进社会经济发展具有重要作用。本章主要介绍计划生育投入情况，对全球计划生育投入现状主要从国际捐赠援助和本国政府投入两个方面进行介绍，并对典型国家的计划生育筹资和投入政策进行梳理和分析，介绍不同国家和地区在不同发展阶段对计划生育的不同目标及其相应筹资方式，总结典型国家或地区计划生育筹资政策的做法和经验。

世界卫生组织关于计划生育的论述指出："通过计划生育，个人和夫妇能够预期和得到所期望的孩子数目以及生育间隔和时间。"联合国人口基金会将计划生育作为性和生殖健康服务中的一部分，并将性和生殖健康服务定义为：为了确保妇女和夫妻有权决定生几个孩子以及生育的时间，能够安全分娩出健康的婴儿，以及享有健康的性生活，免受 HIV 和其他性传播疾病感染（Sexual Transmitted Infections，STIs）的困扰。随着计划生育的实施推进，计划生育不再局限于狭义上的计划生育产品和服务的获得，而是将各种相关的健康问题或干预措施进行整合。例如，美国在计划生育项目的管理方面建议借助行政权力和相关立法程序，将计划生育服务融入孕产妇和儿童健康、总统疟疾计划（President's Malaria Initiative，PMI）以及健康用水和营养的项目中，置于整个促进人类健康发展的大背景中。因此，在研究计划生育的经济投入上，所关注的通常不仅仅是生育控制或狭义的计划生育，而是更广泛意义的计划生育项目。

二、全球计划生育及其相关项目的经济投入

（一）投入总量

1994 年 179 个国家政府通过了《国际人口与发展会议行动纲领》（以下简称《行动纲领》），强调个人的人权和尊严，包括妇女和儿童的平等权利以及普遍享有性和生殖健康的权利，将人口政策从关注人口数量转向关注个体生存和权利。为了监测《行动纲领》所提出的发展中国家和转型经济国家人口活动筹资的情况，联合国人口基金会统计了全球对计划生育等人口活动资金的投入情况，由于报告的目的主要是监测国际组织和发展中国家的承诺，经济投入总量中不包括发达国家受益的资金，也不包括发展中国家向其他发展中国家捐赠的资金。

2012 年，全球用于人口计划生育活动的资金总规模达到 668.6 亿美元，其中国际捐赠援助资金（含发展银行贷款）为 113.7 亿美元，各国国内资金投入总额为 554.9 亿美元。虽然整体看，国内资金占到资金总量的 83%，但这些资金出资主要集中在一部分发展中国家。发展中国家虽然一直致力于动员国内资源投入人口活动，但是筹资水平与人口活动所需的成本相比仍有缺口，大部分发展中国家仍非常依赖国外援助资金。

（二）人口活动的国际捐赠援助资金

1. 总量

人口活动的国际捐赠援助资金可以用主要资金（Primary fund）和最终支出两个指标表示，其中主要资金反映某一年份来自主要捐赠者的资金，最终支出反映的是资金最终使用者（发展中国家政府或非政府组织）收到的资金。2012年，人口活动的主要资金规模达到110.4亿美元，最终支出为124.1亿美元（见表6－1）。

表6－1 　2002—2012年人口活动主要资金和最终支出 　　单位：亿美元

年份	2002	2003	2004	2005	2006	2007	2008	2009	2010	2011	2012
主要资金	28.8	41.9	51.7	69.8	72.7	81.3	102.5	105.7	107.1	112.1	110.4
最终支出	31.6	38.5	48.1	68.0	73.2	87.2	104.1	111.7	115.9	120.3	124.1

数据来源：UNFPA 2014.

据UNPPA相关研究显示，不含开发银行贷款，2013年用于人口活动的主要资金为112亿美元，2014年为120亿美元，2015年为125亿美元。包括开发银行的贷款，若以2012年开发银行贷款水平为基础，估计2013年人口活动主要资金为116亿美元，2014年为123亿美元，2015年为128亿美元。

2. 筹资来源

OECD捐赠国和欧盟是主要资金的主要来源，占人口活动国际捐赠援助资金总量的90%，此外，基金会和非政府组织筹资占主要资金的5%，发展银行贷款占3%，联合国系统和银行资助各占1%，见图6－1。

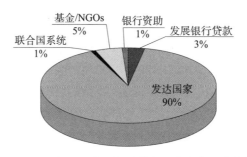

图6－1 　2012年用于人口援助的主要资金来源分类构成
数据来源：UNFPA 2014.

按照当前美元价格，不包括开发银行贷款，人口活动国际捐赠援助的总额已从 2002 年的近 29 亿美元增长到了 2012 年的 110 亿美元，年均增长 18%。按可比价格计算，人口活动国际捐赠援助资金的年均增速为 15%。

表 6 - 2　2002—2012 年用于人口援助主要捐助国的主要资金

单位：百万美元

捐助类别	2002	2003	2004	2005	2006	2007	2008	2009	2010	2011	2012
发达国家	2314	3738	4446	6331	6626	7440	9456	9761	10015	10489	10256
联合国系统	41	43	61	96	106	83	103	64	47	73	84
基金会/非政府组织	521	380	432	364	406	554	642	652	566	608	613
银行赠款	2	28	227	186	131	52	46	95	86	43	82
合计											
（当前美元价格）	2878	4189	5166	6977	7268	8128	10246	10572	10713	11212	11035
（按 1993 年美元价格）	2312	3289	3952	5162	5209	5665	6877	7121	7099	7203	6945
开发银行											
世界银行的国际开发协会贷款	232	239	75	127	65	370	250	102	158	185	81
世界银行的国际复兴开发银行贷款	95	261	213	188	49	208	103	194	19	128	255
非洲开发银行贷款	—	—	—	—	—	—	—	—	—	—	—
亚洲开发银行贷款	—	—	—	—	—	—	—	—	—	—	—
美洲开发银行贷款	—	—	73	52	—	—	—	—	—	—	—
合计											
（当前美元价格）	328	501	361	367	113	577	354	295	177	313	336
（按 1993 年美元价格）	263	393	276	271	81	402	237	199	118	201	212
累计											
（当前美元价格）	3206	4689	5527	7344	7381	8706	10600	10867	10890	11525	11371
（按 1993 年美元价格）	2575	3683	4228	5434	5290	6067	7114	7319	7217	7404	7157

数据来源：UNFPA 2014.

2012 年，来自 23 个发达国家和欧盟流动的资金资源从 2011 年的 105 亿美元下降到 2012 年的 103 亿美元。2012 年，9 个国家和欧盟的人口援助资金比例占总援助资金的 93%（见图 6 - 2）。

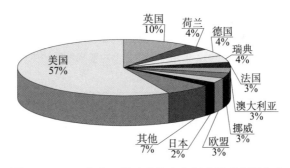

图 6 - 2　2012 年人口援助筹资中各捐助国所占百分比

数据来源：UNFPA 2014.

3. 人口活动国际捐赠援助资金支出的地区分布

联合国人口基金会和荷兰多学科人口研究所（Netherlands Interdiscipli-nary Demographic Institute，NIDI）调查结果显示，2012 年共有 155 个国家和地区使用了 124 亿美元的人口活动国际捐赠援助支出。从国际捐赠援助资金的地区分布看，五个地理区域中，非洲（撒哈拉以南）是最大受援国，使用的资金占 71%，其次是亚太地区（19%）、拉丁美洲和加勒比地区（5%）、西亚和北非（3%），以及东欧和南欧（2%）（见图 6 - 3）。

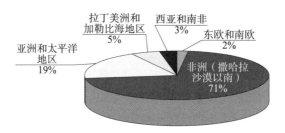

图 6 - 3　国际捐赠资金的地区分布

数据来源：UNFPA 2014.

（三）国内资金投入

《行动纲领》指出，发展中国家的国内资金投入为实现人口发展目标提供了大部分资金。为促进全面执行开罗议程，必须动员充足的国内资金。1997 年以来，联合国人口基金会通过向世界各地的办事处发送调查问卷，对各国国内人口活动资金支出进行调查和监督，并核算了各国国内资金投入情况。

2012 年，全球发展中国家动员的国内人口活动资金达到 554.9 亿美元，其中亚洲和太平洋地区和非洲（撒哈拉以南）地区所占比重为 76.4% 和 13.7%，其余三大地区所占比重不到 10%（见表 6 – 3）。

表 6 – 3　2012 年全球人口活动国内资金规模及筹资来源　　单位：亿美元

区域	政府	非政府组织	居民个人	总计	STD/HIV/AIDS 支出百分比
非洲（撒哈拉以南）	35.8	1.2	39.0	76.1	88%
亚洲和太平洋地区	121.2	1.6	301.2	424.0	9%
拉丁美洲和加勒比海地区	20.9	0.8	10.9	32.6	84%
西亚和北非	4.6	0.6	3.0	8.2	20%
东欧和南欧	9.1	0.2	4.7	14.0	89%
总计	191.6	4.5	358.8	554.9	27%

数据来源：UNFPA 2014.

国内资金来自三种渠道：政府、非政府组织以及居民个人。五大地区中，亚太地区人口活动国内资金主要依靠居民个人支出，占到 71%；而东欧和南欧、西亚和北非则主要依靠政府投入（见图 6 – 4）。

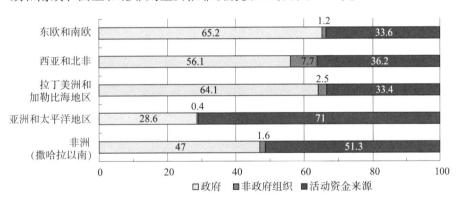

图 6 – 4　2012 年国内人口活动资金来源比例

数据来源：UNFPA 2014.

三、国际组织对人口活动的投入

（一）联合国人口基金会

自 1969 年开始，联合国人口基金会一直是联合国人口活动捐赠援助领域的主要机构。联合国人口基金会作为联合国的牵头组织，负责国际人口与发展会议行动的计划和实施，致力于与各国政府、联合国系统、开发银行、双边援助机构、非政府组织和民间社会团体建立合作关系，以确保国际人口与发展会议目标的实现。作为世界上最大的人口活动捐赠援助筹资机构，联合国人口基金会应有关国家要求向发展中国家、经济转型国家及其他国家提供捐赠援助，帮助他们解决生殖健康和人口问题，以及提高各国对这类问题的认识。

联合国人口基金会的主要工作领域包括：帮助所有个人和夫妇能够利用计划生育和性健康服务；支持人口和发展战略，提高人口规划能力建设；提升对人口和发展问题的认识；积极动员所需的各类资源，提高政治意愿。

2013 年，联合国人口基金会接受的捐赠收入总额为 9.8 亿美元，其中包括自愿捐赠用于核心资源 4.6 亿美元，用于非核心资源 5 亿美元。核心资源是没有指定使用方向，主要来自 15 个捐赠国的政府捐赠。核心资源主要用于活动运行经费，能够更有效地对有关国家的发展需要做出回应。非核心资源，主要包括来自政府、基金会、私人部门以及个体的捐赠资金，用于指定的项目或活动。2013 年 UNFPA 继续加强与非传统捐赠者和合作伙伴的联系，如国际金融机构、区域银行以及市民组织，以丰富捐赠来源。

从联合国人口基金会人口活动捐赠援助资金支出的地区流向来看，主要流向非洲地区（39%），其次是亚太地区（17%），阿拉伯国家（10%），拉丁美洲和加勒比地区（9%），东欧和中亚（3%）。另外，用于全球和其他项目占 22%（见图 6－5）。

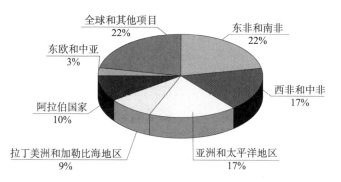

图 6－5　UNFPA 捐赠收入的地区分配情况

数据来源：UNFPA 2014.

（二）开发银行

为发展中国家提供贷款的开发银行是多边人口援助的一个重要资金来源。开发银行援助主要是以贷款的形式，需要受援国后期进行偿还。大部分用于人口援助的贷款来自世界银行，世界银行支持如生殖健康和计划生育服务提供、人口政策的制定、艾滋病预防、生育性调查和普查工作等活动。

世界银行对人口和生殖健康活动的贷款从 2011 年的 3.13 亿美元增加至 2012 年的 3.36 亿美元。其中 24% 或 0.81 亿美元是以高度优惠利率提供的贷款；另外 76% 或 2.55 亿美元是国际复兴开发银行贷款，以接近一般市场利率提供。将开发银行贷款按照具体的活动进行剥离以获得对计划生育等人口活动的总量是困难的，因为很多银行贷款用于资助基本社会服务项目，如营养、综合保健和女童教育项目。通常情况下，《行动纲领》中涉及的计划生育、生殖健康和艾滋病病毒/艾滋病预防服务等是包含在这些项目里的。

（三）美国国际开发署

美国国际开发署（United State Agency for International Development，USAID）在国际计划生育捐赠援助方面处于领导地位，并持续了 40 多年。无论是在资金投入规模还是在推动新技术和支持项目创新、实施和评价方面都保持领先地位。在 2000—2007 年，美国国际开发署向 35 个国家提供了计划生育支持，使平均现代避孕率从 32% 增加到 38%。2007 年，计划生育和生殖健康项目占美国国际开发署卫生预算的 11%，美国计划生育项目的目标是培养受援国能力，使其最终可以脱离国外援助。在起初的 20 多年，美国国际开发署的投资主要在亚洲和拉丁美洲。现在，这些国家中的大多数已经具备了较为成熟的项目管理经验，可以停止援助。美国国际开发署近来将几个国家从计划生育救助的名单中去除：多米尼加共和国（2009）、萨尔多瓦和巴拉圭（2010）、尼加拉瓜和南非（2011）、洪都拉斯和秘鲁（2012）。这些国家已经取得了较高的现代避孕技术使用水准（51%~70%），以及较低生育率（总和生育率在 2.3~3.1 之间）。

美国国际开发署支持的计划生育项目接受严格的审计，确保资金使用满足三个条件：自愿性、知情同意和多种避孕方法。每年预算分配中有关于计划生育和堕胎的限制，反映了美国法律对受捐国堕胎服务的禁止。例如，拜登修正案指出，"任何对外援助资金不准用于任何涉及作为计划生育手段的堕胎或自愿绝育方法和行为的生物医学研究"，赫尔姆斯修正案提出"任何对外援助资金不可用于堕胎行为或是鼓励或强制个人进行堕胎"。

四、不同国家或地区计划生育服务经济投入的具体实践

（一）美国

1. X 国家计划生育项目简介

美国的 X 国家计划生育项目是唯一的专门致力于支持计划生育和提供相关预防保健服务的联邦项目，由美国人口事务局卫生和人力服务部负责管理。据测算，项目为纳税人节省了大量的资金，2012 年每 1 美元用于避孕服务的公共支出可以为医疗补助计划节省 5.68 美元。X 项目资助的服务包括避孕教育和咨询、孕期诊断和咨询、宫颈和乳腺癌筛查以及 STDs 和 HIV 教育、检测及转诊。项目向 90 家公共卫生部门和社区卫生、计划生育以及其他私人非营利机构拨款，由这些机构提供有关服务。X 项目利用这些拨款向 4,200 个地区中需要这些服务的个体提供服务，重点是低收入人群，如妇女、穷人、无保险人员和年轻人。对于大多数人来说，X 项目资助的服务提供机构是他们获得医疗保健和健康教育的唯一渠道。在 2013 财年，X 项目共筹集资金 2.78 亿美元。

X 项目帮助个体和夫妇计划并决定在哪里生产，有助于改善孕产妇和婴儿的健康。除了临床服务，X 项目还资助那些改善计划生育服务质量的项目，通过国家培训项目培训计划生育门诊人员，强调临床培训、服务提供、管理和系统完善、协调和战略活动，以及质量保障/改善和评价。通过对计划生育服务的研究和评价以改善 X 项目的服务，并为广义的生殖健康保健领域提供信息。

相关的法规和规范规规定了 X 项目内提供计划生育服务的要求，如公共卫生服务法案、治理计划生育项目资金执行规范和计划生育服务提供补助规范等。

2. X 项目补助经费的补助原则

卫生和人力服务部分配补助资金时主要考虑以下因素：

- 患者人数，尤其是低收入服务对象的人数；
- 当地对计划生育服务需要的迫切程度；
- 申请人的相关需要；
- 申请人快速和有效使用联邦救助的能力；
- 申请人的机构和人员的充足性；
- 所服务社区的非联邦资源相对可得性以及对计划生育项目承诺的资源量。

卫生和人力服务部根据对项目实际需要进行测算以决定补助额度。一般来说，补助额度不低于测算项目成本的90%。卫生和人力服务部将说明支持的项目周期，通常持续3～5年，补助资金按年度依据申请发放。卫生和人力服务部根据执行单位工作进展和管理效果以及资金可得等因素，决定后续补助额度。资金的使用需符合预算安排。

符合以下条件的单位可以申请计划生育服务培训资金：

- 保证联邦的资金不会被用于涉及堕胎计划生育手段的人员培训项目；联邦资金不会被用于向学生提供作为获取学位的专业培训；
- 需要向卫生和人力部提交在规定时间和方式提出资金申请。申请的内容包括对项目全面充分的描述，项目实施拟采取的方法及所需的条件，资金预算安排，以及卫生和人力部要求的其他信息；
- 资金申请应由获授权的申请者执行，并按照规定承担申请者的义务。任何专业人员或受训人员不因性别、宗教或教义而被排除在培训之外，剥夺参加培训的权利，或者在项目过程中遭受歧视等。

3. X项目补助经费的评价与发放

由于资金的有限性，卫生和人力服务部将补助资金分配给经其判断最符合目标预期的项目执行单位和支出项目，主要考虑以下几个方面：

- 培训项目将增加向计划生育服务需要未被满足的人群（尤其是低收入人群）提供服务；
- 申请人快速和有效使用联邦补助资金的能力；
- 申请者的行政管理能力；
- 项目人员服务提供能力；
- 项目计划的充分性。

4. X项目的筹资

（1）筹资来源。

X项目的筹资来源主要包括以下几个方面。

X项目政府补助资金：报告期项目执行机构收到的来自X项目计划生育服务的政府补助。

服务支付费用：是指直接从居民个人手中收取的资金以及来自公共和私立第三方支付者用于支付X项目执行机构提供的服务费用（按总额预付或服务收费）。

● 居民个人自付费用——因向居民个人提供X项目范围内的服务而向居民个人收取的费用。

● 第三方支付——因提供X项目范围内的服务而获得的来自第三方支付者的收入。仅当收入是通过第三方预先支付获得的（总额预付，如实行总额预付的医疗保险、医疗补助计划以及私人管理的医疗合同）才称为预先支付；来自服务提供后的收入，即使是在管理保健制度安排下，也不应视为预先支付。

● 医疗补助计划——因提供X项目范围内的服务而获得的来自医疗补助计划的收入。包括直接通过医疗补助计划支付的补偿资金，也包括通过财政中间机构或健康维持组织支付的补偿资金。

● 医疗保险——因提供X项目范围内服务而获得的来自医疗保险的收入。包括直接通过医疗保险支付的补偿资金，也包括通过财政中间机构或健康维持组织支付的补偿资金。

● 儿童健康保险项目（Children's Health Insurance Program，CHIP）——因提供X项目范围内服务而获得的来自CHIP的收入。

● 其他公共医疗保险——因提供X项目范围内服务而获得的来自其他公共医疗保险的收入。例如，军队人员和亲属的医疗保险计划以及州医疗保险。

● 私人医疗保险——因提供X项目范围内服务而获得的来自私人医疗保险的收入。

● 其他来源收入——因提供X项目范围内服务而获得的其他来源的收入。其他来源包括一揽子补助、特需家庭的临时救助、州政府和地方政府、初级医疗保健局、客户捐赠或其他公共和非公共收入。

（2）筹资的历史变化。

按可比价格计算（2013年为基年，下同），2003—2013年，总的X项目收入由13.3亿美元下降到12.8亿美元。筹资总量变化相对较小，但不同筹资来源的筹资存在较大变化。自 2003 年以来，X 项目的主要收入构成中医疗补助计划（包括 CHIP 收入）在总收入中占比从 2003 年的 17% 增加到 2013 年的 40%。X 项目的政府补助收入从 27% 下降到 20%，州政府收入从 23% 下降到 10%，居民个人付费从 11% 下降到 5%。

来自医疗补助计划（包括 CHIP）的收入成为 2003 年以后 X 项目最大的筹资来源，从 2003 年的 2.2 亿美元增加到 2013 年的 5.1 亿美元。此外，其他来源的收入也有所增加，包括私立和其他第三方补偿同期增加了62%，地方政府收入增加了 13%，其他来源（包括初级保健局等）增加了24%。2003—2013 年，医疗补助计划和其他来源收入的增加额为 3.6 亿美元，州政府、X 项目政府补助、居民个人付费以及一揽子补助四个来源的收入减少了 4 亿美元。同期，州政府收入削减了 57%（1.72 亿美元），X项目政府补助减少了 28%（0.979 亿美元），居民个人付费下降了 50%（702 万美元），一揽子政府补助下降了 69%（626 万美元），见表 6 - 4。

表 6 - 4 2013 年 X 项目收入来源及构成

收入来源	总量（万美元）	构成（%）
X 项目政府补助	25365.5	20
服务支付费用		
客户费用	6942.6	5
第三方支付		
医疗补助计划	50571.0	39
医疗保险	186.5	0
CHIP	278.5	0
其他公共第三方	1084.8	1
私人第三方	6921.0	5
小计	65984.4	51
其他收入		
孕产妇和儿童健康一揽子补助	1985.2	2
社会服务一揽子补助	880.6	1
特需家庭临时救助	1326.8	1
州政府	13105.5	10
地方政府	9377.0	7
初级医疗保健局	1146.2	1

收入来源	总量（万美元）	构成（%）
其他	9300.3	7
小计	37121.6	29
总收入	128471.5	80

数据来源：美国卫生和人类服务部，人口事务办公室，2014.

（二）新加坡

1. 人口政策变化

新加坡的人口学特征是从年轻人口快速增长、高失业率的时期，进入快速老龄化且明显的净劳动进口时期。新加坡在"二战"后出现生育高峰，1957年总和生育率超过6，自1977年以后降到低于生育替代率，此后，新加坡实行严格的国家计划生育项目，包括实行针对减少生育率的鼓励性措施和抑制措施。现在，新加坡是实施鼓励生育政策的国家之一。

新加坡生育和人口政策可以分为三个阶段：非直接政府干预阶段（1949—1965）、限制生育阶段（1966—1986）以及鼓励生育阶段（1987—至今）。在第二阶段，政府采取了强硬和直接的计划生育措施。1966年1月政府实施了国家计划生育和人口项目，该项目由新加坡计划生育和人口管理局负责执行，隶属于卫生部下法定机构。限制生育阶段又可以分为两个阶段，即老人口政策以及1984年后政府开始对严格的限制生育政策放松，进入优生时期。1986年，新加坡计划生育和人口管理局解散，限制生育阶段随之结束，但是政府继续通过孕产妇和儿童健康门诊提供计划生育服务。新加坡人口政策的第三个阶段正式开始于1987年3月，当时第一任副总理吴作栋鼓励有能力的新加坡市民应当生养三个或更多的孩子。

2. 经济投入

伴随着不同阶段人口政策的变化，新加坡对家庭计划生育的投入模式也有所不同。在限制生育阶段，新加坡家庭计划生育管理目标的制订与实施是通过"五年计划"实现的。例如，每个五年计划制订具体的节育人数等。此阶段，政府大力支持计划生育活动，新加坡政府对家庭计划生育的支持，主要表现为三方面：一是长期以来，政府经费一直平稳增加；二是基本上没有接受国际组织和外国政府援助，这在大力推行家庭计划生育的国家中，是较为少见的；三是计划生育人均费用开支较高。

表6－5　新加坡家庭计划生育经费来源

单位：千美元

年份	政府	国际机构	外国政府	私人组织	总数	人均政府资助 （美分）	人均总资额 （美分）
1969	67	0	0	261	328	3.3	16
1971	290	0	0	20	310	14	15
1973	491	50	0	17	558	25	26
1975	921	25	0	3	950	41	42
1977	1142	0	0	0	1142	49	49
1979	1290	0	0	0	1290	54	54
1981	1671	9	0	0	1680	68	69
1983	1810	0	0	0	1810	76	76
1984	1775	0	0	0	1775	69.37	70

资料来源：哥伦比亚大学《家庭计划生育与儿童生存》。

　　自第二阶段政策结束后，新加坡的人口政策转向鼓励生育时期。这一时期的经济投入包括对生育更多孩子的家庭的分娩和抚养，以现金福利以及税收减免的形式加以鼓励，同时还辅之以住房优先、上学优先等非经济手段。

（三）韩国

　　在20世纪60年代初，韩国的总和生育率是5.9。韩国政府认为出生率过高，韩国的国土小、资源有限，人口快速增长将对社会经济造成不利影响。韩国从1962年起开始实施计划生育政策，制定了10年发展规划（1964—1973），要求在10年间将人口增长率下降1个百分点。

　　为了达到该目标，要求所有政府活动都必须与预算分配相关联，这就需要对所有项目进行测算，如需要的避孕环数量、输精管结扎术数量和避孕套使用数量等。计划生育项目资金主要来自国家发展预算，具有较强的约束性，并主要用于控制人口增长。其他资金来自卫生和社会福利部、省级和地方预算。国际捐赠和援助也在这个时期的计划生育项目中发挥了重要作用，但并非用于主要的服务项目，而是用于部分政府资金不容易发挥作用的项目，如避孕用品的提供，信息、教育和咨询工作，项目的评估和小范围的实验性研究项目等。捐赠方还提供技术支持。

此后，韩国的生育率急剧下降，韩国的已婚妇女避孕率由 1964 年的 10% 增长到 70 年代中期的 45%，1997 年达到 80%。由于在过去的十年中韩国总和生育率一直保持在 1.6 或 1.7，韩国政府于 1996 年实行鼓励生育政策。十年以后，总和生育率进一步下降，到 2004 年，韩国的总和生育率已经降到了 1.19。2006 年韩国政府通过《关于低生育和老龄社会第一个基本规划》，提出"韩国政府战略"，为提高国人生育率，韩国政府在以后的 5 年内投入 505 亿美元鼓励国民多生育。这个规划试图建立一个为生育孩子和抚养孩子创造可支付的环境，将家庭抚养孩子的部分负担转由社会来承担。具体包括为孩子的抚养和教育提供补助，从原来的只补助低收入群体扩展至中等收入者；根据家庭收入水平，四岁以下孩子的日托将得到政府的补助；并对低年级的小学生课后活动进行了扩展，以取代昂贵的私立教学机构提供的服务；对有年轻家庭成员或人口数量多的家庭给予税收优惠和缴纳医疗保险上的优惠；延长产假等。

（四）中国香港特别行政区

早在 1936 年，香港就出现了民间家庭计划生育组织"香港家庭计划生育协会"。"二战"结束后，香港人口迅速增长，1950 年达到 236 万人，伴随着房屋短缺、人口过度拥挤和大面积的贫穷。此后，计划生育开始在香港地区迅速开展。

早期香港家庭计划生育协会开展活动的资金主要来自捐赠和居民个人付费。1955 年接受第一笔来自政府的拨款 5,000 美元，然后逐年增长，1974 年达到 165 万美元。第二大资金来源为国际计划生育协会和其他国际和国内组织。由于政府投入和各类组织的捐赠，香港家庭计划生育协会以非常低廉的价格向香港居民提供计划生育服务，市民只需要支付较低的挂号费，并可以购买低价格的避孕产品。

19 世纪 70 年代，香港政府意识到计划生育工作的重要性，政府卫生署陆续接办香港家庭计划生育协会的 32 家政府母婴健康院内的节育指导所。与此同时，香港家庭计划生育协会先后推出经腹结扎手术、青年辅导、终止怀孕、婚前体格检查等服务。香港家庭计划生育协会推出的"两个孩子已足够"和"一个娇，两个妙，三个吃不消，四个断担挑"运动。1998 年，香港家庭计划生育协会开展流动诊所服务，1999 年推出性教育流动图书馆及更年期诊所服务。

2003 年，香港总和生育率降低至 0.90，原香港政务司司长曾荫权提出：鼓励每对夫妇生三个小孩。近几年，香港生育率虽有回升趋势，但仍处于低水平。2011 年，香港特区行政长官曾荫权在特区立法会发表 2011 年至 2012 年施政报告中提到财政预算要提高子女免税额，以减轻父母抚养子女的负担。

（五）尼日利亚

要理解尼日利亚州级卫生预算过程，首先需要了解尼日利亚宪法对其卫生体系的定位。尼日利亚是联邦制国家，设有三级行政层级：联邦政府，36 个州政府和离那帮首都区域，以及 774 个地方政府。当前联邦宪法没有明确阐述各级政府的卫生责任。卫生既不在专门的立法名单上也不在共同立法名单上。国民大会仅能对立法名单上的事情进行立法。州议院不能对专门立法名单上的事物立法，但可以对共同立法名单的事物立法，只要不与共同名单上的事务相关国家法律相冲突。然而，宪法明确地授予地方政府负有本辖区内"提供和维持健康服务"的责任。实际上，公共领域的初级保健责任落在地方政府身上（尽管事实上，地方政府将这些责任留给州政府）。州政府负责二级和部分三级医疗保健服务，包括州级大学的综合医院、教学医院以及州级专科医院。联邦政府负责联邦大学教学医院，联邦医学中心以及类似的专科性三级医疗机构，包括位于阿布贾的国立医院。然而，由于宪法中缺少明确的阐述，可能发生各级政府都参与到各级医疗服务保健的情况。

联邦卫生部、州卫生部门以及地方政府卫生部门分别负责各自直辖范围内的卫生支出的规划和管理。在联邦和州卫生部门，联合部门和机构被称作部委、部门和机构（Ministries, Departments, and Agencies, MDAs）。尼日利亚公共卫生部门的主要机构是联邦卫生部，36 家州卫生部门以及 774 家地方政府卫生部门，联邦首都地区机构，以及有关卫生事宜的不同政府性的半国营机构和培训、研究机构。

三级政府支出决策是独立开展的，联邦政府无宪法权力强制其他层级政府向其重点领域进行投入。但是，许多州级卫生部门会遵照联邦卫生部的命令。就计划生育服务和产品而言，协调主要由卫生部的家庭健康部门负责。

1. 筹资来源

国际捐赠援助是尼日利亚政府提供计划生育产品和项目的主要筹资来源。这些捐赠来自美国国际开发署、联合国人口基金会、英国国际发展署（Department for International Development，DFID）、加拿大国际发展署、比尔盖茨基金，以及全球抗击艾滋、结核和疟疾基金会。尼日利亚政府每年用于提供计划生育产品支出约 1,400 万美元，其中，政府出资 300 万美元，其余则由国际捐赠援助提供。

2. 资金的使用方向

尼日利亚政府资金主要用于计划生育/生殖健康政策的宣传，制定计划生育/生殖健康方案和指南，制订尼日利亚生殖健康产品安全计划，开发和实施避孕后勤管理系统，计划生育/生殖健康问题的评价和调查，生殖健康和计划生育有关会议，计划生育促进协会有关活动，公共卫生机构免费（废除使用者付费）提供避孕产品政策（废除使用者收费释放了对计划生育的需要；联邦卫生局发现自 2013 年 3 月，与政策实施的月份相比计划生育产品的需要增加了五倍），重点保障千年发展目标中关于婴儿、孕产妇、新生儿以及儿童健康有关服务，制定避孕品采购的预算约束，承诺连续 3 年（2012—2014）每年由政府提供 300 万美元相应的资金和保证新增 834 万美元用于资助计划生育/生殖健康商品。

3. 预算过程

（1）克里斯河州的计划生育预算制定过程与存在问题。

尼日利亚的各州都设置预算办公室，负责协调和管理预算的制定。办公室需要从各个部门收集信息，使得政府重点领域与预算支出总额相匹配。

与尼日利亚大多数州不同，克里斯河州具有可将民间团体组织（CSOs）纳入到预算过程中的网络体系。地方组织预算追踪和问责网络（BTAN）负责预算支出的追踪。但是预算办公室、财政部以及其他 MDAs 在多数情况下，预算过程是"自上而下"的，因此民间团体组织对预算过程没有多大影响。主要预算过程如下。

第一阶段：预算草拟阶段。每年的预算周期开始于上一个日历年度，预算办公室和 MDAs 的预算人员召开会议进行讨论。在会议上预算办公室会发布下一轮预算准备路线图，阐述政府的重点事项，并对 MDAs 提交的预算给予指导。

第二阶段：立法阶段。理论上，某一年度的预算必须通过州议院的投票，并在上一年度的 12 月份由州长审核通过，但在实际操作中执行并不严格。

第三阶段：执行过程。一旦预算被采纳，支出则会在预算起始阶段或该财年的一月份发生。

第四阶段：设计/评估过程。每一季度，预算办公室会开展预算绩效审查，并形成绩效报告呈交给州议院（立法机构）。最后一次的季度审查在次年开展，并关注预算在整个财年的执行情况。（参见图 6-6）

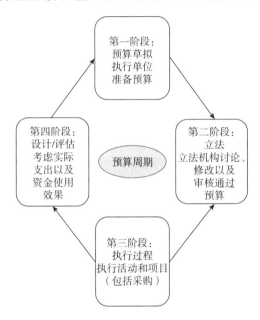

图 6-6 尼日利亚预算周期

总体看，州政府办公人员和决策者未把计划生育作为重要的问题，对计划生育没有专门的预算。州卫生部门内部的计划生育协调人员利用一套由美国国际开发署和联合国人口基金会开发的表格和分类账簿追踪机构层面的计划生育服务提供和利用的信息。但是，该协调人员从来没有接受来自州卫生部门或其他机构用于支持计划生育产品和服务的资金来发放。联合国人口基金会对本州的计划生育商品的发放提供支持。

（2）扎姆拉州的计划生育预算制定过程与存在问题。

第一阶段：预算草拟阶段。预算和经济规划部的规划部门在前一年预算的修订基础上准备预算。规划部门更新并分配初步预算的总额到所有预算类目，并与各部门主任共享预算结果。受各部门的"总封顶金额"的限制，部门主任进行评论并做适当的修改。部门的评论和调整返回到预算和经济规划部，再通过规划部基于封顶额和各部门每年的运行计划分配预算额度。州卫生部门的运行计划来自《健康战略规划 2012—2015》。

第二阶段：立法阶段。所有部委被邀请到州议院进行预算答辩。此过程完成后，预算结果呈递给州长审核。

第三阶段：执行阶段。资金通过财政部分发，并与每个部委内部的财政处室保持联系。

州卫生部门的重要处室严重依赖捐赠资金。州政府不重视计划生育，没有专门针对计划生育产品发放的预算。DFID 资助的北尼日利亚常规免疫复兴合作伙伴/孕产妇、新生儿以及儿童健康活动，一直支持将州政府的计划生育产品分配到 78 家机构。州卫生部门的生殖健康部门也没有任何预算。

综上，克里斯河州和扎姆拉州预算过程反映了尼日利亚各州在预算上的差异。总体来看存在如下挑战：

● 医疗保健未包括在宪法的共同立法名单中，导致各级政府角色的重叠以及不清。

● 州级政府严重依赖联邦分配，内部资金动员能力差。这造成卫生部门资金不足，以及计划生育优先性相对较低。

● 大多数的州级预算支持经常性费用，如工资，导致对卫生服务提供的资金支持不足，尤其是对计划生育/生殖健康服务。

● 政府行政机构通常是预算过程中最有影响力的主体。这些机构在制定初始预算过程中并没有充分考虑能够动员的外部资金。

● 州长决定最终预算。立法机构，包括议院委员会主席一般都会通过预算，不做任何调整。在这种情况下，如果需要调整，市民组织需要集中力量，向州长倡议。

（六）埃及

1. 第一个计划生育服务项目

1939 年，埃及政府开始考虑人口问题，成立民政部，其部分职责是研究人口及其对社会影响问题。1952 年新政府成立以后，组建了人口事务全国委员会，并于 1955 年在其医疗分会成立了 15 个诊所免费为夫妇提供生育和绝育服务。

随着国内一些反对声势的扩大，全国人口事务委员会于 1960 年转变为准政府组织，接受政府财政支持，开展有限的业务活动。1964 年卫生部成立人口研究与计划生育处，首次涵盖计划生育领域。

1965 年政府成立包括 21 个部委的计划生育高级委员会，为人口和计划生育的政策制定最高级别机构。首次将计划生育列入国家预算，并启动第一个计划生育项目：政府为医务人员额外开展的计划生育服务额外支付 30% 的基本工资，并以非常低的价格向民众提供计划生育服务，如每包口服避孕药 0.1 埃及镑，避孕环每个 1 埃及镑。在这种筹资政策下，超过两千家计划生育服务机构在全国建立起来，并将计划生育服务整合到一般医疗服务中。

埃及的第一个计划生育项目也存在着许多问题，其中，关于筹资方面的问题是筹资不足和资金的使用效率低下。1965—1970 年，分配给计划生育部门每名育龄妇女平均每年的预算为 5.5 埃及镑，这些费用中的大部分被行政运行等经常性活动所消耗。

参与到埃及计划生育项目中的国际组织较多，在不同阶段发挥了不同的作用。在 19 世纪 60 年代初，国际计划生育联合会和一些美国组织，如福特基金、洛克菲勒基金和美国人口委员会对埃及仅提供物品援助，并无技术支持。19 世纪 60 年代末期，瑞典国际发展合作署、联合国人口基金会、美国国际开发署和世界银行以及上述提到的美国组织开始为埃及计划生育项目的执行和发展提供资金和技术支持。

由于政府第一个计划生育项目的筹资不足和资金使用不合理，联合国人口基金会于 1969 年开始对埃及提供避孕方面的服务和其他技术支持。1971 年联合国人口活动基金会与埃及政府签订 5 年的合作协议，投入 640 万美元。这个数额是埃及计划生育委员会财政预算和所有其他捐赠组织资助额总和的两倍。但是，由于行政管理的问题，仍然存在资金使用效率低下的问题。

2. 目前的计划生育项目

第一个计划生育项目，以及后来实行的人口和发展项目，经过了 10 年的努力和不断加大的投入，其评估结果仍然显示避孕率没有提高，生育率也没有下降。但在探索计划生育项目的同时，政府在发展社会经济，提高整体医疗服务水平降低死亡率，提高妇女教育水平，改善居住、交通、通信和基础设施条件方面取得了显著进展。这些方面的进展，使得埃及在1985年至1988年间的避孕率显著上升，生育率明显下降，这种趋势一直延续到2000年以后。除了社会经济发展的贡献外，在计划生育筹资和管理方面主要采取了以下措施：一是改计划生育高级委员会为国家人口委员会，是所有提供人口和计划生育项目活动机构的最高管理者，包括所有捐赠机构。国家人口委员会内部成立美国国际开发署国际发展子项目负责对国家人口委员会职员的培训和能力建设，并在21个相关部委中分别成立国家人口委员会协调办公室。二是鼓励非营利性机构参与提供计划生育服务活动，比如政府从美国国际开发署免费获得避孕商品，提供给非营利性机构，使其以低于市场价销售。三是利用国际捐赠援助资金加强对私立机构业务人员的培训，扩大计划生育服务提供者队伍。

3. 筹资方面的主要经验

政府加大对社会和经济基础设施的建设，加大对改善妇女教育水平等方面的投入是降低生育率的重要因素；将计划生育项目列入国家预算和取得政府领导的支持是计划生育项目顺利实施的基础；有效管理和充分利用国际援助资金，如对计划生育管理和服务提供人员的能力建设，使得私立机构成为计划生育服务的提供机构；政府资金管理水平的落后使得计划生育资金使用效率低下。

（七）伊朗

伊朗是发展中国家中最早实施全国性的人口和计划生育项目的国家之一。1970年政府出台了一个专门的人口和计划生育政策，最终目标是要在20年内将人口年均增长率减少至1%。为了执行这一政策，政府通过了一系列的法律法规和配套政策。其中一个重要政策是人口和计划生育部门负责在所有初级保健机构提供计划生育服务，培训医疗和药剂人员，支持卫生教育和科学研究，其服务提供的资金主要来自政府预算。

自项目启动，政府对计划生育项目的预算逐年增加，1972年达到920万美元。计划生育项目的预算体现在"第五个社会经济发展规划"中：1973—1978年政府投入1亿美元用于国家计划生育项目，并另外投入7亿美元用于整个卫生系统建设。政府要求，计划生育项目涉及的基础设施建设经费和人力资本费用不体现在国家的计划生育项目预算中，该部分预算在卫生部其他项目中列支，计划生育项目预算为纯粹的计划生育活动预算。

国际捐赠和援助主要以实物形式投入，针对技术和人力资源发展方面，如培训学习、短期或长期咨询、项目研究和海外学习和考察等。

（八）土耳其

1923 年土耳其实施鼓励生育政策，非法堕胎增多等因素致使孕产妇死亡率和婴儿死亡率升高。1965 年 4 月，土耳其议会和参议院通过《人口规划法》，为实施全国范围内的计划生育项目提供资金支持和贯彻执行的法律框架。卫生部被赋予了执行计划生育项目、培训业务人员和提供公众教育的责任。

按照筹资来源划分，土耳其的计划生育预算主要来自三个部分。一是经国会授权的卫生部关于计划生育的年度预算安排；二是来自财政部和美国国际开发署的资金，主要用于支付省级计划生育从业人员工资、交通费、补贴以及科学研究、项目评估、信息出版、教育和交流材料的费用；三是来自其他国际组织的资金。瑞典国际发展署的资助主要用于口服避孕药，美国人口委员会主要提供咨询服务、车辆维修、宣传教育材料和工资补贴等，福特基金主要提供人口研究方面的支持。技术支持主要来自美国人口委员会和世界卫生组织，土耳其计划生育协会同时接受国际计划生育协会的资金。

土耳其计划生育筹资方面的经验包括：一是充分利用国际援助资金对本国人口及生育情况的全面实证研究，为制定政策提供科学依据；二是稳定的筹资来源；三是政府间的内部合作以及政府与私立部门的合作。

（九）乌干达

乌干达政府意识到为了实现更好的社会经济发展就必须对计划生育进行投资，以减少意外怀孕，实现人口红利。在过去的三年中，妇幼卫生工作已经成为卫生部门的优先工作领域。

1. 政府预算安排

乌干达生殖健康预算主要包括计划生育、青春期卫生、妇女保健、新生儿和儿童保健等方面。其预算安排主要依据核查卫生部制定的活动工作安排和有关政策来决定。2010—2011 财年预算安排为 103 亿先令，2011—

2012 财年预算安排为 124 亿先令，2012—2013 财年为 118 亿先令，2013—2014 财年为 134 亿先令。从整个卫生预算来看，生殖健康预算占卫生总预算的比重仅为 2%。生殖健康预算主要用于计划生育服务，其比重由 2010—2011 财政年度的 49% 上升为 2013—2014 财政年度的 76%，见表 6－6。

表 6－6　卫生预算、生殖健康预算和计划生育预算在总预算中的比重 单位：%

项目	2010—2011	2011—2012	2012—2013	2013—2014	2014—2015	2015—2016
卫生预算占全国总预算	9	8	8	9	8	7
生殖健康预算占卫生预算	2	2	2	1	n/a	n/a
计划生育预算占生殖健康预算	49	65	62	76	n/a	n/a

数据来源：《乌干达计划生育：国家和区域政策与预算》，2014.

2. 国际捐赠援助

国际捐赠援助是乌干达生殖健康服务的主要筹资来源。主要包括来自美国和欧洲国家的援助。美国政府援助资金由 2005 年的 1.57 亿美元上升至 2011 年的 3.28 亿美元。其中 2011 年的援助资金中，83% 用于 HIV/AIDS 防治，其余用于其他生殖健康服务，如计划生育服务。美国对乌干达生殖健康服务的援助约占乌干达接受外援总金额的 74%，其余由英国、爱尔兰和瑞典等国家资助。

但从计划生育服务项目的援助来看，主要来自美国和英国，占计划生育援助资金的三分之二。两国对计划生育的援助资金由 2009 年的 500 万美元上升至 2011 年的 1,900 万美元。

（十）肯尼亚

为了提高生殖健康服务的公平性和可及性，提高生殖健康服务提供的质量和效率，从而提高肯尼亚居民的生殖健康水平，肯尼亚于 2007 年启动了一个非常全面的国家生殖健康政策。

1. 政府预算安排

2005 年以前计划生育服务主要由捐赠者出资，2005 年以后主要依靠政府税收。生殖健康部门负责制定计划生育预算，编制预算的方法是以服务需要为基础。主要根据肯尼亚人口和卫生调查有关数据和避孕率等数据对服务的需要进行测算和预测。然后上交卫生部审核，卫生部递交至财政部。

2010—2012 年生殖健康服务预算一般占总卫生预算的 1%，2013 年该比重增加至 4%，主要是由于为了兑现"千禧宣言"（Jubilee Manifesto）会议承诺，2013 年预算中安排了 38 亿先令的免费妇女保健服务，使得计划生育服务在生殖健康服务中的比重由 78% 降至 16%（见表 6－7）。

表 6－7　肯尼亚生殖健康服务预算和计划生育预算安排　　　　单位：百万先令

项目	2010/11	2011/12	2012/13	2013/14
生殖健康预算	679	679	679	3700
其中的计划生育预算	528	528	528	600
计划生育预算占生殖健康预算比重（%）	78%	78%	78%	16%

数据来源：《肯尼亚计划生育：国家和区域政策与预算》，2014.

2. 国际捐赠援助

捐赠援助是肯尼亚开展人口和计划生育有关活动的主要资金来源，2012 年达到 6.9 亿美元，约占当年肯尼亚开展人口与生殖健康服务总经费的 95%。这些捐赠援助中近 60% 来自欧洲的非政府组织，其余来自双边和多边的国际援助（见表 6－8）。

表 6－8　肯尼亚接受的用于人口活动的捐赠援助

项目	2009	2010	2011	2012
捐赠总额（百万美元）	434	447	504	694
双边国际援助	37%	37%	38%	31%
多边国际援助	6%	9%	3%	10%
非政府组织	57%	54%	59%	59%

数据来源：UNFPA，2014.

五、主要国家或地区计划生育筹资模式比较

虽然在全球范围内生育率的增长速度于 19 世纪 60 年代起开始下降，但是全球人口依然呈快速增长趋势，平均每年增长 8,000 万人口，而这些人口主要集中在发展中国家。随着人口的增长，需要筹集和调动更多的卫

生资源以满足不断增加的计划生育相关服务需求，对各国计划生育筹资模式进行总结和归纳，对保证计划生育服务筹资的充足和可持续性，使有限的计划生育服务项目资金发挥更大的作用具有重要意义。

（一） 筹资原则与筹资来源

从前述国家或地区的计划生育服务筹资情况来看，大部分国家或地区都将计划生育服务列入政府预算或国家或地区的社会经济发展规划中，在一定程度上保证了计划生育服务资金的充足和可持续性。但在筹资原则和标准上各国存在较大差异，导致不同的结果：一些国家在制定预算时主要基于本国家的计划生育服务需求，根据所需要提供的服务项目测算所需的资金额度。如美国将计划生育服务作为联邦项目，筹资原则是基于患者人数、计划生育服务需要迫切程度以及提供服务所需要的各种资源进行测算，并划分不同政府、不同保险项目和不同补助项目之间的筹资责任；而尼日利亚虽然也是联邦制国家，但计划生育服务预算均由地方政府制定和执行，制定预算时通常不太考虑实际的计划生育服务需要情况，一般基于上年预算进行调整，并设有最高限额，最终导致计划生育服务经费不足。

一个国家或地区的计划生育服务的筹资方式与经济水平有较强的关系。从前述主要国家或地区来看，高收入、中高收入国家或地区主要依靠公共筹资，而中低收入和低收入国家或地区主要依靠国际捐赠和援助。以美国为例，美国计划生育服务项目为联邦项目，资金来源主要是公共筹资渠道，占90%，其中，Medicaid 支付占39%，联邦政府补助占20%，初级保健局等机构筹资占8%，各级地方政府筹资占17%，各种计划生育服务项目补助和救助占4%；非公共筹资占10%，其中私有非营利机构筹资占5%，个人自付费用占筹资总额的5%。

大部分低收入国家计划生育服务筹资依赖外部援助，但部分国家政府筹资开始发挥更大作用。肯尼亚的计划生育服务筹资中国际捐赠援助资金占95%，尼日利亚占80%。乌干达计划生育服务筹资主要来源是美国的捐赠援助，但政府预算也在逐年增加。埃及、伊朗和土耳其的计划生育服务筹资已经由依赖国际援助转向由政府筹资为主。

以新加坡、中国香港特别行政区和韩国为代表的亚洲国家和地区，在前期控制人口数量阶段，除新加坡外，计划生育服务筹资主要来自政府及国际捐赠和援助。国际援助资金不用于提供主要的计划生育服务，而是作为政府资金的有益补充，投入到一些政府资金不容易发挥作用的领域；在提高人口数量时期均主要依靠政府投入，从税收、教育、住房和医疗保险等各方面对生育孩子和抚养孩子创造支持环境，以达到提高生育率的目的。

（二）资金分配与监督评价

由于不同国家计划生育服务的重点领域不同，资金的使用领域存在较大差异。美国主要将计划生育资金用于计划生育服务相关的教育和咨询、诊断和筛查，以及检测和转诊服务；而新加坡、韩国和中国香港特别行政区除了提供基本的计划生育服务以外，重点将资金投向鼓励生育、促进人口增长的有关措施上；低收入国家主要将计划生育服务资金用于宣传、避孕药品和器具上，而一般地方政府最高首长拥有资金的最终分配权。

在计划生育资金监督评价方面，不同国家监督评价手段和方法也存在较大差异。美国在制定计划生育服务费用预算时专门制定了用于计划生育研究和实施效果评价的经费，对实施的项目进行效果评价，并在下一年对经费主要支持的服务项目进行调整，重点支持通过评价后最符合目标和预期的服务项目。尼日利亚也十分重视计划生育服务经费的监督评价工作，每一个州季度预算办公室都开展预算绩效的审查，形成绩效报告递交立法机构。

（三）经验与建议

为了保证居民充分享有充足、可持续、低价和有效的计划生育服务，不同国家在计划生育服务资金筹集、分配等方面都形成了一些有益的经验，可供其他国家参考借鉴。

1. 强化计划生育服务的政府责任

一个国家和地区应该建立以公共筹资为主体的计划生育服务筹资体系，一方面将计划生育服务列入政府支出预算系统，并根据实际需要进行科学测算，确保计划生育服务筹资的充足、可持续，提高居民计划生育服务的经济可及性；二是合理制订资金分配方案，对资金使用进行严格的监管，并对实施效果进行科学评估以提高公共资金的使用效率。

2. 完善计划生育服务的公共筹资方式

可在政府计划生育预算的基础上，探索与其他政策相结合的筹资方式。一些国家已经将计划生育基本药品纳入本国基本药物目录，这意味着这些基本的计划生育药品可由政府筹资，例如，哥斯达黎加的国家基本药物目录中包括避孕药品、避孕环、避孕套和避孕针。同时可以探索将计划生育服务纳入国家社会保险项目和基本卫生服务包。在东欧的许多地区，作为基本卫生福利，居民可以免费获得由公立和私立卫生机构提供的计划生育服务（罗马尼亚）或从私营药店购买有折扣的计生药品（吉尔吉斯斯坦），其费用由初级卫生保健项目覆盖。

3. 依赖外援投入的国家和地区需要确保计划生育服务筹资的可持续

随着近年来出资者逐渐减少或退出对计划生育领域的资助，对于开展计划生育服务项目主要依赖出资者捐赠的中低收入国家，解决其筹资的可持续性问题应该放在优先位置。这些国家可以在利用捐赠资金时使用"全部门方法"，即项目以本国计划生育服务优先领域为重点，强调政府主导，或通过出资者和本国私立部门建立合作关系，各方应该制定和执行过渡期策略以保证计划生育服务的可及性，以及确保服务质量在外援终止时不会受到影响，同时将筹资责任转移到本国的公立和私立机构。

4. 加强监督评价，提高计划生育服务资金的使用效率

将计划生育服务项目的部分资金用于项目资金使用监督和计划生育服务效果评价，或单独安排监督和效果评价的工作经费。通过监督与效果评价工作，分析计划生育服务筹资和服务提供方面存在的问题，分析各服务项目的资金使用状况和成本与效果、成本与效益，以完善其筹资体系和服务提供体系，确定优先的计划生育服务领域，提高资金的使用效率。可以通过建立计划生育服务账户和开展计划生育资金追踪监测体系，监测本地区计划生育服务费用的流动过程，分析计划生育服务资金从筹集、服务提供、功能使用和人群受益等方面的具体情况和问题，为制定和完善计划生育服务政策提供依据。

（张毓辉、翟铁民、柴培培）

参考文献

[1] Fleischman J, Moore A. International Family Planning: A Common – Ground Approach

to an Expanded US Role〔M〕. Washington, DC：Center for Strategic and International Studies, 2009.

〔2〕 United Nations Fund for Population Activities. Financial resource flows for population activities in 2012〔EB/OL〕. New York：United Nations Population Fund, 2012〔2016 – 04 – 02〕. http：//www. unfpa. org/sites/default/files/pub – pdf/ Financial Resource Flows for Population Activities. pdf.

〔3〕 Beekink E. Projections of Funds for Population and AIDS Activities 2013 – 2015〔R〕. The Hague：Netherlands Interdisciplinary Demographic Institute, 2014：65.

〔4〕 United Nations Fund for Population Activities. Annual report 2013〔M〕. New York：United Nations Population Fund, 2013〔2016 – 04 – 02〕. http：//www. unfpa. org/sites/default/files/pub – pdf/ Annual Report 2013. pdf.

〔5〕 United States Agency for International Development. Family Planning Program Overview〔EB/OL〕. Washington, D. C.：United States Agency for International Development, 2013〔2016 – 04 – 02〕. http：www. usaid. gov/sites/default/files/documents/1864/fp_overview. pdf.

〔6〕 U. S. Departmento of Healt & Human Service. Title X family planning annual report〔EB/OL〕. Washington, D. C.：U. S. Departmento of Healt & Human Service, 2014〔2016 – 04 – 02〕. http：//www. hhs. gov/opa/pdfs/fpar – 2013 – national – summary. pdf.

〔7〕 U. S. Departmento of Healt & Human Service. Title X family planning annual report〔EB/OL〕. Washington, D. C.：U. S. Departmento of Healt & Human Service, 2014〔2016 – 04 – 02〕. http：//www. hhs. gov/opa/pdfs/fpar – 2013 – national – summary. pdf.

〔8〕 Dickerson, Donald, Aliyu Aminu Ahmed. Advocacy for family planning：understanding the budget process in two Nigerian States—cross river and Zamfara〔EB/OL〕. Washington D. C.：Health Policy Project, Futures Group, 2013〔2016 – 04 – 02〕. http：//www. healthpolicyproject. com/index. cfm？ ID = publications&get = pubID&pubID = 104.

〔9〕 Wong T, Yeoh B S A. Fertility and the family：An overview of pro – natalist population policies in Singapore〔M〕. Singapore：Asian MetaCentre for Population and Sustainable Development Analysis, 2003.

〔10〕 Gribble J. Financing contraceptives：a new funding environment〔J〕. Washington, D. C. , Population Reference Bureau, 2010.

〔11〕 DaVanzo J, Adamson D M. Family planning in developing countries：an unfinished success story〔J〕. Santa Monica：Rand Corporation, 1998.

第七章 计划生育督导评估

一、概念和框架

好的项目或行动计划需要对实现预定目标的过程不断加以回顾和评估，以便及时了解项目的实施情况和目标实现情况，及时发现项目成功的经验和存在的问题，并根据评估结果来对实施情况加以调整和改进，以解决问题，推广经验，促进项目实施，计划生育项目亦不例外。世界卫生组织也曾连续两年在其技术报告中对计划生育督导评估的重要性和必要性加以强调，认为督导评估除了获得相关知识外，还是判断计划生育的设计和实施是否有效果和是否有效率的依据，且能为决策提供信息支持，从而为制定未来的发展方向奠定基础。所以从国家到国际组织再到地方，不同层面的计划生育践行者在投入巨大的人力物力开展服务和干预的同时，也逐渐将注意力放在计划生育工作的督导评估之上。

世界卫生组织（World Health Organization，WHO）对督导与评估的概念进行了明确界定。督导指的是"做判断和决策的常规过程，发生在公务监管、财政政策、健康监管，以及行政经验的框架之中"。评估"是一个对选定目标和事件做出判断的过程，通过将之与旨在决定行动方案的特定的价值标准进行对比来实现。"换言之，评估实质上是一系列测量，然后将测量的结果与指标体系进行比对的过程。

最初的计划生育督导评估可追溯至 20 世纪 60 年代至 70 年代。经过数十年的发展，至今已经有了许多研究和实践，形成了一批计划生育项目督导评估模式，几乎涉及计划生育的方方面面。以"monitoring""evaluation""assessing"和"measurement"为关键词检索计划生育研究的专业期刊《计划生育研究》（Studies in Family Planning）从 1963 年至 2012 年的所有文章，共得到 14 个结果。出版时间最集中的是在 20 世纪 60 至 70 年代，共 7 篇，其次是 20 世纪 90 年代以后，共 5 篇。这些督导评估的规模不一，有针对全国性计划生育项目的督导评估，如对印度、洪都拉斯的国家计划生育项目的评估；也有关于某个具体目标的，如对人口控制效果的评估和对"口服避孕药的商业分布"的督导；等等。从研究主题和侧重而言，70 年代的督导评估多关注项目整体的人口影响，尤其是避孕措施和生育率。而自 90 年代以来的督导评估对服务尤其是服务质量给予了特别关注，而且计划生育的外延在扩大，出现了与性病艾滋病防治等领域的整合。最后，就地域而言，几乎均指向发展中国家，只有一篇写于 1986 年的对韩国节育的历史资料的评估是例外。这或许有历史的原因：20 世纪 60~80 年代，许多发展中国家主要的人口政策都以大规模计划生育项目为核心。

虽然这些模式在范围、主旨和侧重上有所不同，但是也存在一些共同之处。宽泛地讲，它们都试图测量项目的短期、中期和长期目标的实现状况；将对成就的测量与项目投入和其他非项目因素联系起来；判断成就是如何以及为什么能够实现；评估结果被项目设计者或管理者用于改进项目和界定新的项目目标；都需要相似的数据库，一般而言，这种数据库综合了项目服务统计、审计报告、人口统计、持续的抽样调查或者特定节点的抽样调查以及具体的研究等。

与其他健康服务的督导评估相比，计划生育督导评估虽然遵循相似的基本原则，但同时具有自己的特点，如项目结果相对明晰、集中且多可以测量；世界生育调查（World Fertility Survey，WFS）以及人口与健康调查（Demographic and Health Surveys，DHS）等有很长的数据收集历史，能够为计划生育督导评估提供有力的数据支撑；另外，计划生育督导评估还试图将项目结果与项目产出联系起来。当然，计划生育督导评估的特点也并非一成不变。1994 年在埃及开罗召开的国际人口与发展会议（International Conference on Population and Development，ICPD），2001 年制定的千年发展目标（The Millennium Development Goals，MDGs）以及 2009 年在乌干达首都坎帕拉举行的国家人口与发展大会 15 周年纪念会议等一系列重大会议和实践都极大地影响了整个计划生育项目的大背景，计划生育督导评估的特点和侧重也相应地发生变化。以开罗会议为例，开罗会议通过的《关于国际人口与发展行动纲领》将计划生育置于更广泛的生殖健康概念中，强调社会性别平等和人权；计划生育项目的动机和目标都从人口转向生育选择，所以计划生育督导评估也呈现出明显的变化。在开罗会议之前，计划生育督导与评估的关注点是人口影响如生育率和人口增长率等，因此，数据收集和分析强调已婚妇女及其特征，强调利用大型调查做断面影响分析。而现在，计划生育督导与评估虽然仍然主要基于开罗会议的目标，但越来越多地将计划生育融入其他健康服务中，致力于扩大计划生育服务。

从广义的评估路径而言，评估包括内部的、持续的、常规性的管理评估，以及独立的、外部的、周期性的评估。根据所支持决策的类别不同，评估可以分为五大类：需求评估（evaluation of need）、计划或设计评估（evaluation of plans or design）、绩效评估（evaluation of performance）、效果评估（evaluation of effects）以及影响评估（evaluation of impact）。其中，需求评估是对项目相对需求进行的评估；计划或设计评估是对项目计划满足需求的可行性和充足性进行的评估；绩效评估是对项目是否符合原来的设计以及项目所提供服务的质量和数量的评估；效果评估指的是对计划生育项目对相关知识、态度、行为等的直接效应的评估；影响评估则指的是对不那么直接的影响的评估，包括对个体、家庭和社区的健康、人口、社会经济影响等。这几种类型的评估既相互关联，又有所区分，具体选择哪种评估取决于评估目标、预算以及可获得的数据等多种因素。

评估类型往往与数据来源息息相关，以绩效（performance）评估和影响（impact）评估为例，二者有很多方面的差异，但最主要的区别在于数据来源的不同，在大多数情况下，前者要求基于项目的数据，主要来自项目资源或者项目现场可收集的数据；而后者则要求基于人口的数据，人口与健康调查是其主要的数据来源之一。相应地，所使用的指标也有所不同。一般而言，有如下指标类型：投入（input）、过程（process）、产出（output）和结果（outcome）。其中，投入指的是人力、财力资源，过程是活动，产出包括服务产出和服务使用，这三种指标都属于项目层面的绩效评估。基于人口的指标是结果，而结果又包含直接的效果和长期的影响两部分。

上述评估类型、数据来源及指标类型构成了计划生育督导评估的经典框架，其相互之间的关系如表 7-1 所示。

表 7 - 1　计划生育评估的指标层次

基于项目的	基于人口的
（绩效）	（结果）
投入效果（中级）	
过程影响（长期）	
产出	

二、世界卫生组织的计划生育评估指南

1974 年 11 月 18～22 日，世界卫生组织以"健康服务中的计划生育评估"为主题在瑞士日内瓦召开专家会议，旨在帮助成员国对计划生育服务的拓展和运行方式加以评估。

虽然计划生育评估的重要性早就被重视，国际组织、高校等相关机构也在此领域进行了许多探索和实践，但是对既有计划生育评估的回顾发现，现有的计划生育评估在类型上主要归属三类，包括需求评估、绩效评估和影响评估。需求评估又可细分为健康需求评估、人口需求评估和社会经济需求评估，现有的评估多关注人口需求，健康需求评估极少。绩效评估也可细分为三类：计划评估、表现评估以及效果评估。关于计划生育绩效的评估较多，但是多数将计划生育与健康服务割裂开来，而很少有关于两者互动的评估。影响评估是需求评估的反向过程，主要看计划生育项目的需求是否通过项目实施得到实现，因此它也包含健康、人口和社会经济效应三个主题，其中健康主题无论是得到的关注还是评估的方法都较其他两个主题少。简言之，多数既有的评估关注计划生育的受众以及计划生育的人口影响和技术等，而鲜有对计划生育在健康领域的实施、计划生育和其他健康服务之间的关系、计划生育的健康影响等的评估，在此方面，无论是评估技术，还是组织评估的经验均不足。此外，现有关于计划生育项目的评估中，组织管理评估也很少，而事实上，计划生育项目同其他管理活动一样，也需要设计、做预算、设定工作时间表、招募人员和监管，所以也同样需要对组织管理进行评估。既往研究如此，但世界卫生组织却认为：事实上，计划生育最主要的影响在于初级保健领域，它与健康之间的关系是双向的，影响是相互的。

计划生育对健康有直接和间接的影响。直接影响如有些节育手术等会影响受术者的健康状况；间接影响则往往通过其对生育各阶段的影响表现出来，如计划生育帮助个体控制生育数量、生育间隔和生育时间，并提供遗传学方面的咨询，进而减少发病率并提升健康。反之，生育也受到健康状况的影响，其表现形式相对复杂，如母亲健康的改善对母乳喂养的程度和持续时间的影响，家人整体健康的改善产生的社会经济影响等。所以，世卫组织认为计划生育具有包括人口计划在内的经济社会目标和人权目标，但除此之外，还应包含健康目标。计划生育的健康目标主要包括以下三个方面：第一，妇女健康。该目标包括孕产妇死亡率；生育年龄妇女患病率；营养状况；怀孕和流产并发症的预防。第二，胎儿健康。主要包括胎儿死亡率以及发育异常情况。第三，婴幼儿健康。主要包括新生儿、婴儿和学龄前儿童死亡率；婴儿出生时的健康状况；婴儿疾病易感性。

计划生育和健康之间的上述关系使得健康服务在计划生育服务的设计和实施中扮演关键角色，如多数计划生育需要借助于健康领域的人员、设备、器械和技术，健康工作者有许多渠道通过相关活动将计划生育传播给需要的人。

虽然计划生育的基本健康服务场景众多，如产科医院、康体中心和农村卫生所等，组织模式各异，取决于健康需求、可获得的资源以及文化偏好等，但是无论在哪里实施，也无论采用何种组织模式，一旦选定，都必须进行评估，以确定其设计和实施是否有效率和有效果。鉴于评估的目标、文化环境存在多样性，评估的主题、程序和组织结构也非常多样，没有唯一和最佳选项，但是为评估的设计和实施勾勒出一般性的原则是可能的。世卫组织专家委员会为此开发出一套评估指南，以指导评估主题的系统选择、评估程序的设计以及组织管理的效度和效率，为决策者提供信息。

该指南具有简单、实用和灵活的特点，其核心是勾勒评估程序。评估过程和决策之间通过行动的桥梁作用，形成一个连续的、循环的、闭路的过程，从确定评估主题开始到设计评估程序，实施评估，做出判断，做出决策，实施行动，再回到确定下一轮评估主题，开始新的评估过程，如图 7 - 1 所示。

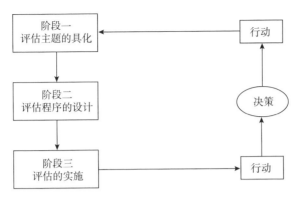

图 7 − 1 决策和评估过程

从中可见一个严格的评估过程包括三个基本环节：第一，确定评估主题；第二，设计评估程序；第三，实施评估。环节之间紧密相关，环环相扣，上一环节的产出是第二环节的基础和"原料"。每个环节之下又有具体的步骤和目标，此次会议报告的附录对此有详细的说明。第一阶段"评估主题的具化"的首要关注是选定对决策而言重要且有用的评估主题，它需要解决 5 个问题，即"5W"：评估什么（What）？为什么要评估（Why）？谁要使用评估结果（Who）？什么时间评估（When）？评估主题是否可行（Whether）？为此，需要明确评估的主体（Subject）、类型（Type）、目的（Purpose）和主题（Topic）。第二阶段"评估程序的设计"包含 9 个具体步骤，是整个评估过程中最具技术性的一个环节，需要为决策和数据的收集处理设计具体的程序。最后一个阶段"评估的实施"则需要完成从确定评估的可行性到完成对发现的评估，此阶段包含 6 个具体步骤，每个步骤又包含若干特定的问题，以一步步实现该环节的最终目标。

三、计划生育评估指标手册

出版于 1994 年的计划生育评估指标手册（Handbook of Indicators for Family Planning Program Evaluation）对以往的计划生育评估进行了回顾，对发展中国家计划生育项目评估中使用最广泛的指标体系加以汇总和整理，旨在区分计划生育评估所需指标的层面，即是项目层面还是人口层面；界定这些指标以推动其跨项目、跨国界的连续使用；通过促进对指标的理解和使用来提升项目评估。

该手册选择了"评估工程"（Evaluation Project）的概念框架，因为该框架在人口层面之外也关注项目层面，从而弥补了既往概念框架的不足。该框架如图 7 - 2 所示。

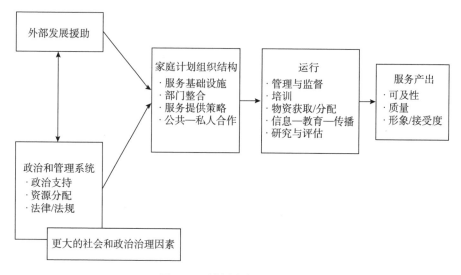

图 7 - 2　计划生育供给因素

在上述框架之下，该手册列举了八大类常用指标体系，包括：测量政策环境的指标（Indicators to Measure the Policy Environment）、测量服务提供的指标（Indicators to Measure Service Delivery Operations）、测量计划生育服务产出的指标（Indicators to Measure Family Planning Service Outputs）、测量生育需求的指标（Indicators to Measure Demand for Children（Fertility Demand））、测量计划生育需求的指标（Indicators to Measure Demand for Family Planning）、测量服务使用的指标（Indicators to Measure Service Utilization）、测量避孕实践的指标（Indicators to Measure Contraceptive Practice）以及测量生育影响的指标（Indicators to Measure Fertility Impact）。其中，计划生育项目的政策环境指的是影响项目绩效而又完全不受项目管理者所掌控的因素，除了政策支持和国家政策外，政策环境还包括高于项目层面的各种决策。服务提供活动指的是计划生育项目中的不同活动或子系统，包括：管理、培训、物资/物流、信息—教育—传播和研究/评估等五个方面；计划生育服务提供包含三个维度，即服务获得，服务质量和项目形象。本手册所论及的服务产出指标是基于服务对象的视角，该指标又可细分为可及性（accessibility）、服务质量（quality of care）以及项目形象

（program image）三个方面。对孩子或者生育的需求，不仅包括生育数量，也包括生育时间、生育间隔等。对计划生育的需求指的是女性或者夫妇对于控制未来生育的欲望和动机。服务使用与避孕实践这两个概念紧密相关。但是存在差异，比如不是所有的人从计划生育机构领取了避孕器具也即利用了服务之后会真正使用；另外，服务使用一般用基于项目的数据来测量，而避孕实践则一般用基于人口的数据来测量。测量生育影响的指标评估的是计划生育项目对生育的影响，分为生育水平、出生避免和其他指标三类。

这八大类常用指标体系中，每一大类指标之下都包含若干具体的指标，限于篇幅，仅以政策环境指标为例。如果按照标准的投入—过程—产出—结果程式，计划生育政策环境的投入指标有三个，即：外部环境；国内政策投入；捐助投入。政策环境的过程包括政策设计和政策开发过程两个方面共五个指标：政策开发计划的存在；分布恰当的政策分析的数量；以领导者为目标的意识提升事件的数量；扩展国家计划生育项目的战略性计划的存在；以及将人口数据整合进开发设计。政策环境的产出包括如下三个指标：政治支持，国家政策，以及运行政策。环境政策影响的结果指标则包括三个：计划生育职能领域；机构化；自给自足以及计划生育需求。

该手册中所列举的八大指标体系囊括了计划生育督导评估中的几乎所有常用的指标，而且这些指标为督导项目绩效和评估项目结果提供了具体的量数，非常实用，就像一个工具箱，可以为项目管理者、在国际和国家的计划生育项目中负责项目设计和督导评估的人员、计划生育的研究者和人口学家等在对计划生育进行督导评估时所用。当然，日常督导评估中完全不必使用上述所有指标，具体到某一个督导评估，要使用哪些指标完全取决于项目目标、项目优先项以及可获得的数据。不过该手册也有其局限或者说偏重，比如计划生育的一般目标通常包括降低生育率、提升母婴健康以及提升女性的生殖自由，但本手册关注的焦点是第一个目标。

不同的指标体系对于数据有不同的需求，数据来源也不尽相同，既包括项目数据，也包括人口统计数据。该手册对计划生育项目评估的数据来源和数据类型加以整理，其相互之间的关系如图7-3所示：

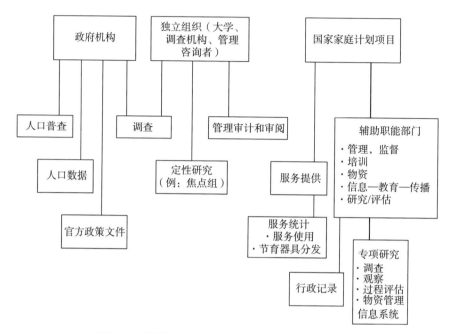

图 7 – 3　计划生育项目评估的数据来源和数据类型

四、计划生育和生殖健康指标数据库

　　测量评估（Measure Evaluation）是由美国国际开发署（United States Agency for International Development，USAID）资助的一项计划，旨在提高发展中国家收集、解释和使用数据以改善健康状况的能力。正如该计划的名称所示，其最核心的内容就是测量评估，对象则是全球范围内的各种人口、健康和营养项目。测量评估计划通过系统收集和分析关于健康项目表现和影响的信息，支持项目成果的最大化，为决策提供信息，改善项目效果。通过评估加强全球范围内的健康项目和体系。为此，测量评估计划开展了包括影响评估、过程评估等多种类型的评估实践，也致力于方法论的研究，为全球尤其是发展中国家提供评估的工具和方法，同时也为当地培训评估人员，确保发展中国家在进行项目评估时数据得到最佳分析和使用。计划生育作为全球健康的重要内容，成为测量评估计划关注的重要主题之一。

　　测量评估计划将计划生育和生殖健康结合起来，所做的工作包括：为计划生育的优先领域如社会性别、计划生育的成本以及计划生育项目实施提供质量评估；为计划生育/生殖健康项目的督导和评估提供指标体系；为计划生育/生殖健康项目督导和评估人员提供培训，提升当地的督导评估水平；为各地数据库建设提供少量资金支持，加强当地的科研能力，以将研究成果用于决策的机会最大化。

就评估指标体系而言，测量评估计划开发了计划生育和生殖健康指标数据库（Family Planning and Reproductive Health Indicators Database），它是生殖健康项目评估指标大纲（Compendium of Indicators for Evaluating Reproductive Health Programs）的升级，而后者是1994年开罗国际人口与发展会议（International Conference on Population and Development，ICPD）等重要事件的产物。鉴于大纲推出的时间是2002年，时过境迁，如今全球范围内的计划生育/生殖健康的状况已经发生了很大改变，大纲也相应地在2011年做出更新。

计划生育和生殖健康指标数据库由三部分组成，除了介绍数据库的基本原理及其目标，以及项目评估中的概念等内容的概览部分，还包括两大类指标，分别是跨区域指标（Crosscutting Indicators）和具体项目区域指标。

跨区域指标指的是跨越计划生育/生殖健康项目区域的相关指标，适用于所有生殖健康领域，可分为三个大类：第一类是背景因素指标，这些指标描述了项目运行的场景，如会影响到其健康行为的妇女或女孩的地位与赋权，可以促进或阻碍生殖健康项目的政策环境，与药物、技术获取有关的保健体系强化，等等。第二类是职能部门指标，指的是一个既定国家内，为服务交付提供支持的操作，通常会形成一个部门，如管理、培训、运行研究，等等。第三类指标是服务提供环境指标，指的是寻求生殖健康的服务对象在既定社区内获得服务的质量和数量。现在，"好的生殖健康服务"通常通过可及性、服务质量以及社会性别敏感性来衡量。在这三个大类之下，跨区域指标又包含妇女和女孩的地位和赋权、政策、健康体系的加强、管理、培训、产品安全与物流、私人部门的参与、行为改变传播、运筹研究、服务提供、服务提供—途径、服务提供—服务质量/服务提供评估、服务提供—社会性别/敏感性共13个小类的指标。

具体项目区域指标指的是计划生育/生殖健康项目的主要区域内的指标。包含全球生殖健康指标、人口健康环境、重新定位计划生育、计划生育、生育、长效和永久的方法、基于社区的计划生育服务、健康的怀孕时间和间隔、计划生育与母婴健康、母亲安全、孕期疟疾、流产后护理、产科瘘、新生儿健康、母乳喂养、女性营养、女性营养与 HIV、性病/HIV/AIDS、计划生育与 HIV、男性割礼、宫颈癌、青少年的性与生殖健康、紧急情况下的生殖健康、基于性和性别的暴力、女性割礼、男性参与生殖健康项目等共 26 个小类的指标。在这 26 个小类指标中，第一个小类即"全球生殖健康指标"，介绍了当今世界测量生殖健康状况的两组指标，分别是世界卫生组织与生殖健康专家合作开发的包括避孕流行率等 17 个用于对项目或国家实现开罗会议目标的进程进行督导的指标；以及国际人口行动（Population Action International）开发的由 10 个指标构成的生殖风险指数。其余 25 个小类包含了生殖健康项目评估中使用最广泛的指标，贯穿投入、产出到结果的整个评估程序。

这个计划生育和生殖健康指标数据库中的所有指标均附有定义、数据要求、数据来源、目标等内容的详细说明。限于篇幅，此处不一一介绍，仅举一例说明。以"新增现代避孕使用者"为例，该指标的定义是："在某一段既定时期内报告的人生中首次使用任一种避孕方式人数"。该指标的数据要求是计算一年内人生中首次使用任何一种避孕方式的人数，数据既可以来源于服务统计，也可源自调查数据。该指标的目标是测量项目对从未曾接受过服务的人群中吸引新服务对象的能力。

五、计划生育 2020：一个量化的督导评估体系

2012 年 7 月，英国国际发展署（Department for International Development，DFID）、比尔及梅琳达·盖茨基金会（Bill & Melinda Gates Foundation，BMGF）、联合国人口基金（United Nations Fund for Population Activities，UNFPA）、美国国际发展署（The United States Agency for International Development，USAID）等在伦敦召开了一次关于计划生育的峰会，会议的产物是一项全球行动计划——计划生育 2020（Family Planning 2020，FP2020），致力于支持女性自由、自主地决定是否生、何时生以及生几个孩子的权利。随后，会议组织者专门成立了一个工作组，最终制定出一个明确的、量化的目标：至 2020 年，使全球最贫穷的 69 个国家中能够获得现代避孕方法的信息、服务和供给的女性增加一亿两千万。这一目标之所以重要，是因为在上述国家中，避孕普及率低而计划生育未能得到满足的程度很高。

制订"计划生育2020"目标，是希望全球的计划生育领域可以围绕一个可以测量的、可操作的成功愿景行动起来，所以，对这一过程进行督导评估的指标和数据系统得到了高度重视，"计划生育2020"启动了"追踪20"（Track20）计划，支持目标国通过收集、分析和使用数据来追踪计划生育进程和开发有效的项目规划和策略。为此，该项目在环境—过程—产出—结果—影响这一常用的督导评估框架下，开发出一套核心指标体系。该体系通过系统化过程选择了15个核心指标，用于确定"计划生育2020"的目标国家是否为了达成目标在开展工作，对策略进行评估，为决策提供所需信息和支持，为回答有关"计划生育2020"总体表现的核心问题提供工具，以及最重要的，对个体的需求满足程度进行测量。"计划生育2020"核心指标体系的构建旨在提供一个以一年为期的、对于69个"计划生育2020"焦点国家都适用的和可获得的关键进度表征。

"计划生育2020"的核心指标体系也在不断改进、更新和完善，比如继2012年的"计划生育2020"核心指标体系之后，现在又推出了新的2013版本。在2013版本中，15个核心指标分为三大类，以下分别加以介绍。

第一大类是69个"计划生育2020"国家每年均要报告的指标包含六个，在概念框架上分属于结果和产出，数据来源主要是人口和健康调查、生殖健康调查（Reproductive Surveys）等大型调查，以及服务统计。以指标1为例，该指标包含现代避孕方法普及率（所有女性）以及现代避孕措施使用者分布比例两个方面，前者测量在特定时点上育龄妇女使用现代避孕方法的比例。该指标使用"追踪20"的计划生育估计工具（Family Planning Estimation Tool，FPET），它当前提供对已婚妇女的现代避孕方法普及率的估计，"计划生育2020"项目在使用时，把它推广到了对所有育龄妇女的估计上。"追踪20"也正在努力更新FPET，使之不需要通过转换过程，便可以直接对所有妇女进行估计。人口与健康调查等大型调查为该指标提供数据；后者测量计划生育实施者使用每种现代避孕方法的比例。混合方法（method mix）对全部现代避孕方法普及率进行分解，数据来源同样是人口与健康调查等。又如"现代避孕方法避孕需求未得到满足的妇女比例"指标，该指标测量不想要更多的孩子，或者想推迟要下一个孩子的时间的育龄妇女未采取避孕措施，以及采用了传统计划生育方法的妇女所占的比例。在这里，采取传统避孕方法避孕的被认为想要采取现代避孕方法避孕的需求没有得到满足。妇女计划生育需求未得到满足被定义为育龄妇女中当前不想怀孕的，并且需要计划生育的人数。由于这些妇女都表示了想要间隔或者限制生育的意愿，所以这个指标是一个很好的测量计划生育潜在需求的指标。"计划生育 2020"聚焦于未得到满足的现代避孕方法的避孕需求，这不同于传统的定义方式。这种界定方式是建立在假定使用传统方法避孕的妇女使用更加高效方法的需求没有得到满足基础上的。该指标的计算公式如下：现代避孕方式需求未得到满足的比例 = 避孕需求未得到满足的比例 + 使用传统避孕方式避孕的妇女的比例。

第二大类是对所有 69 个"计划生育 2020"国家都产生模型影响的指标，这个大类下的四个指标在概念框架中均属于影响范畴，数据的获得依靠模型估算。以"意外怀孕人数"指标为例，该指标测量妇女或配偶在某个不想多要或者不想那个时候要孩子的时点上怀孕的人数，该指标通常使用最后或者最近一次怀孕的情况来测量。

FP2020 Countries

图 7 – 4　计划生育 2020 国家分布

第三大类是从中选取 10 个国家每年报告且隔几年同人口健康调查一起报告的指标，该大类包含的五个指标在概念框架上多属于过程范畴，也有两个指标分别属于影响和产出。主要数据来源包括既定年份的人口与健康调查等。如指标 11 "在最近的一次健康服务提供者提供的健康服务中获得了计划生育信息的妇女比例"包含了两个不同的问题：第一，在过去 12 个月，有实地调查者拜访过你并和你谈起过计划生育吗？第二，有健康机构的员工告诉过你计划生育的方法吗？又如指标 12 "计划生育方法信息指标"通过以下三个问题来体现：第一，健康或计划生育工作人员是否告诉过你其他你会使用的计划生育方法？第二，健康或计划生育工作人员是否告诉过你使用这种方法可能会产生的副作用或问题？第三，如果出现了副作用或问题，你是否被告知该做什么？

六、服务质量快速督导

在上文提及的《计划生育评估指标手册》中，服务质量构成了测量计划生育服务产出的三个组成部分之一。

事实上，在20世纪90年代之前，计划生育评估主要着眼于计划生育服务在满足需求方面的有效性，而忽视了一个核心的维度，即服务质量。此后，服务质量开始成为国际计划生育和生殖健康领域的核心关注点和优先目标。原因有二，首先，项目管理者逐渐意识到若服务质量阙如，计划生育的成效将大打折扣，以避孕普及率对生育率的影响为例，计划生育领域有名的学者杰恩（A. K. Jain）曾说："若没有对质量的极大关注，我们将既无法看到避孕普及率的可持续增长，也无法在通过自愿方式降低生育率上取得成功。"服务质量得到关注还与对女性健康的关注和倡导不可分割，倡导者希望女性在接受计划生育服务的过程中，生殖和性的权力得到尊重，有足够的信息在多种避孕方式中自由选择自己所需要的，这一目标与服务质量是契合的。相伴随地，服务质量的督导评估就变得重要，其原因如下：首先，服务提供者和服务对象之间的互动可被视为计划生育满足生育调节需求的干预，对这一过程的了解有利于改善服务，有实际的效果。第二，许多项目都为了提升服务质量而开展了活动，若缺乏测量工具，活动是否能实现既定目标就无从知晓。第三，在服务质量测量方面的投入彰显服务质量的重要性和领导层对服务质量的重视，这能成为激励员工提升服务质量的动力。

服务质量测量的难点在于服务质量是一个主观、多维和相对的概念，难以严格界定。早期的计划生育文献主要从服务机构的运行角度来谈论质量，其问题在于忽视了服务双方的人际互动，造成高质量等同于技术复杂、设施昂贵的错觉。现在关于服务质量的界定有许多，但基本上有一个共识，即认为好的服务质量指的是服务对象在训练有素的工作人员和设施齐全的服务机构中得到热情和恰当的服务，换言之，质量既包括服务机构的配备，也包括提供服务的方式。

关于服务质量的评估必须将服务机构和服务双方的人机互动层面同时纳入一个简单且一致的框架，这个框架就是著名的"布鲁斯框架"（Bruce Framwork），它以美国医疗质量管理之父多那伯第安（Avedis Donabedian）在健康质量服务评估中提出的技术/人际模式为基础，将之具体化至计划生育及其相关的生殖健康领域。该框架勾勒了质量测量的六大要素：方式选择（choice of methods）、给客户的信息（information given clients）、技术能力（technical competence）、人际关系（interpersonal relations）、持续性激励机制（follow - up/continuity mechanisms）以及服务集群（appropriate constellation of services）。其中，方式选择指的是可靠的避孕方式的数量和多样性，即可以满足因为年龄、性别、收入状况不同而形成的不同人群的多样性需求；给客户的信息即提供给服务对象的信息，是服务过程中提供的使服务对象能够选择和使用满意且会操作的避孕方式的相关信息；技术能力指的是严格按照标准提供服务的能力，如放置避孕环时的无菌要求；人际关系指的是服务的人际层面，服务双方的关系受到项目目标、管理风格等诸多因素的影响；持续性激励机制：既包含知晓对象自保持持续性也包括项目中正式的机制，如上门随访等；服务集群是将计划生育服务加以情境化定位，与业已存在的健康需求等相联系，或者融入母婴健康、产后护理等项目中。这六个因素相互联系，但同时有相对独立性，可以单独使用。该框架的基本预设是项目努力通过这六大要素表现为项目影响，如图7-5所示：

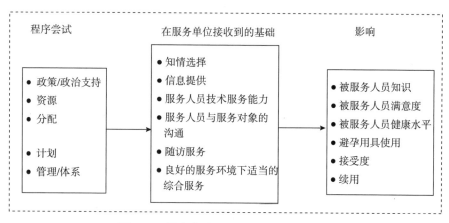

图7-5　服务体验的质量——源起与影响

该框架被人口理事会（Population Council）等许多致力于计划生育研

究和实践的机构所用，成为服务质量的指南。但是，这六大要素只是提供了对计划生育服务质量进行督导评估的概念框架，却并没有提出计划生育服务质量的"标准"，因为其预设是标准应该在具体的项目或国家场景中开发。所以，要真正付诸测量，这一框架尚需要转化成具体的指标。而且，鉴于服务质量的复杂性和相对性，要测量的子要素其实远不止六个。比如 1990 年的一个研究团队在此框架下为测量计划生育服务质量制定的指标多达 200 余个。其后由美国国际发展署提供资金支持的评估工程在对服务质量进行研究后，将指标减少到 46 个。该计划的后续项目测量评估开发了一套低成本和实用的督导工具，后来被命名为快速质量调查（The Quick Investigation of Quality，QIQ），将服务质量督导指标再次减少至 25 个，这25 个指标是被认为会对服务质量结果产生最直接的影响。

　　针对服务质量指标的数据收集，最常见的来源是设备调查。由人口理事会开发的场景分析（situation analysis）工具是首个专门针对计划生育服务质量的数据收集工具。为了应对快速、易操作和低成本的督导需求，测量评估以场景分析为基础，开发了三种工具：设施审计（facility audit）（对项目管理者的提问）；对服务提供者和服务对象以及某些实践程序的观察（observation）；对离开场所的服务对象进行出口处访谈（client exit interview）。这三种数据收集工具各有自己的特点，有交叉但不可替代：设施审计可以测量场所提供服务的配备；对双方互动的观察可以衡量咨询和临床程序中的技术能力；而出口处访谈是获得服务对象观点的唯一来源。

表 7-2　指标与数据收集工具

指标编号	指标	数据收集工具
	服务提供者	
1	表现良好的咨询技巧（整体）	服务对象出口处访谈；观察
2	为服务对象保密	观察
3	询问服务对象的生育意愿（更多孩子？何时？）	服务对象出口处访谈；观察
4	与服务对象讨论她倾向的方式？	服务对象出口处访谈；观察
5	提及 HIV/AIDS（提出或回应）	服务对象出口处访谈；观察
6	讨论双重方式使用	服务对象出口处访谈；观察
7	对待客户尊重/礼貌	服务对象出口处访谈；观察
8	甄选关键信息以满足具体服务对象的特殊需求	服务对象出口处访谈

续表

指标编号	指标	数据收集工具
9	就所接受的方式给予准确的信息（如何使用、副作用、并发症）	服务对象出口处访谈；观察
10	说明回访的时间	服务对象出口处访谈；观察
11	遵循指南中描述的感染控制操作	观察
12	识别/鉴定与指南相符合的禁忌证	观察
13	按照指南进行临床操作	观察
	员工（服务提供者除外）	
14	对服务对象以礼相待	服务对象出口处访谈
	服务对象	
15	积极参与方式的讨论和选择（被"赋权"）	服务对象出口处访谈；观察
16	获得了她选择的方式	服务对象出口处访谈；观察
17	服务对象相信服务提供者会为她的信息保密	观察
	设施	
18	所有（被认可）方式都可获得；没有缺货	设施审计
19	服务站点有提供方式所需的基本物品（消毒设备、手套、血压计、诊视镜、充足的照明、水）	设施审计
20	为盆腔检查/宫内避孕器置放提供隐私保护（没有人可以看）	服务对象出口处访谈；观察；设施审计
21	有根据服务对象反馈进行项目调整的机制	设施审计
22	在过去_____月中获得了一次监督访问	设施审计
23	场所内避孕用具和药物（远离水、热和阳光直射）库存充足	设施审计
24	有最先进的临床指南	设施审计
25	等候时间可以接受	服务对象出口处访谈；设施审计

1998 年 10 月至 1999 年 3 月之间在厄瓜多尔、土耳其、乌干达和津巴布韦四国进行了现场试验（field – test），以验证数据收集的可行性以及数据的可靠性。

七、比较与小结

本章在介绍了计划生育领域内督导评估的定义、概念框架、实施程序的基础上，介绍了当今最为广泛使用的一些代表性指标体系，有比较系统的指标数据库，也有指导实践的督导评估指南；有系统完备的指标体系，也有简单易行且投入较低的快速督导评估办法。比如，虽然世卫组织肯定计划生育项目评估包括对社会经济方面和人权方面的内容，且传统上主要是对生育控制指标的评估，但是其行动指南主要将注意力集中在了计划生育的健康服务评估上。以计划生育和健康服务之间的关系为出发点，希望通过将计划生育与健康服务相结合的实践，达到最终提升目标人群健康状况的目的。计划生育评估指标手册对以往的计划生育评估进行了回顾，对发展中国家计划生育项目评估中使用最广泛的指标体系加以汇总和整理，旨在区分计划生育评估的项目层面和人口层面，并对前者加以强调，以弥补既往研究在此方面的不足。计划生育和生殖健康指标数据库将计划生育与生殖健康联系起来，表现出对生殖健康乃至整个人类健康的强烈关注。计划生育 2020 项目的焦点国家是全球 69 个最贫穷的国家，针对上述国家避孕普及率低、计划生育需求远未得到满足的具体情况，项目制定了一个单一的、量化的目标，为了对各国实现目标的进程进行督导与评估，该项目制定了简明的、可操作性强的量化指标体系。自 20 世纪 90 年代开始，服务质量逐渐成为国际计划生育和生殖健康领域的核心关注点，著名的"布鲁斯框架"为服务质量的独到评估提供了指导框架，经过多方努力，最终一套对基于服务场所计划生育项目的服务质量进行定期监督的指标体系被开发出来，且实现了低成本、快速实用等目标。

综上，可以发现，计划生育的督导评估随着计划生育实施场景和侧重的转变而转变，表现出如下两个明显的趋势：

首先，自开罗会议以后，计划生育的重心从生育控制转向健康，这一转向在计划生育督导评估工作中的表现是从以往关注计划生育项目的人口影响、评估技术等转变为关注计划生育的健康层面，将之置于健康服务之中，并与生殖健康等更大的范畴联系起来。

其次，服务质量在整个计划生育的督导评估中得到越来越多的关注，其背后隐含的其实是计划生育项目从控制和管理到服务的理念的转变。

最后，需要指出的是，虽然本章力图呈现更多的、更系统的计划生育督导评估指标体系，但是鉴于计划生育实施地的社会经济状况和文化场景不同、对象不同、项目目标和对象不同，所以不存在对所有计划生育项目和服务均适用的评估体系，也不是每一次督导评估都需要用到尽可能多的指标，而只能是根据实际场景和需要以及可获得的数据情况，选择恰当的、具有可行性的评估指标和方案来进行评估。

（景军、方静文）

参考文献

［1］ A Hardon A M, Kabir A N, Engelkes S M. Monitoring family planning and reproductive rightsa manual for empowerment ［M］. New York：Zed Books，1997.

［2］ Pebley A R, Goldman N, Choe M K. Evaluation of contraceptive history data in the Republic of Korea ［J］. Studies in Family Planning, 1986, 17（1）：22－35.

［3］ Berelson B. An evaluation of the effects of population control programs ［J］. Studies in Family Planning, 1974, 5（1）：2－12.

［4］ Brown W, Druce N, Bunting J, et al. Developing the "120 by 20" goal for the Global FP2020 Initiative ［J］. Studies in family planning, 2014, 45（1）：73－84.

［5］ Speizer I S, Tambashe B O, Tegang S P. An evaluation of the "Entre nous jeunes" peer—educator program for adolescents in Cameroon ［J］. Studies in family planning, 2001, 32（4）：339－351.

［6］ Fawcett J T, Perkin G W, Rosenfield A G. Thailand：Monitoring the commercial distribution of oral contraceptives ［J］. Studies in Family Planning, 1969, 1（48）：10－12.

［7］ Bertrand J T, Magnani R J, Knowles J C. Handbook of indicators for family planning program evaluation ［J］. Washington D. C.：U. S. Agency for International Development，1994.

［8］ Bertrand J T, Magnani R J, Knowles J C. Family Planning & Reproductive Health Tools ［EB/OL］. Chapel Hill：EASURE Evaluation, 1994 ［2016－04－02］. http：// www. cpc. unc. edu/measure/resources/publications/ms－94－01.

［9］ Valadez J J, Transgrud R, Mbugua M, et al. Assessing family planning service－delivery skills in Kenya ［J］. Studies in Family Planning, 1997：143－150.

［10］ Bruce J. Fundamental elements of the quality of care：a simple framework ［J］. Studies in family planning, 1990, 21（2）：61－91.

［11］ Gorosh M E. Improving management through evaluation：techniques and strategies for family planning programs ［J］. Studies in family planning, 1978, 9（6）：163－168.

［12］ Stycos J M, Marden P G. Honduras: fertility and an evaluation of family planning pro-
grams ［J］. Studies in Family Planning, 1970, 1 (57): 20 – 24.

［13］ Jolie Hall. Monitoring and evaluation: family planning programe ［EB/OL］. 2014
［2015 – 11 – 12］. http: //www. slideserve. com/jolie – hall/monitoring – and – evalu-
ation – family – planning – programshttp: //www. slideserve. com/jolie – hall/monito-
ring – and – evaluation – family – planning – programs.

［14］ MEASURE Evaluation. Quick investigation of quality (QIQ) a user's guide for monito-
ring quality of care in family planning ［M］. Chapel Hill: MEASURE Evaluation,
2001: 7 – 8.

［15］ MEASURE Evaluation. Number of acceptors new to modern contraception ［EB/OL］
［2015 – 11 – 22］. http: //www. cpc. unc. edu/measure/prh/rh_indicators/specific/
fp/number – of – acceptors – new – to – modern – contraception.

［16］ MEASURE Evaluation. About us ［EB/OL］. Chapel Hill: EASURE Evaluation ［2015 –
4 – 11］. http: //www. cpc. unc. edu/measure/about.

［17］ Treadway R C, Forrest J E. Family Planning Program in India: An Evaluation ［J］.
Studies in family planning, 1973, 4 (6): 149 – 156.

［18］ Bessinger R E, Bertrand J T. Monitoring quality of care in family planning programs: a
comparison of observations and client exit interviews ［J］. International Family Plan-
ning Perspectives, 2001: 63 – 70.

［19］ RamaRao S, Mohanam R. The quality of family planning programs: concepts, meas-
urements, interventions, and effects ［J］. Studies in family planning, 2003, 34
(4): 227 – 248.

［20］ Rothkopf L. London Family Planning Summit: Gates, Bloomberg, Others Donate
$4. 6 Billion To Family Planning ［N/OL］. 2012 – 07 – 13 ［2015 – 04 – 09］. ht-
tp: //www. huffingtonpost. com/2012/07/13/gates – bloomberg – donation – family –
planning_n_1671916. html? utm_hp_ref = email_share.

［21］ Sullivan T M, Bertrand J T. Monitoring Quality of Care in Family Planning by the Quick
Investigation of Quality (QIQ): Country Reports ［J］. Evaluation, 1999.

［22］ United Nations. Manual IX: the methodology of measuring the impact of family planning
programmes on fertility ［J］. New York: Department of International Social and Eco-
nomic Affairs, 1986.

［23］ World Health Organization. WHO Technical Report Series 442 ［J］. Geneva: World
Health Organization, 1970.

［24］ World Health Organization. WHO Technical Report Series 476 ［J］. Geneva: World
Health Organization, 1971.

［25］ World Health Organization. WHO Technical Report Series 528 ［J］. Geneva：World Health Organization，1973.

［26］ World Health Organization. WHO Technical Report Series 569 ［J］. Geneva：World Health Organization，1975.

参考网站：

http：//www. familyplanning2020. org/，2015 - 04 - 09 访问。

http：//www. track20. org/，2015 - 04 - 09 访问。

第八章 计划生育社会倡导国际比较研究

计划生育，无论是国家层面上的政策实施，还是家庭层面上的行为采纳，都离不开社会倡导；其核心是如何影响人心，说服人们采纳与这个国家人口发展相匹配的调节生育行为。

综观各国，社会倡导的主体往往呈现出多元化的特点，除了政府之外，各类非政府组织、公共卫生服务机构、学校、社区、宗教组织等均发挥作用；社会倡导的形式往往也不一而足，除了寓教于乐的电视节目之外，新型的社交媒体、畅销的动漫画、诊所的健康教育、学校的健康课程、民间组织开展的社会运动等，都呈现出多姿多彩、有所创新的局面；而对象方面，都不约而同地将青少年当作社会倡导的主要对象，因此在内容设计方面也考虑到青少年的特点，一方面，更多着眼于性的观念、生殖健康，从个人角度切入，而不是宏观叙事；另一方面，内容生动活泼、轻松有趣，不枯燥、不说教。此外，根据各国文化和宗教信仰的不同，在社会倡导方面也融入本国特色，如伊朗让宗教人士从教理上找依据，说明《古兰经》没有任何章节禁止节育和避孕，并认为控制人口的做法符合宗教和教民的利益；日本在动漫产业融入早生早育元素；印度发挥其电影大国的优势等。总之，开展计划生育社会倡导比较研究，对新形势下开展我国计划生育工作大有裨益。

一、美国人口情况及其社会倡导

（一）美国人口总量稳步增长，移民因素影响较大

美国官方人口时钟的数据显示，截至 2015 年 3 月 1 日，美国总人口数量为 320,432,000，占世界总人口的 4.43%，为世界第三大人口国家。相比于其他发达国家人口长期停滞或负增长的状况，美国人口自第二次世界大战后一直保持稳步增长的势头。美国人口普查局 2010 年的调查数据显

示，截止到 2010 年 4 月 1 日这一时点，美国人口总数为 3.087 亿，较 2000 年增长 2730 万人，增长率为 9.7%，低于 20 世纪最后 10 年美国人口 13.2% 的增长率水平，与 1980—1990 年美国人口 9.8% 的增长率基本持平。

美国政府并没有直接干预人口规模和人口增长的全国性人口政策，各州各自为政，有自己的政策。虽然美国对生育名义上并不干预，但现行的一些人口措施，实际上旨在使人口增长受到一定控制，最终让美国人口达到静止目标。"静止人口"已成为美国政府人口发展政策的目标，其中移民政策是美国人口政策的重要部分。美国是世界上接收移民最多的国家，据联合国统计，美国拥有全球 20% 的移民，在 1900—2005 年的 15 年中，美国吸引了全球新移民的 75%，即 1,500 万人。

美国的人口增长主要来自于外来移民和移民的出生率。近十年美国白人出生率和死亡率一直处于一个较低的水平，而大量移民的到来对美国人口规模、结构和分布产生较大影响。美国的移民年龄群中，处于 18 ~ 34 岁年龄段的移民占据最高比例。移民人口年轻化一方面使得美国的人口老龄化问题并不凸显，另一方面使得美国人口出生率提升。

（二）美国生育率经历"婴儿潮"后迅速下降

美国的生育率经历了婴儿潮的突增后一直处于较低水平。1945 年"二战"结束后，大批军人返回美国，使 1946 年成为美国婴儿潮的开始。从 1946 年到 1964 年，美国约有 7,600 万婴儿出生，总和生育率增至 3.0（每个女性拥有 3 个孩子）。在 20 世纪 50 年代，美国的生育率达到顶峰，每个女性约拥有 3.7 个孩子。婴儿潮结束后，美国的生育率迅速下降，总和生育率一直维持在 2.0 左右（见图 8 - 1）。

婴儿潮后的生育率下降可以归结为以下几点原因：一是经济下滑，失业率上升迫使年轻人推迟结婚年龄；二是移民数量大量减少，由于移民人口比美国本土人口生育率更高，移民数量减少也就降低了其总和生育率；三是美国女性地位的提高，女性接受教育的机会增加，在职场中的地位也更加重要，更多的女性将重心从家庭转移到工作上；四是美国青少年性行为的延迟和避孕措施的普及，美国青少年通过学校、媒体等渠道获取一定的生殖健康信息有助于他们减少意外怀孕的概率。

图 8-1　1913 年到 2013 年间美国总和生育率

World population data sheet，2014，http：//www.prb.org/Publications/Datasheets/2014/2014 - world - population - data - sheet/us - fertility - decline - factsheet.aspx.

（三）美国计划生育的社会倡导

受经济和社会因素影响，大多数美国家庭只想要两个孩子，而要实现这个目标，就需要在适当的时间做好避孕措施。尽管美国的避孕知识普及率处于世界领先地位，但其意外怀孕率也一直居高不下。美国的一家非营利性组织古特马赫研究院（Guttmacher Institute）2015 年的研究报告称，美国的意外怀孕率高达 36%，其中有 28 个州以及华盛顿哥伦比亚特区的意外怀孕率高达 50%。意外怀孕的结果要么是堕胎要么是非自愿地生育。而这两种结果都会给个人和社会带来一定的负担。因而美国计划生育工作的核心是如何加强避孕措施，减少意外怀孕和为妇女提供生殖健康信息及服务。

美国的计划生育工作是由美国联邦政府、非政府组织和学校共同推进的。其中，政府提供资金，非政府组织起主导作用，学校则承担主要的宣传教育工作。具体的倡导方式主要包括社区服务、非政府组织运动、媒体宣传和学校教育四种。

1. 计划生育诊所遍布全国，医疗宣教双管齐下

美国的基础医疗设施相对完善，其计划生育诊所（或称健康中心）几乎遍及美国的大小社区。古特马赫研究院 2014 年报告称，美国有超过3,000 家机构运营着 8,000 多家计划生育诊所，这些诊所覆盖了美国 85%

的县镇社区，尤其是低收入群体（包括大量少数族裔，移民人口以及人口分散的农村人口）居住的地方。这些诊所由美国健康部、医院、美国计划生育联盟（Planned Parenthood Federation of America）及其他非政府组织经营。其中三分之二的诊所由美国健康部和计划生育联盟管理经营。

美国计划生育联盟是美国最大的一家非营利医疗机构，它每年通过 Title X 项目接受 3 亿多美元的联邦资金，其绝大多数资源用于计划生育、避孕、癌症筛检以及检测和预防性病，致力于改善美国低收入人群和弱势群体的健康和福利。联邦政府医疗补助（Medicaid）项目和 Title X 项目为这些计划生育诊所最主要的资金来源。2010 年，计划生育诊所 85% 的资金来源于这两个项目。

这些计划生育诊所除了提供生殖健康医疗服务外，还会通过个人咨询和印发宣传册的方式在社区内进行生殖健康知识的科普教育工作。其中，70% 的计划生育机构提供专门针对青少年的生殖健康宣传教育以及满足青少年需要的避孕知识，40% 的诊所强调推迟性行为。社区诊所为美国公民提供了极大的方便，美国每年平均有 1/4 的女性从诊所获得避孕药具或服务，另外有 1/4 的女性为了有计划地生育每年会去诊所一次，还有 1/3 的女性每年去诊所咨询计划生育信息。计划生育诊所的存在降低了美国女性的意外怀孕率。仅 2012 年一年就避免了 150 万例意外怀孕，而这本可能造成 741,000 例非计划生育和 510,000 例堕胎。

2. 不同媒介形式全方位宣传

美国拥有世界上最四通八达的媒介传播系统，其媒体几乎包含了所有的媒介形式包括广播、电视、电影、报纸、杂志、互联网等。媒介信息的无孔不入使得美国公民更易获得生殖健康信息。新旧媒体的融合也使得人们获取信息的方式多种多样。

（1）借助电视节目寓教于乐。美国拥有全球最大的电视网，电视作为大众传播的一种方式始终是美国人娱乐放松和获取信息的重要方式。2013年，电视广播连续剧《东洛高》在美国的视频网站葫芦网播放，一时成为该网站最受追捧的电视剧。该剧由美国一家非政府组织人口媒体中心（PMC）与好莱坞共同投资拍摄。由于该剧涉及青少年怀孕题材，具有极强的宣传教育意义。在播出的一个月内，美国就有超过 25,000 人使用计划生育专用器材来检查自己是否感染性疾病或者怀孕。该非政府组织也安排计划生育专家参加广播节目、电视脱口秀节目以及评论栏目以传播有关生殖健康的知识。

电视娱乐节目供人们娱乐消遣的同时也可以提供有效的健康信息。根据美国疾病防控中心 1999—2000 年报告数据，将近一半的电视观众反映，他们获取健康知识主要是通过电视娱乐节目。而在这些人中有一半的人会根据所获取的健康信息来指导自己的行为。此外，观看健康信息类电视节目也容易加速人际传播。许多受访者表示，他们在看完此类电视节目后会与其他人讨论健康话题，采取行动预防疾病，或是寻求更多信息包括看医生和去附近的计划生育诊所。

（2）主流新闻媒体影响突出。随着互联网的发展，各种新的媒体形式层出不穷，但是主流新闻媒体对于传播生殖健康信息依旧有着较大的影响力。美国主流新闻媒体比如《纽约时报》是人们获取计划生育信息的重要来源。相比于一些不知名网站上鱼龙混杂的信息，美国民众更加信赖新闻网站的健康信息。例如，美国民众对避孕丸的知晓主要是通过阅读《纽约时报》等主流媒体的报道。

（3）互联网成为新的传播渠道。网络资源的丰富性使得一些倡导计划生育的非政府组织把互联网作为新的宣传阵地。人口媒体中心自 2008 年起在美国众多网站包括 MSNBC. com、Treehugger. com、Ecosilly. com、Undernews. com、Examiner. com 等投放生殖健康信息，此外该组织还在各主流报刊和当地报刊网站开创健康专栏以帮助人们了解避孕信息及其他生殖健康信息。

社交媒体网站如 Twitter、Facebook 同样是人们获取计划生育信息的渠道之一。众多倡导计划生育的非政府组织在 Twitter 和 Facebook 上都有官方账号，通过社交媒体平台传达相关的计划生育信息。截止到 2015 年 3 月 23 日，美国计划生育联合会的 Twitter 账号关注的粉丝量达 3.21 万人，发出推文 4,764 条；而古特马赫研究院的 Twitter 账号粉丝量为 2.04 万，发出推文 3,784 条。

3. 学校性教育成熟

美国学校对于计划生育的推广核心在性教育工作上。美国是世界上最早开展学校性教育的国家之一。美国学校从小学一年级起就开始传授生育、两性差异、个人卫生、性道德等知识。初中阶段讲生育过程、性成熟、性约束等知识。进入高中时期讲婚姻、家庭、性魅力、同性恋、卖淫现象、性变态等知识，并向学生发避孕套。有一些学校会提供在何处可获得控制生育器具或如何使用避孕套的资讯。

美国的性教育总体来说经历了四个阶段。20 世纪 60 年代的美国社会提倡"性自由""性解放",青少年性活动大幅提高,第一次性行为年龄不断下降,特别是从 1963 年起,低年龄少女未婚状态下生育比例明显增加,并一直持续到 21 世纪初。80 年代后,随着青少年怀孕率的激增,人们对学校性教育的重要作用给予了充分肯定,社会各界对开展学校性教育持广泛支持的态度。教育界也开始逐渐把"预防"作为学校性教育的主要思想,超过 75% 的中学根据自身条件开设了各具特色的性教育课程,实行避孕教育以降低青少年怀孕率。80 年代后期,一些宗教组织、社会团体开始呼吁学校性教育要回归传统道德规范,主张道德教育,按照学生的年龄段不同,适时地讲授适量的、适度的性教育知识,明确反对学生婚前性行为,也称"禁欲教育"。90 年代是禁欲教育和安全性行为教育并存的年代,发展至今已形成较为成熟的全面性教育,这种教育模式提倡青少年要在生理、心理尚未成熟前禁欲,要主动学习、掌握科学健康的性教育知识,自己成为性的决策者,既能控制自身的性冲动、性行为,也能正确地采取安全的措施在性行为中保护自己,从而预防早孕、性疾病,并形成良好的性观念。

美国中小学关于生殖健康的健康教育教学资料比较丰富,包含师生课本、学生读本、练习册、海报、专题 CD 等教学和自学材料等 31 项。其教材是按照美国《国家健康教育标准》分年级编排的。学生用书与《练习册》从 3 年级开始编写至 8 年级各 6 本。学前及低年级有相应的学生读本、《大概念》手册与《生活技能》手册及帮助教师进行演示的玩偶。针对不同年级,学校会设计不同的生理健康专题。如教材为即将步入青春期的 4~6 年级学生设计了一个生理与发育教育专题《你的身体》,并出版了师生用书与相关视频《关于男孩》《关于女孩》。

4. 政府及非政府组织运动联手

美国的计划生育概念是由玛格丽特·桑格在其 1914 年创办的杂志《叛逆妇女》中提出来的。随后由她领导的节制生育运动在全国如火如荼地开展起来,并在美国乃至世界产生了深远的影响。美国节制生育运动的主要内容是宣传避孕知识、反对康姆斯托克法、兴办节制生育诊所、为妇女的生育自主权进行辩护。

时至今日,一些倡导计划生育的非政府组织经常会组织社会运动来传播计划生育信息，加强人们对计划生育重要性的认识。如人口媒体中心2015 年开展的"Global Population Speak Out"运动邀请了世界顶尖的科学家、学者、意见领袖、环保主义者以及热心的公民探讨人口增长带来的问题以及实行计划生育的必要性。

美国卫生与公共服务部开展的"Healthy People 2020"运动制定了 10 年内将美国意外怀孕率降低 10 个百分点的目标，为达到这个目标，该运动倡导社会各界人士和组织团体积极加入，共同倡导有计划地生育和加强避孕措施。

（四）小结

综上，目前美国人口稳步增长，人口老龄化现象并不严重，生育率处于相对稳定的状态。美国计划生育的重点落在加强避孕措施，减少意外怀孕率上。美国的计划生育工作由社会各界共同倡导，其中非政府组织和学校承担主要的推广工作，政府则退居幕后。美国的基础医疗服务相对完善，女性的健康和福利基本能够得到保障，这也是其计划生育得以顺利进行的前提。美国的媒体提供了大量生殖健康信息，使得计划生育概念深入人心。学校教育为青少年开设相关课程，大大减少了早孕率。而非政府主导的运动则推进了计划生育的实行，使得社会各界都能参与到此项工作中来。

二、日本人口情况及社会倡导

（一）日本当前人口问题：低生育率、老龄化、少子化

根据总务省统计局公布的数据，截至 2014 年 12 月，日本总人口为 1亿 2,707 万人。当前，日本面临着越来越严重的人口问题，其中最突出的是人口老龄化、人口少子化、高于世界平均水平的死亡率、高密度的人口环境和人口数量急剧下降。

日本从 20 世纪 70 年代初便步入老龄化社会，65 岁以上的老人占整体人口的比例为 7.1%，经过 40 多年的发展，根据联合国的《世界人口展望》，日本已成为世界上老龄化趋势最快的国家，2010 年时，日本 65 岁以上的人口比例已经增至 23%。预计到 2060 年，65 岁以上老人将接近全国总人口的 40%。老龄化的加剧加重了日本社会保障的负担。

同时，日本少子化问题也不断显现，由于现在平均每个日本育龄女性

只有 1.3～1.4 个孩子，造成一方面出生率连年低下，如 2012 年新生儿数量为 104 万左右，达到最低；另一方面日本已连续 10 年死亡人口超过 100 万，如 2012 年死亡人数为 124.5 万，按此发展趋势下去，到 2060 年，日本人口就将减少 30%。

（二）历史特点：从 20 世纪中期的"计划生育"到 80 年代"鼓励生育"

日本的计划生育主要集中在 20 世纪中期，也就是第二次世界大战结束后的几十年时间。研究国际关系的日本华人桥本隆则指出，战争中的紧张、恐怖不断蔓延，加上很多家庭的男人被派往战场，与家庭的团聚时间很短，所以当和平来临，没有工作时，唯一的乐趣就是家庭的夫妻生活了。资料显示：1947 年到 1949 年的 3 年时间，日本人口出生数达到了 270 万人，这个时期人口增长率高达 34%。1945 年总人口 7,200 万，五年之后的 1950 年就增加到 8,320 万。人口密度从每平方公里 196 人增加到 226 人。

看到这个情况，日本政府（厚生省）的日本人口问题审议会认为，如果人口这样增长下去，日本会被灭亡，于是就不断制定出抑制人口增长的政策。在 1948 年年底，日本政府一口气承认了约 80 种避孕药，从这个时候开始，人工流产变为合法，政府废除家庭补贴与孩子抚养补贴。在 1949 年 4 月左右，日本政府特地成立了日本家庭计划普及会（现在的日本家庭计划协会），普及会的最大工作就是派发避孕套。

随着经济发展，日本政府于 1972 年开始了儿童津贴政策，那时日本的总和生育率接近更替水平，经济正蓬勃发展。起初的目的不是鼓励生育，而是帮助至少有三个儿童的低收入家庭。因此，津贴只局限于有三个或更多孩子的家庭。1986 年，津贴补助的范围扩大到第二个孩子。1992 年由于鼓励生育的原因，津贴补助进一步扩大到第一个孩子。儿童津贴由国家、州、市政府和雇主承担，并且津贴额度一直在调整。至 2005 年，津贴补助的对象一直延续到孩子上三年级。2004 年，雇主支付三岁以下儿童的大部分津贴，政府全部支付三岁及以上儿童津贴。这一系列的鼓励措施都旨在解决目前日本人口问题。

（三）日本"控制生育"与"鼓励生育"的社会倡导比较

1. 控制生育时期

（1）报纸杂志普及避孕知识。

1950 年以后，时常进行避孕的已婚妇女的比率很快地增大起来，60～70 年代就达到了 60% 左右的稳定状态，现在达到 80%。日本最普及的是用避孕套进行避孕。虽然天主教徒不多，但是采用安全期避孕法的比率列为世界第二。日本政府到了 1974 年才允许使用宫内节育器。在普及避孕知识方面，报纸杂志起着很大作用。特别是妇女专用杂志，给妇女提供既详细又丰富的知识，每家平均达 1.3 份。

此外，1950 年时日本的《朝日新闻》《读卖新闻》中都可以看见关于控制人口，也就是日本的计划生育——家庭计划动向的报道，如《关于家族计划的重要性的彻底教育》。这类带有宣传性质的文章在当时控制生育中产生了很大的影响。

图 8－2　1954 年《朝日新闻》对日本计划生育的宣传报道

图片来源：http://blog.ifeng.com/article/18780997.html.

（2）公共卫生院开展健康宣教。

为指导宣传计划生育工作，日本设立了公共卫生院，每个卫生院负责的人大致为 2 万～50 万，平均为 10 万。卫生院医生和公共卫生护士利用一切与卫生院有关的活动，开展计划生育和妇幼保健指导工作，特别是利用卫生教育、待产妇女和儿童的定期体检、妇幼保健指导活动等机会进行宣传。

地方政府内的卫生处共有 5,949 名公共卫生护士，计划生育和妇幼保健是主要任务之一。地方政府同卫生院经常保持密切联系。各地方政府都建立了各自的妇幼保健院，进行计划生育指导、妇幼保健指导以及接生服务。此外，每个基层单位还开展了各种自愿活动，比如妇幼保健宣传员系统，这是一种把公共卫生院同各个家庭联系在一起的形式，它在推广计划生育方面发挥了很大作用。这些宣传员都是由家庭妇女自愿担任。平均每 50 户有一个推进员，她们由市长、町长或村长指定。公共卫生院和妇幼保健院以及几个民间组织利用一切机会进行计划生育的指导工作，重点在四个时期内进行：

① 婚前和新婚期：在这一时期中，主要对未婚男女、未婚夫妇和新婚夫妇进行教育。教育的内容根据每个地区的特点有所不同，重点是生理卫生和性知识以及避孕知识的教育。

② 妊娠期和产后期：妊娠期和产后期的妇女保健指导，由医生、公共保健护士、保健院的助产士、地方政府以及医院负责。在妊娠期以母亲和胎儿的营养、孕期卫生以及劳动活动对胎儿的影响等为重点，产后以哺乳期的卫生、营养和科学育儿为重点。

③ 育儿期：婴儿出生以后，将在 30 天、6 个月、1 岁和 3 岁进行定期保健体检。这个时期内妇幼保健的教育工作由妇幼保健站、妇幼保健院、地方政府来负责。在这段时期内，计划生育指导只对那些需要进行指导的母亲进行。

④ 人工流产期：人工流产手术都由妇科大夫进行，手术后由他们进行指导，以帮助这些妇女。

2. 鼓励生育时期

（1）动漫作品中融入早生早育元素。

进入老龄化和少子化社会后，日本在增加人口方面的宣传工作也下了很多功夫，其中最有特点的是在日本动漫和影视剧中加入早生早育元素。动漫是日本的第三大产业，占国内生产总值（Gross Domestic Product, GDP）比重超过 10%，日本也是世界上最大的动漫产业创作输出国。

日本法定结婚年龄男性为 18 岁，女性 16 岁，这样的早婚元素在日本动漫里是十分常见的。一般来说以初中生、高中生为主角的作品中，随处可见男女生之间对于爱情的表达。由于日本动漫深受年轻人的喜欢，动漫故事无形中成为"框架"，影响着日本民众特别是低年龄段群体的恋爱观、生育观。

（2）政府、企业和民间团体的联动倡导工作。

1994 年开始，厚生劳动省倡导设立名为"兼顾工作与家庭的特别援助事业"的"家庭支援中心"，原则上在 5 万人口以上的市町村设立，组织会员实行互助，国家对采取这类措施的地方政府给予支持。2000 年设置了 116 所，会员由社区里希望在养育子女上获得帮助和希望提供帮助的人组成，有职工、个体营业者、家庭主妇等，主要以 1～10 岁的孩子为对象。在保育所和幼儿园上班前或下班后照顾那些孩子，并负责接送。

厚生劳动省为鼓励那些积极采取措施、制定各项措施、使劳动者能够以自由选择工作方式的企业，每年评选和表彰那些在执行"育儿休业"制度上有突出成绩的"家庭友善企业"。一些企业在政府的号召下，制定了鼓励妇女就业和家庭兼顾的措施。如妇女怀孕可以得到一定时间的生产休假，在产假期间虽不享受工资，但企业为其支付补贴和慰问金。妊娠和产后一年期间，需要去医院检查的女职工可以得到一定天数的休假以及允许迟到早退。另外，可增加工休时间，在工作内容上适当予以照顾，育儿期女职工不安排夜班。"育儿休业"后希望继续工作的和辞职后希望复职的女职工，可提出申请，符合条件时予以批准。

在鼓励生育和促进妇女就业上，一些民间团体也发挥了很大作用。如1986 年 4 月成立的 21 世纪职业财团，其目的就是为了发挥女职工以及担负养育、护理任务的劳动者以及临时劳动者的能力，改善雇用管理，支援女职工的职业生活与家庭生活兼顾，提高她们的能力。其中重要的一项内容就是对家庭与工作兼顾的支援。该财团还致力于为那些因怀孕、生产、养育子女、护理老年人等原因辞职的人提供就业信息。日本政府和民间团体为促进妇女就业，减轻妇女养育子女与工作难以两全的负担，进行了各种调查，在社会各界进行了妇女兼顾工作与养育子女的宣传。1995 年，厚生劳动省将每年的 10 月定为"工作与家庭思考月"，在这一个月，集中普及宣传有关法律政策，支持工作与家庭兼顾。

（四）日本性教育发展历程

日本的性教育是在"二战"结束后不久，以"纯洁教育"的名义开始的，其发展大致可分为三个阶段。

1. 20 世纪中期

1948 年，日本文部省社会教育局发出了"关于实施纯洁教育"的通知，这是日本首次以官方立场来看待性教育的问题。其主要内容是建立起基于同等人格之上而生活行动的男女间的正确道德秩序。1949 年，文部省学校教育局将"纯洁教育"纳入中学保健学科的教育当中，但此时的性教育比起生理知识，更加注重的是道德层面的教育。

2. 20 世纪 60 至 70 年代

20 世纪 60 年代后，日本社会发生巨大变化，开始显现出性观念解放的风潮。特别是青少年生长发育的加速，在关于性的信息情报泛滥的影响下，性犯罪在青少年犯罪中所占比重逐年上升。为了应对这一问题，高等学校改订了性教育的学习指导要领，性教育中开始出现性器官的功能、性器官的构造及家族计划等内容。此外，在保健学科的教育当中，涉及性知识的内容也有所增加。关于小学的性教育，开始出现"保健指导"的启蒙读物，并且"初潮指导"也纳入其中。

3. 20 世纪 80 年代

70 年代末，日本开始流行"性与生活同样重要"的思想，并用"Sexuality"一词来表达描述。同时社会也更加强调学校对性教育的重要性。1983 年后，开始出现很多与性意识、性认识有关的调查，各都道府县也陆续出版与性教育有关的启蒙读物。各个学校虽然没有统一的性教育模式，但是很多学校都在制作性教育的年度指导计划书，并积极致力于学生的性教育指导工作。1987 年，"性及与性有关的指导"（针对学生的性指导读物）为主要内容的辅导书开始出版。

目前，日本的大多数小学都已普及性教育，而到了中学，学生们已经可以从课堂上学到一些粗略的避孕知识了。高中是在体育保健课和家庭生活课里有性教育的课程，关于避孕、性病，还讨论伦理道德方面和流产的话题。在初中、高中每所学校里都有专门由专家学者成立的"协助者协会"，负责向学生提供性咨询、性教育，并编写性教育指导手册。

（五）小结

总体说来，日本在人口经济极不平衡的态势下，实施了控制人口的政策，生育水平开始快速下降。在 20 世纪 60 年代日本经济快速发展的时候，日本政府已经不再控制生育，但生育水平并未出现反弹，特别是政府在采取鼓励人们生育的政策后，生育水平下降的趋势仍然不回头，并有继续下降的趋势，其直接的后果就是老龄人口的快速增长及人口的负增长，因此从国家到民间组织都转向对生育的倡导，青少年成为当前日本计划生育社会倡导的主要对象。

三、印度人口情况及社会倡导

（一）印度人口持续增长，生育率呈下降趋势

根据印度统计普查总署公布的第 15 次全国人口普查统计结果显示，截止到 2011 年 3 月 1 日，印度总人口数为 12.1 亿人，占世界总人口数的 17.31%，为世界第二人口大国。其中男性人口 6.2 亿人，女性人口 5.9 亿人。最新统计结果比 2001 年人口普查总数增加了 1.81 亿，几乎相当于整个巴西的人口数。印度人口总量自 20 世纪初始一直处于持续增长的态势，但增长速度近年来有所减缓。近年来印度的总和生育率呈下降趋势。据联合国经济和社会事务部人口司对 2010 年到 2015 年生育率的预测（中等估值），印度的生育率为 2.50，但是仍未达到 2.10 的更替生育率。印度国内各地区的生育率差别较大，虽然印度的总和生育率降至 2.50，但是一些贫穷的邦的生育率依旧较高，如在北方的一些邦，总和生育率高达 3.50。美国人口普查局公布的最新全球人口趋势报告显示，印度人口增长率达 1.4%，预计 2025 年印度总人口将达到 13.96 亿，届时很可能超越中国成为世界第一人口大国。

就年龄结构来说，印度仍是一个年轻的国家，劳动力的平均年龄只有 27 岁。人口年龄结构变化平稳。据印度卫生和家庭福利部预测，到 2020 年前后，印度 60 岁及以上人口所占比例将达 10.7%，65 岁及以上人口将超过 7%，印度也将进入老龄化社会；因此，印度面临的人口形势与中国类似，比较复杂。

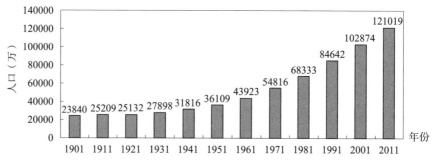

图 8 - 3 印度每 10 年人口量

数据来源：印度统计普查总署。

（二）受宗教文化影响，印度人口政策频频失效

印度政府对本国的人口问题较早就有明确认识，日益增长的人口造成自然资源消耗过快，阻碍经济增长。自 1951 年印度开始推行计划生育，是世界上最早推行计划生育的国家。但是印度计划生育的成效并不明显。主要原因为印度是一个多种宗教信仰并存的国度，大多数宗教鼓励生育。因此印度民众对政府推行计划生育的政策并不支持。

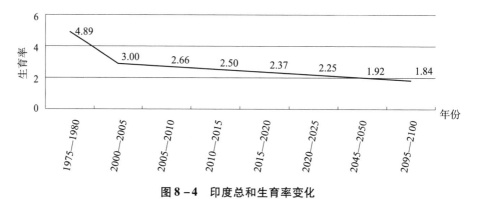

图 8 - 4 印度总和生育率变化

数据来源：World Population Prospects The 2012 Revision，UN.

1976 年印度政府制定了一项全国人口政策并颁布了《计划生育法》。但是印度在实施人口政策和《计划生育法》的过程当中出现了许多强迫绝育等错误做法的事例，当时印度有接近 400 万人在 1 个月内被强迫节育，广大民众对此很不满。时任总理英迪拉·甘地也因此在第二年的大选中落选。之后，尽管每个政党都认识到人口过多的消极影响，但都害怕触犯众怒而影响执政根基，没有任何政治家敢于在大选中提计划生育。

直到 20 世纪 90 年代中后期，印度还没有一个成熟而有效的人口政策。2000 年，印度政府终于制定了历史上第一个人口政策纲领性文件《国家人口政策》。根据这份文件，中央政府将成立一个由总理亲自挂帅的"国家人口委员会"，负责指导监督所有家庭福利和生育健康计划的实施。各邦也将成立由首席部长负责的类似机构。中央政府将在财政上大力支持有关部门推广计划生育、改善全国特别是农村地区的医疗基础设施、培训计划生育及卫生专业人员等方面的工作。新政策的制定标志着印度人口政策由单一的节育功能向多功能服务转变，即从以往单纯强调避孕、节育转到从各种社会相关因素来改变人们的生育动机，从而达到国家控制人口增长的宏观目标。

虽然这个政策的开始部分包括了平常考虑的人口数量，但并没有直接提出任何强制措施。它强调：政府运用生殖健康服务，在计划生育政策上继续使用目标豁免的方法（target - free），不再单纯强调避孕节育，努力实现控制人口增长这个既定的目标与让民众享受更好的生殖健康服务之间的平衡。如扩大妇幼保健的范围，提高保健质量，降低婴儿死亡率，改善基础设施和卫生设备，提高妇女的社会地位，增加她们受教育和就业的机会，从而提高妇女的平均初婚年龄，延长生育间隔以减少生育胎次，降低生育率水平等。政策还提出了近期目标：解决避孕药具、基础医疗设施和医务人员短缺问题，满足生殖健康和儿童健康服务一体化需求。

此外，为鼓励计划生育，印度政府实行了许多奖励政策，比如独生子女在职人员家庭可在住房上得到较好待遇，做绝育最多的村子可优先获得饮水灌溉和更多的福利保健，对晚生少生的妇女给予现金奖励，向做绝育的国民赠送自行车，为绝育的男子办理持枪执照等，然而这些政策很少起作用。

虽然印度的人口政策几经波折，但是印度政府及一些非政府组织一直在努力加强人口控制措施。印度的计划生育工作主要由政府主导、非政府组织和媒体协助完成。学校教育反而未能发挥较大作用。需要注意的是，计划生育项目完全由中央政府资助，项目的执行依然要完全依赖于邦政府。权力的划分意味着中央只能提议，各邦按它的自身利益、它的政治领导的素质和它的管理水平去实施。这样，各邦在执行政策时的差别非常明显，良莠不齐。

（三）印度计划生育的社会倡导

1. 社区宣传鼓励不同人群参与

印度自 1962 年就开始选派基层专职计划生育工作人员，增设计划生育联络机构。但是长久以来，其社区基础医疗服务始终无法满足日益增长的人口。以堕胎服务设施为例，印度的堕胎服务设施严重缺乏且分配不均。尽管堕胎服务点近年来有所增长，已从 2002 年的 9,859 个增加至 2010 年的 12,510 个，农村地区的安全堕胎服务依旧很缺乏。2010 年政府的数据显示，印度东北的比尔哈邦只有 146 个经授权批准的堕胎服务点，但是却有 2,300 万年龄在 15~49 岁的女性，这意味着每个堕胎服务点平均要服务 16 万处于生殖年龄的女性。印度人口最多的北方邦 15~49 岁的女性约有 4,800 万人，但是 2010 年其堕胎服务点却只有 576 个。尽管并不是每位女性都需要堕胎服务，但是印度的堕胎医疗设施不完善却是事实。

非政府组织印度计划生育联合会在政府的资助下仍在增派计划生育工作人员，并定期对他们进行培训。印度计划生育的社区宣传主要是通过鼓励不同人群的参与：

（1）鼓励宗教意见领袖参与。

印度是一个多种宗教并存的国家。宗教的影响渗入其社会和文化的每一部分。在印度推行计划生育常常会遇到宗教信仰的阻碍。印度计划生育社区宣传的方式之一便是鼓励宗教领袖参与进来。通过定期召开会议，探讨有关安全堕胎、有效避孕等生殖健康话题使得宗教意见领袖认识到印度计划生育的必要性，从而更好地开展此项工作。

（2）鼓励男性参与。

一直以来印度计划生育工作的重点对象是女性，印度的社区诊所为女性提供绝育手术、堕胎服务和普及避孕措施，很少有男性参与。但是近年来，印度的社区计划生育诊所鼓励男性也参与进来。2011 年，印度计划生育联合会开展了一项鼓励男性参与计划生育的项目——服务教育培训（Service Education and Training Unit，SETU），旨在为男性普及避孕知识。印度的一些社区诊所定期为男性提供咨询服务包括男性不育、避孕方法选择并强调男性在计划生育中扮演着重要角色。

（3）鼓励青少年参与。

印度计划生育联合会认为，计划生育信息在同龄人之间的口耳相传比单方面的看电视节目更容易接受，也更有效。2013 年，印度计划生育联合会在印度各个社区内共设立了 881 个青少年宣传小组，每个小组由 15～20 个成员组成。他们先在当地的青年中心接受相关的课程培训，然后分配到社区内，分享他们获得的生殖健康信息。这种措施使得社区内早年辍学的年轻人也具备了一定的生殖健康知识。此外，青少年宣传小组成员也会邀请这些辍学年轻人一同到青年中心阅读有关健康方面的书籍，观看相关视频。

2. 借助电视剧广播剧娱乐化宣传

印度政府早期借助电视广播推行计划生育。作为一个影视大国，印度电影产量居世界之冠。印度政府为了推行其计划生育政策，推出了很多计划生育题材的影视作品。1992 年，一部讨论妇女社会地位、生育年龄以及受教育权利的电视剧《同行者》（Hum Raahi）在印度各大电视台播放，引起社会强烈反响。该电视剧连续四个月收视率稳居第一，观众数量高达 2.3 亿。同样题材的广播连续剧《幸福在于小乐趣》（Tinka Tinka Sukh）在印度播出一年后，广播台和演员共收到读者来信约 18 万封。由于这些题材电视剧和广播剧的播出，印度南方四个邦的总和生育率降至 2.50 以下。但是北方一些通信设施较差的邦生育率依旧较高。南加州大学安嫩伯格传播学院曾就电视剧《同行者》对观众的影响做过一份调查，结果显示，有 71% 的被调查者表示看过此电视剧后觉得应该限制家庭人员数量，实行计划生育。

3. 学校性教育尚待完善

是否应将性教育引进学校并开设相关课程在印度备受争议。由于受宗教文化的影响，人们不轻易在公共场合谈论两性话题。绝大多数的学校教师不愿意面对学生尴尬的询问，因而反对将性教育引进课堂。一部分人担心性教育会引起孩子更多尝试的好奇，这无论对孩子还是对社会都不利，这会在青少年中引起未受保护的性行为和不必要的少女怀孕。2009 年印度议会对学校引进性教育这一议题表达看法，认为婚前性行为是不道德及不健康的做法，应该宣传有关圣人和精神领袖、自由战士和国家英雄的事迹，必须强调本能控制力和自我约束的能力。2014 年印度健康部部长称，应该禁止学校性教育，加强学生的价值观教育。

另外，不少社会活动家和知识分子则认为学校应该加强性教育，控制人口数量增长。他们认为只有具备性知识，学生们才懂得如何有效地保护自己，女孩们能避免不必要的怀孕和感染艾滋病病毒等。新德里自治委员会及部分印度媒体通过邀请印度的影视明星进行街头表演来提议学校性教育。

由于印度官方持反对态度，印度学校性教育实行起来困难重重。借助学校性教育来推广计划生育的做法在印度还未实现。

4. 其他

除却以上几种推行计划生育的方式外，在印度还存在其他方式。

（1）图片化宣传。印度街头、公交站牌等公共场所都贴有计生宣传图片，他们还专门设计了"倒立的红三角"作为计划生育的图标，这种图标出现在印度的计划生育中心、避孕药具包装、交通工具和计生工作人员的服装上。这类图片和图标都能够从一定程度上引起民众对计划生育的关注。

（2）各类比赛。印度计划生育联合会为推广计划生育曾组织过一系列展览和竞赛活动。其中包括新娘子计生知识竞赛、健康婴儿比赛、计划生育绘画和歌曲比赛等。在活动期间，特别强调宣传小家庭的优越性，宣传新生儿出生前后护理、计划免疫，小孩生长监护、营养知识以及哺乳等。

（3）商业营销。印度的一个非政府组织"人口健康服务"（PHSI）致力于提供并改进高品质和实惠性的生殖保健产品和服务。人口健康服务与印度政府合作用市场营销的方式推行计划生育。该组织主要推广一些避孕套品牌例如 Thril、Nirodh Deluxe 和 Kamagni 以及口服避孕药品牌 Mala D and KHUSHI。人口健康服务网站上有各类避孕产品的介绍和广告。近年来其业务已经由印度的南部扩展至整个国家。

（四）小结

印度早期的计划生育推行并不成功，很大一部分原因是政府希望通过绝育来控制人口，因而忽略了对生殖健康知识的普及。由于印度人口政策多年来一直单纯强调节育，忽略了妇女教育、妇女地位、生殖健康、妇幼保健、计划生育服务等这些对生育行为有影响力的因素。在印度推行计划生育比较困难，其基础医疗设施不完善，宗教文化和社会价值观使得政府关于计划生育的政策频频失效，因此只得采取一些软性措施推行计划生育，如印度政府投入大量资源以增加医疗服务点进入社区基层宣传，同时借助媒体播放计划生育题材的影视作品，加强民众计划生育的观念。此外，社会各界利用歌舞比赛、商业营销等比较创新的推广方式也起到一定作用。但是政府对学校性教育采取保守态度，导致其社会倡导缺乏了非常重要的抓手，对最关键的人群青少年缺乏长期持续的影响。

四、亚非拉地区的社会倡导

（一）亚非拉地区的人口现状

根据世界人口统计的估计，2014 年亚洲人口达到 44.26 亿，是人口最多的洲。其中中国和印度是全球人口最多的两个国家，两者人口总和占亚洲人口的 60% 以上。但中国和印度两国也占了亚洲大部分的面积。中国人口基数虽然最大，但是人口增长率相对较低，相反，亚洲一些人口较少的国家，人口增长率却非常大。如位于西亚的巴林岛年人口增长率高达7.35%，卡塔尔则高达 6.76%。

2014 年非洲人口估计达到 10.69 亿，是世界人口第二大洲，占全球人口的 15%。非洲的人口增长率普遍比其他地区要高，58 个国家中，人口增长率高于 3% 的国家有 16 个，其中南苏丹人口增长率高达 5.95%，其次是厄立特里亚国，人口增长率为 5.49%。

2014 年拉丁美洲的人口有 6 亿多，其中人口最多的国家是巴西，占拉美人口的 33.12%，其次是墨西哥，占总人口的 19.6%。但人口增长最快的是人口总量排名第八位的危地马拉，年增长率为 2.99%，其次是人口总量排名 24 名（倒数第三位）的法属圭亚那，年增长率 2.75%。

在过去几十年，采用避孕措施的人数在全球许多地方都大大增加，尤其是在亚洲和拉丁美洲。但是非洲地区，尤其是撒哈拉以南的非洲，避孕率却仍然很低。每年孕妇难产死亡的人数有 48% 来自非洲，其中撒哈拉沙漠以南的地区，孕妇死于妊娠并发症的比率为 1:26，而这一比例在亚洲和拉丁美洲分别是 1:100 和 1:160。难产死亡的主要原因正是早孕或晚孕，怀孕太密集或次数太多。然而，撒哈拉以南的非洲只有约 13% 的妇女采用避孕措施。另外，每年的不安全堕胎中有 25% 是 15～19 岁的青少年，占全球最高比例。

非洲大部分国家的避孕措施采用率都非常低，同时，非洲的生育率和新生儿及产妇死亡率却都非常高。世界卫生组织 2012 年的数据表明，非洲大约有一半的妇女希望采取避孕措施，但只有 30% 获得了相关服务。主要因素包括糟糕的卫生保健服务、配偶反对、宗教问题以及对避孕后果的误解等。2006—2007 年的研究数据显示，在纳米比亚避孕措施的采纳率达到 46%，是非洲国家最高的比率。在南非地区，只有南非、博茨瓦纳和津巴布韦等国的计划生育项目开展得比较成功。

非洲国家虽然在计划生育项目上总体进展不如亚洲和拉美国家，但有少数几个国家取得了非常显著的成效，尤其是津巴布韦，在过去几十年在计划生育项目上积累了很多经验，本文以津巴布韦作为非洲国家的代表进行介绍。

亚洲国家中计划生育项目成效最显著的是伊朗。伊朗从 20 世纪 90 年代初开始开展计划生育，并取得了显著的成效。1956—1986 年间，伊朗的人口年增长率在 3% 左右，经过几十年的计划生育政策，到 2007 年伊朗的人口年增长率已经降到 0.7%。联合国在报告中指出伊朗的人口控制计划是全球生育率最高的国家中最有成效的。因此，本文以伊朗为亚洲国家的代表。

拉美国家中古巴的计划生育项目成效显著，本文以古巴为拉美国家执行计划生育项目的代表。

（二）亚洲国家的计划生育倡导——以伊朗为代表

伊朗的计划生育政策大致经历了三个时期。首先是 1967 年至 1978 年的巴列维王朝时期。1967 年伊朗卫生部设立家庭计划生育委员会，主要目标之一便是降低人口增长率。1973 年 6 月，国会通过新刑事法典废除了限制堕胎和绝育的法规。这一时期虽然也取得了一些成绩，但是效果并不理想，"到 1977 年这一项目实施最好的一年，也仅有 11% 的育龄妇女接受计划生育服务"。

其次是 1979 年至 1989 年的两伊战争时期，起先是伊朗新政府废除前王朝的计划生育政策，宣布堕胎流产为非法行为，同时鼓励妇女生育孩子。随后两伊战争爆发，人力资源需求大增，人们希望有更多的人口保卫家园，因此这一时期伊朗的生育率大幅增加。

最后是 1989 年之后。两伊战争结束后，伊朗人口大大增加以至于人口多过了资源与环境的承载量，并由此导致全国的失业率大增，经济发展缓慢，通货膨胀剧烈等问题。严峻的人口和经济压力使伊朗政府改变自己的人口政策，重新制定策略限制人口增长率。这一时期，政府通过各种宣传倡导方式取得了显著成绩。

1. 教育倡导

伊朗政府给教育部门规定了详细的职责。教育部门需要在中学开设人口教育课程，大学里开设必修的家庭计划方面的公共教育课程。此外，伊朗的男女青年结婚前必须接受免费的家庭健康教育，包括计划生育及避孕、生殖健康、生育知识、医院可提供的服务等。

宗教阻碍转变为宗教教育。伊朗是一个伊斯兰教国家，崇尚多子多孙，这种传统原本是计划生育政策的重要阻碍。但是伊朗政府获得了宗教人士对计划生育的支持。"宗教人士从教理上找依据，说明《古兰经》没有任何章节禁止节育和避孕，并认为控制人口的做法符合宗教和教民的利益"。宗教领袖在讲经布道时还加进了计划生育和卫生保健的内容。宗教的支持不仅使伊朗民众跳出了传统宗教的观念，更有效地推动了计划生育的执行。尤其在农村，文化程度不高的虔诚教徒在宗教教育之下也积极响应计划生育，从而使伊朗的计划生育政策推广在农村和城市有很高的同步性。

另一方面，伊朗在实施人口政策时不仅仅采取直接的教育倡导，还采取间接的教育倡导——提升女性的受教育水平。为开展妇女扫盲运动，尤其针对农村及偏远贫困地区儿童和妇女的教育问题，政府专门制定了针对农村妇女发展的"伊朗伊斯兰共和国国家妇女政策"。该政策旨在"消除文盲，为女童提供平等的识字和继续教育的机会；扩大农村妇女和女童的正规和非正规教育；发展职业技术教育，为农村妇女和女孩参与到必须的活动领域进行必要的安排；在高等教育中努力建立和发展同农村妇女和女孩需求相关的课程。"妇女受教育程度的提高使妇女传统的生育观发生改变，妇女更注重自身的健康和完善，也使计划生育政策的实施有事半功倍之效。

2. 社区倡导

伊朗结合原有的"面对面"社区医疗保健服务推行计划生育。伊朗实施的是二级医疗体系，全国各地成千上万的免费村、社区卫生室和卫生站是初级医疗保健机构，这些机构虽然规模小，但分布广，接触人口多，因此在计划生育的社区宣传中能起到重要作用。经过培训的卫生员可以向该社区的居民讲解有关计划生育的知识，并提供专业的服务。另一方面，"在这些基层医疗机构里，除了正式的卫生员外，还活跃着一群妇女健康志愿者，她们由卫生部统一招募和培训，根据所居住社区的卫生需要，每人管辖50个左右的家庭，挨家挨户进行家庭健康教育，宣传计划生育和生殖健康也是她们的职责。"

为了进一步在农村和偏远地区推行计划生育，卫生部专门在这些地区建立了"卫生健康屋"，把计划生育和妇女分娩前后的综合服务结合在一起。农村卫生健康服务人员在当地招收并就地培训。伊朗这种将宣传倡导与社区服务合为一体的方式大大促进了计划生育的推广。

3. 媒体倡导

宣传部门通过电视台、广播，制作影视节目宣传相关内容，以提高民众在生殖健康和母婴保健方面的知识。

20世纪70年代中期，报纸、广播和电视对开展家庭计划生育进行了大量宣传，使人们认识到人口增长对国民经济发展的影响。政府官员、宗教领袖和特殊的宗教电视节目都强调和提倡家庭计划生育及它对生活质量的影响。现在，各级政府已把人口规模看成是经济发展的严重障碍。控制家庭规模，使每个家庭孩子数量减少到2～3个，以提高每个孩子生存"质量"的重要性已得到广泛宣传。

1996年通过的一项法案规定，人口问题的公众意识需要进一步加强。对媒体而言，则要求文化娱乐产品，如电影、电视剧等的创作应当与人口问题相结合。另一方面，媒体应制作与人口问题相关，且富有科学性和知识性的节目。此外，各种生动活泼的宣传画、海报和漫画等也常用来宣传孩子多的烦恼，如生活负担重、环境压力大以及少生孩子的好处等。

（三）非洲国家的计划生育倡导——以津巴布韦为代表

早在20世纪50年代津巴布韦就开始了计划生育的志愿活动。这群志愿者在20世纪60年代组成了计划生育协会，他们可以从政府获得一些财政支持。

1980随着津巴布韦的独立，计划生育也迎来了新时代。政府取代了计划生育协会的作用，并对计划生育的项目进行了重组和扩展。参与计划生育项目的工作人员也大大增加。在政府的规划下，计划生育项目形成了一套系统的社区服务、教育和媒体宣传体系。

在津巴布韦，计划生育服务主要由公共部门提供，但也有少数私营企业参与。计划生育服务主要由津巴布韦国家计划生育委员会提供，此外还有卫生部医院、诊所、农村卫生中心、私人医院和药房等。

津巴布韦国家计划生育委员会是一个半官方组织，隶属于卫生部。该机构负责计划生育项目的协调和执行工作。除了提供技术支持、检验计生用品质量以及培训工作人员之外，该组织最重要的工作便是进行教育倡导、社区倡导和媒体倡导。

1. 教育倡导

教育倡导方面分为两个部分，分别是青年咨询服务（Youth Advisory Services）和家长教育计划（Parent Education Programme）。青年咨询服务开始于1978年，当时教育部为了解决日益严重的在校女生怀孕问题，要求计划生育协会在学校开展一些家庭生活教育。后来该计划发展为向所有10~25岁的青少年和青年开展计划生育教育，并提供咨询服务。

家长教育计划是一项针对父母开展的计划生育教育项目，同时是教育部家庭生活教育计划的一部分。该计划通过向孩子发放诸如"性知识手册""成长的事实"等宣传手册向孩子开展性教育，同时鼓励、教导父母就成长问题与孩子进行沟通和交流。此外，该计划还制作了相关的广播电视节目。

2. 社区倡导

社区倡导主要由社区推广计划（Community Based Distribution Programme）执行。该项目于1976年开始，旨在通过社区推广员动员、教育人们参与计划生育，并提供计生用品。它是津巴布韦计划生育最主要的推广方式。社区推广计划项目从各个社区内部选拔工作人员，要求工作人员必须接受至少7年的初级教育并在社区中享有较高的社会地位，而且要在顺利通过为期6周的计划生育、初级保健护理和人际交流三方面的训练之后才能正式上岗。上岗后，每个推广员都会分配一定的工作区域，一般是半径15~20千米的地理范围。推广员挨家挨户地宣传计划生育并与已经实施的家庭保持长期的联系。由于推广员本身就是社区的成员，并且在社区中有较高的地位，因此较易取得其他社区成员的信任，大大便利了动员和教育工作。

除此之外，津巴布韦还在广大农村建立"妈妈小组"，由参加过首都或吉韦施镇短训班的妇女，定期主持讨论会，一方面帮助她们认识计划生育工作同提高自身地位、改善生活状况、改善下一代质量的关系，一方面对她们进行具体技术指导，并发放计划生育工具。90年代，随着越来越多的妇女接受计划生育，社区倡导逐渐转移到男子身上，因为只有得到丈夫的支持，计划生育才能更好地实施。

3. 媒体倡导

媒体倡导主要由委员会的"信息教育传播"小组负责。该小组成立于1982年，并多次成功开展了计划生育媒介倡导运动。津巴布韦的男性计划生育动员运动就是其中非常成功的案例。由于过去的计划生育宣传倡导主要针对女性开展，因此男性在生育决策上的重要性被大大忽视。有鉴于此，津巴布韦借助电视媒介开展了一项大型的男性动员运动，以提升男性对计划生育的支持，并鼓励他们与妻子交流并采用现代避孕措施。

为了能更准确地面向男性群体宣传，执行人员在策划运动时专门参考了男性的媒介使用习惯和其他地区的一些媒介运动经验。与女性相比，男性接触医疗工作人员较少，因此更可能通过社交网络或大众媒介获得计划生育的相关信息。

津巴布韦的男性计划生育动员运动分为两次，第一次在1988—1989年开展，第二次于1993—1994年开展。第一次运动制作了一个52集的广播剧，并与男性展开动机会谈，发放计划生育宣传册等。第二次运动从1993年8月持续到1994年3月，主要在三个城市、两个农村地区开展，为期六个月。15～49岁的男性是运动的主要宣传对象，此外还有15～49岁的女性、服务提供者和社区领导人等。延续第一次运动的做法，第二次继续采用娱乐教育方式。此外，策划者还结合男性在1994年世界杯即将到来时对足球的热情，策划了一系列与足球相关的活动。活动分为三个阶段，每个阶段都有一个口号。第一个阶段叫作"梦之队"，询问每个男性有没有一个梦想，并向人们解释减少家庭人数有助于他们实现梦想；第二个阶段则号召男性正确地追梦，为男性们提供有关计生方面的知识和服务；第三个阶段鼓励男性邀请自己的伴侣参与进来。为了提升活动的激励性、阳刚性，整个活动一直反复强调"赢"的概念，营造出一种全世界都亟待男性参与进来的紧迫感。

活动可以分为三类，大众媒介、印刷材料和社区活动。大众媒介倡导的内容包括两部专为次活动制作的广播剧，在开展活动的六个月期间每周播放一集。一部使用修纳语，一部使用恩德贝勒语。剧情用对比的方式展现参与和不参与计划生育的两个家庭生活的变化。此外，策划者还制作了

10 张海报，宣传使用长期或永久性的避孕方式对个人健康和家庭经济的好处。此外，为了配合社区活动，策划者专门制作了三本宣传册分发给诊所和社区活动的参与者。此外，活动还邀请了著名足球运动员为该活动拍摄报纸、杂志广告。

活动还冠名了一场"计划生育挑战杯"足球锦标赛。在比赛半场休息时，通过巨大的木偶在足球场上做宣传。参与比赛的球迷可以获得奖品。一些剧院和剧团也出演有关计划生育的戏剧。在每个活动的地方都会举办一次一整天的家庭庆典，街道上的表演、演讲和比赛等吸引了许多人参与进来。卫生工作者在办公楼、大学校园、啤酒屋等男性聚集的地方做计划生育讲演。这次的推广活动获得了巨大的成功，参与该活动的人数至少有两百万，而且大部分人都接触过不止一种活动内容。男性对计划生育的了解大大增加，夫妻间对计划生育的交流也大大增多。

（四）拉美国家的计划生育倡导——以古巴为代表

古巴在 20 世纪初期就开始实行人口控制政策，早于拉美的大多数国家。在其后的 30 年代至 50 年代末，古巴的生育率一直在下降。不过由于古巴的革命和政策变动以及其他社会因素，20 世纪 60 年代开始，古巴的生育率又开始上升。这种状况持续了大约五年之后，人口生育率又开始下降。古巴在过去 50 多年里一直致力于维护妇女健康和权益，提供了完善的计划生育和生殖健康服务。

古巴并没有开展正式的计划生育项目或人口政策，但是古巴在人口生育率的控制上仍成效显著。总体而言，古巴主要通过三种方式控制人口。

1. 制定法律，使堕胎合法化

古巴是拉丁美洲少数几个堕胎合法化的国家（另外还有乌拉圭和墨西哥）。不像欧洲的基督教国家或非洲的传统社会，古巴在堕胎问题上并没有太多宗教或文化限制，因此在现代计划生育浪潮开始之前，主要是 20 世纪初期，堕胎行为在古巴就较为普遍。早在 1938 年，古巴就颁布了一项民防法典，将一些特定情况的堕胎行文合法化，包括为了挽救孕妇生命或健康，妇女遭受强暴或类似罪行而怀孕，胎儿患有严重的先天性疾病等三种情况。但由于当时医疗设施简陋、专业人员缺乏，堕胎非常不安全，伴随着很高比例的并发症和死亡率。1956 年，为了解决因不安全堕胎行为导致妇女死亡率逐年升高的问题，古巴公共卫生部要求医院向公众提供正规的堕胎服务。1961 年，卫生部进一步授权正规的医疗机构可以提供终止妊娠服务。1979 年，新颁布的刑法对"非法堕胎"进行了明确的界定和惩罚规定，进一步扩大了堕胎合法化的程度。通过司法规范"堕胎行为"，古巴妇女获得了自主选择生育的权利，同时也保障了孕妇和新生儿的健康。

2. 健全的医疗卫生服务为安全堕胎提供保障

古巴实行全民免费医疗。其医疗体系分三个部分：首先，每个社区（大约150 人）有一个家庭医生，该医生认识社区里的每个人，当有人超过六个月没有联系过家庭医生，医生就会专门电话访问他的身体状况。其次，每个社区并设置一个 24 小时的急诊诊所，以应对突发病症或伤害。最后，每个社区还有一个常规医院，医院配备专门的妇产科，向妇女提供生产和堕胎服务。古巴的医疗卫生由上而下执行，卫生部全面负责医师培训、医疗协议等各方面问题，因此古巴的医疗体系在全国范围都有很高的一致性。

如今任何妇女都可以在医院或诊所获得免费的堕胎服务，不过要先通过医务人员的评估。16 岁以下的女孩堕胎需要得到父母或合法监护人的同意，并会有专门的辅导。

堕胎的合法化以及完善的安全堕胎服务也在一定程度上导致了堕胎成为古巴最主要的节育方式。在古巴，人们普遍把堕胎看作是与避孕等其他措施等同的节育方式。这一方面由于堕胎行为在古巴并没有文化上的禁忌，另一方面也源于20 世纪 60 年代美国对古巴的经济封锁。当时正值第二代现代避孕工具，如避孕套、避孕环、注射避孕等在全球推行之际，古巴的避孕产品大多由美国进口。当两国断绝贸易往来后，古巴的避孕产品出现了严重的短缺，虽然国内后来开始自己生产避孕用品，但由于产品质量低劣，反而使人们更加厌恶采取避孕措施，而倾向于采用公认的安全有效的堕胎方式。此外，性别差异也有一定影响。在古巴，计划生育行为一向被认为是女性的事情，和男性没有关系，因此男性使用避孕套的比率非常低，以至于后来诊所和药店的避孕套直接下架。又由于女性在避孕方式上的选择性较少，因此堕胎成为首选。

3. 推行自上而下的媒体宣传和学校教育

古巴的媒体属于国有，因此在宣传政府政策上非常高效。教育同医疗卫生一样由上而下执行，因此在全国也具有高度的一致性。性教育是古巴教育的重要组成部分。成人、青少年乃至儿童都会通过各种途径接受性教育，包括学校教育、媒体、家庭医生等。学校和医生都会教授安全性行为方面的知识。在这种开放的性教育下，人们对两性问题的态度也较为开放，整个社会对堕胎以及其他各种节育行为都能接受。

虽然古巴在人口控制上成效显著，但是大部分人选择节育的方式是堕胎而非避孕措施，因此也带来了许多隐患，包括青少年堕胎率居高不下。因此，目前古巴正致力于借助媒体和学校教育推广各种避孕措施作为计划生育的主要方式。

（五）小结

总体而言，亚非拉地区在倡导计划生育上有一定的相似性，但也因为各国的具体情况不同而又有一些差别。从教育倡导上来说，三国都是以学校教育为主，媒介教育为辅的方式进行；从社区倡导来说，三国都主要是以社区诊所、卫生机构以及推广员的方式综合开展；从媒介倡导来说，三国都主要采用"娱乐教育"方式（Entertainment Education Approach），即寓教于乐。随着社会的发展，一些国家的人口政策有所变动，如伊朗的新任总理就极力倡导增加人口；同时随着媒介技术的发展，计划生育的倡导方式也会越来越多。

五、对我国的借鉴意义

（一）我国计划生育政策发展

计划生育是我国在特定历史条件下，根据我国的国情提出的一项重要的控制人口的政策。特别是 1980 年 9 月 25 日，《中共中央关于控制我国人口增长问题致全体共产党员共青团员的公开信》发表之后，计划生育逐步上升为我国的基本国策。我国计划生育政策的发展经历了以下几个时期：

1955—1969 年：提倡计划生育。

1955 年 3 月，中共中央在批示中表示"赞成适当地节制生育"。1962年 12 月，中共中央、国务院发出《关于认真提倡计划生育的指示》，提出"在城市和人口稠密的农村提倡节制生育"。1964 年国务院成立了计划生育委员会并在部分市、县试行。

1970—1979 年：计划生育政策逐步形成并全面推行。

1970 年开始实行计划生育政策。人口计划正式纳入了国民经济发展计划。1973 年明确了"晚、稀、少"的方针。1978 年 10 月，中共中央批转国务院计划生育领导小组会议报告，"提倡一对夫妇生育子女数最好一个，最多两个，生育间隔 3 年以上。"

1980—1984 年：推行"一胎化"政策。

1980 年 9 月，中共中央、国务院提出，要普遍提倡一对夫妇只生育一个孩子。1982 年把计划生育作为基本国策。除部分少数民族外，一胎化在全国城乡全面实行，仅云南、青海、宁夏、新疆农村可生育两孩。

1984 年至今：计划生育政策调整并稳定下来。

1984 年起，各地陆续实施夫妻双方均为独生子女可以生育两个孩子的政策（双独两孩）。多数省份对满足一定条件的农户实行只有一个女孩可以生育第二胎的政策。并且各省、市、自治区先后制定了本地区的计划生育条例，实现了区别对待、多元化的生育政策，并推出了计划生育相关配套政策。2013 年 11 月，中央决定坚持计划生育的基本国策，启动实施一方是独生子女的夫妇可生育两个孩子的政策（单独两孩），逐步调整完善生育政策，促进人口长期均衡发展。2015 年 11 月，党的十八届五中全会于 29 日闭幕，会议决定：坚持计划生育的基本国策，完善人口发展战略，全面实施一对夫妇可生育两个孩子政策，积极开展应对人口老龄化行动。这是继 2013 年，十八届三中全会决定启动实施"单独二孩"政策之后的又一次人口政策的重大调整。

（二）新时期人口与计划生育宣传工作面临的新挑战

1. 政策内涵的变化

中共十八届三中全会通过的《中共中央关于全面深化改革若干重大问题的决定》提出："坚持计划生育的基本国策，启动实施一方是独生子女的夫妇可生育两个孩子的政策，逐步调整完善生育政策，促进人口长期均衡发展。"这是近些年来国家对人口生育政策做出的较大调整。新时期人口和计划生育工作的主要任务是稳定低生育水平，提高出生人口素质。所以，满足人们的计划生育和生殖健康需求，促进人的全面发展，为全面建设小康社会创建安全的人口环境是人口和计划生育宣传教育的重要目标。

人口和计划生育宣传教育工作必须以人为本，从群众的愿望和需求出发，充分尊重群众的计划生育主人地位，努力做好各项宣传教育服务。与此相适应，宣传教育诸因素也必然随之发生变化，宣传的对象、方式、内容都需要创新和发展。

2015 年 10 月 29 日，中共十八大五中全会公报宣布，中国将"全面实施一对夫妇可生育两个孩子政策"，积极应对人口老龄化带来的问题。同时，国家卫生计生委也刊载文章，解释了这一政策调整的原因所在。国家卫计委相关负责人表示，全面两孩政策必须依法实施，全国人大常委会将修订《人口与计划生育法》，二孩落地时间将统一，各地不得自行其是，最终政策的落地时间将保持一致。

"十二五"以来，我国总人口继续增长，2014 年末达到 13.68 亿人，受人口年龄结构以及生育政策调整的影响，出生人口从 2010 年 1,592 万人增加到 2014 年的 1,687 万人，保持增长态势。与此同时，我国劳动年龄人口下降，老年人口不断上升。2011 年，我国 15～59 岁劳动年龄人口达到峰值 9.4 亿后开始回落。2014 年降至 9.3 亿。60 岁及以上老年人口从 2010 年 13.3% 提高到 2014 年的 15.5%，总量达到 2.12 亿人。

"党的十八届五中全会决定全面实施一对夫妇可生育两个孩子政策。这是中央科学把握人口发展规律，站在中华民族长远发展的战略高度、促进人口均衡发展的重大举措。"国家卫生计生委主任李斌认为，实施全面二孩政策，有利于优化人口结构，增加劳动力供给，减缓人口老龄化压力；有利于促进经济持续健康发展，实现全面建成小康社会的目标；有利于更好地落实计划生育基本国策，促进家庭幸福与社会和谐。

2. 外部环境的变化

随着网络技术与新媒体的发展，以微博、微信为代表的新传播方式覆盖广、渠道多、内容杂，加之公众的需求也越来越多样化，这些外部环境的变化，给新时期人口与计划生育宣传教育工作提出了新的要求。同时，在"人人都是记者"的时代，新技术带来的信息传播速度之快、范围之广，一方面实现了民间对社会的监督，另一方面也使得政府的权威逐步消解。"单独两孩""全面二孩"等新政策的出台，使得媒体和公众的注意力又聚焦到计划生育问题上，巨大的社会舆论压力也是计划生育宣传工作所必须面临的挑战之一。

（三）构建大联合、大宣传的工作格局

2015 年 1 月 21 日至 22 日，全国卫生计生宣传工作会议在京召开。会议下发了《2015 年卫生计生宣传工作要点》，明确提出做好 2015 年卫生计生宣传工作的总体要求是："紧紧围绕中央重大决策部署和卫生计生重点工作，切实发挥宣传工作的先行先导作用，把握正确导向、坚持价值引领、着力攻坚破难、锐意求是创新，进一步完善大联合、大宣传的工作格局，为推动卫生计生工作改革发展提供强大思想保证、精神动力、舆论支持和文化条件。"

可以看到，计划生育作为我国的基本国策，在社会倡导中明确树立宣传先行先导的意识，强调在谋划业务工作的同时，同步思考和部署宣传工作，加强新闻宣传和舆论引导依然是实现社会倡导的主要措施。同时，卫生计生委又提出"大联合、大宣传"的工作格局，不仅由政府主导来进行计划生育宣传，也鼓励企业、非政府组织、民间团体、媒体等共同提倡计划生育。尤其是媒体，要统筹传统媒体和新兴媒体这两个平台的作用，一方面，发挥广播、电视、报纸、杂志等传统媒体的公信力优势，挖掘宣传计划生育典型经验、感人故事和凡人善举，大力弘扬主旋律；另一方面，积极运用网络、微博、微信等新兴媒体，开展人口与计生知识的科普，推进形成良好的舆论环境。在这一点上，国外一些社会倡导的做法值得我国借鉴。

（四）国外社会倡导措施对我国的借鉴意义

1. 媒体运用

许多国外的人口与计划生育宣传都采取借助电视节目寓教于乐的方式。比如前文中提到的美国电视广播连续剧《东洛高》，印度的广播连续剧《幸福在于小乐趣》，以及日本在动漫中加入早生早育元素等，都旨在通过娱乐性的节目引起人们对人口问题的重视，并潜移默化地影响人们的生育观。安排计划生育专家参加广播节目、电视脱口秀节目以及评论栏目以传播有关生殖健康的知识也是常见的手段。当今社会，网络和社交媒体已经成为人们获取信息的主要来源，但是主流新闻媒体对于传播生殖健康信息依旧有着较大的影响力。政府需要发挥每一种媒体的优势，丰富人们获取信息的方式，增强宣传效果。

2. 学校教育

学校的性教育对于计划生育的推广起着核心作用。美国的性教育发展比较成熟，提倡青少年要主动学习、掌握科学健康的性教育知识，既能控制自身的性冲动、性行为，也能正确地采取安全的措施，在性行为中保护自己从而预防早孕、性疾病，并形成良好的性观念。日本的小学也已经基本普及性教育，并且在初中、高中每所学校里都有专门由专家学者成立的"协助者协会"，负责向学生提供性咨询，并编写性教育指导手册。伊朗政府则给教育部门规定了详细的职责。教育部门需要在中学开设人口教育课程，大学里开设必修的家庭计划方面的公共教育课程。此外，伊朗的男女青年结婚前必须接受免费的家庭健康教育。良好的学校教育可以使人们更注重自身的健康和完善，形成良好的生育观，也使得计划生育政策的实施事半功倍。

3. 公共服务

随着我国计划生育政策的逐步放开，人口宣传工作也需要从以前简单粗暴的强制一胎转变为以提供生殖健康知识等公共服务为主。可以与基础医疗设施相结合，如美国的计划生育诊所（或称健康中心）几乎遍及美国的大小社区。这些诊所除了提供生殖健康医疗服务外，还会通过个人咨询和印发宣传册的方式在社区内进行生殖健康知识的科普教育工作。日本指导计划生育宣传工作的公共卫生院则利用一切与卫生院有关的活动，开展计划生育和妇幼保健指导工作，特别是利用卫生教育、待产妇女和儿童的定期体检、妇幼保健指导活动等机会进行宣传。印度则主要是通过鼓励不同人群（包括男性和青少年）参与计划生育宣传项目来进行社区宣传，并定期对选派的基层专职计划生育工作人员进行培训。

4. 各方联合

美国的计划生育工作由社会各界共同倡导，其中非政府组织和学校承担主要的推广工作，政府则退居幕后。倡导计划生育的非政府组织经常会组织社会运动来传播计划生育信息，加强人们对计划生育重要性的认识。在日本，厚生劳动省每年评选和表彰那些在执行"育儿休业"制度上有突出成绩的"家庭友善企业"。一些企业在政府的号召下，制定了鼓励妇女就业和家庭兼顾的措施。在鼓励生育和促进妇女就业上，21世纪职业财团等一些民间团体也发挥了很大作用。这非常符合我国构建"大联合、大宣传"工作格局的思想，可以借鉴国外的一些经验，联合更多民间团体进行计划生育的社会倡导。

另外，与许多其他国家相比，我国有一个突出的优势，即不受宗教的束缚，宣传环境较为自由；并且计划生育政策几十年自上而下的推广也为宣传工作提供了保障。在今后的人口与计划生育宣传与倡导上，我国只有更加适应新形势、新要求，运用新理念、新手段，才能推动各项宣传工作取得实效。

（李希光、苏婧、段小雪）

参考文献

[1] 冯天丽. 印度人口政策的转变——由单一的节育目标向多功能服务转变 [J]. 南亚研究季刊, 2001 (2)：32 – 35.

[2] 何景熙. 中印人口状况和人口政策的比较研究 [J]. 南亚研究, 1985 (3)：44 – 60.

[3] 黄一平. 美国 K – 8 年级 Health & Wellness 教材研究 [D]. 上海：华东师范大学, 2014.

[4] 刘海燕, 刘敬远. 印度与中国的计划生育政策比较 [J]. 南亚研究季刊, 2010 (4)：86 – 89.

[5] 李小溪. 印度人口控制刍议 [J]. 南亚研究, 2001 (1)：84 – 88.

[6] 彭伟斌. 印度国家人口政策的历史演进及影响因素研究 [J]. 人口学刊, 2014, 36 (6)：30 – 40.

[7] 钱小华, 王进鑫. 中美学校性教育比较研究 [J]. 成都师范学院学报, 2014, 30 (2)：24 – 27.

[8] [印度] 史密斯·弗马, 维诺德·钱德拉著, 晓梅, 译. 印度中学生的性教育：来自青少年自身观点的调查 [J]. 青年探索, 2011 (2)：90 – 96.

第九章　流动人口计划生育现状

伴随着全球化程度的加速，以及各个国家的城市化进展加快，流动人口的数量和规模日益增加。大规模的国际和国内人口流动和迁移导致了人口流出和流入国家或者地区的人口分布和结构的改变，而这些国家或者地区可能没有完全从政策和态度上对此做好充分的准备和调整，从而引发很多人口问题。流动人口在迁移流动过程中由于各种健康风险因素的影响，会面临着各种健康问题，其中家庭计划和生殖健康问题成为了目前国际流动人口研究的焦点问题。

1994 年国际人口与发展大会提出和性与生殖健康最为相关的量化指标包括：降低孕产妇死亡率；降低婴儿死亡率和五岁以下儿童死亡率；提供家庭计划服务；通过初级医疗保健系统向所有适龄人群提供生殖健康服务。同时，由于世界范围内人口流动的主要趋势是由经济欠发达地区流向经济发达地区，由发展中国家流向发达国家，因此本章所论述的主要是广义的流动人口，即国际流动人口（国际移民）的家庭计划/生殖健康问题。由于在国际人口流动过程中，女性和儿童更容易成为战争或者人口贩卖的受害者，所以本章更加关注的是国际移民中的女性和年轻人的家庭计划/生殖健康问题。

一、研究意义

改革开放以来，人口流动形成了我国社会变革与城乡变迁中最令人瞩目的人口现象。在 1982—2010 年的近 30 年时间里，我国流动人口从 657 万增加到 2.21 亿，占总人口比例从 1982 年的不到 1% 增长至 2010 年的 16.5%。进一步研究发现，一般选择流动的人口多为青壮年劳动力人口，70% 以上的流动者都处于已婚状态，且家庭化的流动方式越来越普遍。高速的流动人口增长速度和庞大的流动人口规模给我国的社会经济文化都带来了巨大的影响，流动人口研究现已成为一个热门的研究领域，其中较为热门的话题是流动人口的生育问题。

由于流动人口的主体一般是青壮年劳动力，且占近半的女性流动人口本身也处于生育高峰期，无论是对流入地还是流出地，这部分人口的生育问题都会产生一定的影响。目前学术界对于流动人口的生育情况研究存在着两派相对立的观点：一种观点是认为政府对于流动人口的计划生育管理难度大，且一部分人也以不按政策规定数量生育为目的而流动，因此流动人口可能会拉高流入地的生育率；另一派观点是认为流动人口受到了城市文化的影响，且这部分人群的目的是为了追求较高的经济收入和较好的生活方式，因此他们促使生育率的下降。无论是哪种影响，人口流动都会对计划生育工作的顺利实施造成一定的挑战。对于计划生育部门来说，这部分人群流动性大，要对他们进行计划生育宣传和管理都比较困难。对于流动人口来说，由于户籍制度的限制，他们并不一定能获得与当地人口均等的计划生育服务。但随着户籍制度改革进程的深化和城市化速度的加快，流动人口与本地居民享受平等的公共资源，适用同样的公共政策日益成为社会各界的共识。与此同时，我国计划生育政策也开启了改革步伐，踏入战略调整期。能否在计划生育政策调整及户籍改革深化的大背景下，保障我国人口均衡发展，更好地为流动人口提供计划生育服务，日益成为卫生与计划生育部门面临的重要挑战。

他山之石，可以攻玉。在了解本国国情的基础上，深入探究世界各国针对国际移民和本国流动人口的计划生育政策有助于启发我们发展和创造出适合中国国情的本土实践策略。因此，本章将主要探究以下几个方面：（1）对流动人口和计划生育进行界定；（2）探寻发达国家和发展中国家对移民和流动人口的计划生育管理和服务特点；（3）在总结国际经验的基础上，对比我国现状，为探寻适合我国流动人口计划生育管理模式提供建议。

二、对流动人口定义

在探寻各国流动人口计划生育政策之前，有必要对本章的两个核心概念——"流动人口"和"迁移人口"加以界定和诠释。

流动人口泛指居住地发生改变的人群，但由于世界各国之国情差异较大，故其在不同国家和地区中的指代不甚一致，在内涵与外延上会有细微的出入。在国际移民研究中，移民通常指居住地发生跨国别、跨地区永久改变的群体。在欧美等国的国情和语境下，移民主要指来自非本国或非本地区的国际移民，国内移民则通常被一视同仁为本地区居民，与本地人不作具体区分，由于没有户籍制度的限制，故国外一般把居住地发生改变的人群称为"迁移人口"。于中国而言，由于户籍制度的存在，学术界在考察中国人口迁移和流动时往往会将人口迁移和人口流动区分界定：人口迁移特指常住户籍地发生改变，而人口流动则特指"超过一定时间长度、跨越一定空间范围的、没有相应户口变动的空间位移过程"，而时间与空间跨度则因特定情境而异。在公共管理实践中，各级政府也通常将流动人口与迁移人口作特别区分，将其视作一个重要人群进行专项管理。如《甘肃省流动人口计划生育管理办法》规定该条例"适用于离开户籍所在县（市、区）的住所，从事务工、经商等活动或者以生育为目的，异地居住30日以上年满18周岁至49周岁的育龄流动人口"；《浙江省流动人口计划生育管理办法》中规定：本办法所称成年流动人口，是指同时符合下列情形的十八周岁以上的育龄人员：一、具有本省户籍但离开户籍所在地的乡（镇）或者市区的；不具有本省户籍但进入本省行政区域的；二、异地从事务工、经商等活动或者以生育为目的的异地居住30日以上的。

可见"流动人口"是一种"中国式"的迁移人口，与户籍制度密切挂钩，属于迁移人口的一种，指改变了居住地但户口所在地并未发生变动的人口。为了更利于国际比较，下文都统一使用"流动人口"一词，在国际政策的梳理中表示居住地发生改变的人群，在我国则表示居住地发生改变但户口所在地未变的人群。

三、国际流动人口计划生育的管理服务实践

（一）发达国家流动人口计划生育实践现状

在美国、加拿大、欧盟等发达国家/地区，学术界对来自其他国家的移民的生育问题十分关注，主要原因是这部分人群对于计划生育服务的了解和使用程度远低于本地区人群，而非意愿怀孕率、青少年怀孕率和生育率则要远高于本地区人群。

在美国的众多移民群体中，最引人注目的就是来自拉美移民，拉美移民已经成了美国乡村地区增长最快的人群，1990—2000年的增长率在20多个美国南部和中西部州从120%增至416%，这部分人群预测在2020年

将占美国人口的 16%。由于受迁出国文化因素的影响和对计划生育知识的缺乏，这部分人群的生育水平很高，拉美裔美国人口的快速增长部分是由其高出生率决定的，如在密苏里州，拉美裔美国育龄女性的一孩生育率在 1990 年是 27.1‰，到 2002 年则增至 40.4‰，而所有人群的一孩生育率只有 24.1‰。这些快速增长的拉美移民给美国提供计划生育服务的工作者提出了非常大的挑战，认知、文化和语言障碍，使这部分人群很难从以当地文化为主导的卫生服务系统中获得有效的服务。当地卫生服务系统在为少数族裔人群提供服务时面临巨大挑战，如需深入到对方的文化系统中，在充分了解家庭模式、性别角色、性关系等要素的基础上，策略性地开展工作。

在加拿大也有相关的研究，发现向移民提供计划生育服务比较困难。加拿大的移民增长量也很大，每年有将近 25 万名新移民进入这个国家，其中来自亚洲、非洲、拉美地区的移民占了所有移民的 80% 左右。这些移民基本来自母语为非英语的国家，要向这些移民提供生殖健康服务或计划生育服务则需要加拿大提供语言能力特别高的健康服务人员，或者聘请翻译，但即使如此仍因存在文化差异，从而导致对于计划生育的误解和缺乏等问题。

也有研究显示在英国，来自亚洲（如巴基斯坦）、加勒比海、非洲地区的女性移民相较于英国本地居民来说较少使用避孕措施，来自索马里的女性会参与计划生育门诊，但由于宗教信仰，她们并不愿意采取避孕措施。不避孕的结果可能就是非意愿妊娠增多，人工流产率增加或是出生率升高。欧洲地区的主要情况体现为人工流产率的提高：如芬兰，来自南亚、中国和俄罗斯的女性移民的人工流产率要明显高于本地区女性，因未避孕而最后采取人工流产的女性移民接近 50%。2003 年，瑞典选择人工流产的年轻女性中有 36% 具有移民背景。不断增加的移民人口也给欧洲地区的生殖健康和计划生育服务带来了非常大的挑战。

综上可见，国际移民的生殖健康和计划生育问题，是发达国家流动人口计划生育中的主要问题，这部分人群由于语言和文化障碍，缺乏对于迁入国计划生育体系的认识，从而给迁入国的计划生育管理和服务带来了很大的困难。

（二）发展中国家流动人口计划生育实践现状

虽然发达国家近年来一直维持着很低的生育水平，但亚非拉等发展中国家的生育率和人口增长率仍维持着较高水平。目前，全球人口超过了70亿，其中非洲人口已超10亿，成为第二人口大洲，且是世界上人口增长最快的国家，在撒哈拉以南的48个非洲国家中，有将近一般的国家人口年增长率超过3%。因此，在我国呼吁放宽计划生育政策的时候，在亚非拉一些人口生育率仍维持较高水平的国家实行计划生育，显得更为重要。

发展中国家的计划生育运动始于"二战"结束时期，面临各国人口快速增长的状况，人口控制的需求迫在眉睫，因此该时期也是国际计划生育运动的黄金时期。与发达国家不同的是，发展中国家的计划生育主要依靠国际援助和支持，如20世纪60年代我国台湾地区推行计划生育的经费主要来自国际捐款，1964年，台湾总经费的55.2%，来自纽约人口理事会，剩余部分来自各类中美基金。反观中国大陆，20世纪70年代至90年代实行的计划生育国策，对发展中国家的人口增长起到了很好的控制作用。综观发展中国家计划生育的国际援助成效：1970—1995年间，接受计划生育援助的发展中国家总和生育率从6%降至3%，避孕普及率自20%升至60%。据估计，全球40%的生育率下降是计划生育的作用。

但随着20世纪90年代初发达国家的生育率降至较低水平，"人口爆炸论"逐渐被"生育率陷阱"之类的观点所覆盖。从1994年开罗人口会议开始，发达国家将工作重点转移至生殖健康领域，国际计划生育运动自此落入低谷，国际援助随之逐渐减少，计划生育援助金额自1995年的7.23亿美元降低至2003年的4.61亿美元，降幅高达36%。这种形势对于如非洲这类人均收入低、计划生育主要依靠国际援助的发展中国家和地区来说，是十分严峻的考验。撒哈拉以南非洲地区避孕实践的普及进程缓慢，2010年该地区的已婚育龄女性中只有25%的女性采取过避孕措施，低于很多地区1990年的水平。根据2012年美国国际开发署对70个国家的统计分析，非洲西部、中部地区尚未满足的计划生育需求达到26.4%，非洲东部、南部地区为27.7%，而西欧只有13.8%。

在发展中国家计划生育工作并不乐观、人口增长仍保持较高水平的同时，这些地区开始出现的人口迁移现象十分重要。与发达国家相反的是，这些国家和地区的人口迁移一般是国内迁移，且多为乡—城流动；国际迁入相对较少，且迁移方向一般是由相对贫困国家迁往地理区域相邻的、相对富裕的国家，或者是由存在战争或灾难的国家迁往较为安全的国家。

发展中国家迁移人口对于计划生育的认知和实践是学术界研究较多的一个课题。如学者发现，阿富汗、伊朗马什哈德地区的流动女性已开始使用避孕手段来减少生育，并且立竿见影，而在过去这一流动群体的总和生育率达到了5.4%。还有学者研究了肯尼亚的流动女性和非流动女性在避孕手段使用方面的差异，发现迁移影响女性使用避孕手段，且女性流动者相较于女性非流动者更有可能使用避孕方法。另外，亚洲（如尼泊尔、印度）、非洲、美洲（如危地马拉）等国家和地区都对迁移人群的避孕情况做过相关研究，研究结果一致认为流动者的避孕知识和使用情况要好于非迁移者，他们了解避孕方法且使用较为积极，因而拥有低于非迁移者的生育率。由此可见，在发展中国家的计划生育问题上，迁移有利于降低生育率。这个结论提请有关部门应及时有效地为这些流动者提供计划生育服务。

甚至还有研究检视计划生育服务对迁移选择的影响。如孟加拉的Matlab地区自1977年开始实行"妇幼保健—计划生育"（MCH－FP）的示范项目，当地的女性健康服务者每月上门给当地女性提供免费服务。这些服务包括避孕、营养、卫生和母乳喂养的咨询服务，此外还为应对避孕药物副作用等问题提供转介服务。这个地方性项目目前仍在运行并向全国其他地方进行推广，在推广的过程中，孟加拉政府还增加了上门提供避孕服务和注射儿童疫苗的家庭服务者的数量，服务者与被服务人员的比率从1987—1988年的1∶8000达到了1989—1990年的1∶5000，在1990年这一比率为1∶3000。有学者研究了这一项目对于Matlab地区迁出者的影响，研究发现，这类计划生育服务项目不仅会降低当地人口的生育率，还会降低当地人口的流出。

由此可见，有效的计划生育服务对流动者存在一定吸引力，但在发展中国家专门针对迁移者设计计划生育项目则非常罕见。一般的情况下，是在原有的项目中增加对迁移者的关注。如尼泊尔的女性社区健康志愿者，她们不仅为当地居民，也为女性流动者提供计划生育咨询；她们甚至还会入户拜访，了解已婚流动女性的生育意愿，提供节育的方法和知识，并为生育间隔等问题提出建议。但研究发现，即使女性社区健康志愿者提供帮助，这些迁移夫妇对于避孕知识的了解仍十分有限，因而非意愿妊娠在迁移夫妇中仍很常见。这主要是由于计划生育服务的供给不足等造成的，若这些流动女性不主动寻求帮助，社区志愿者的外展服务也很难触及她们，从而很难将正确信息传递给流动女性，研究者认为这一困境需通过加强社区宣教工作来解决。

综上所述，发展中国家针对迁移人口设计计划生育项目较少的原因，主要有以下几个：一是属地原因。和发达国家一样，很多发展中国家也没有流动人口这一概念，无论是农民还是城市居民，只要搬迁至某一地区，就可以享受该地区的计划生育服务，上述孟加拉的计划生育服务就体现了这一点。另一个原因就是很多发展中国家的计划生育项目都需要国际援助，为居民提供有效的计划生育服务就相对困难。若要专门针对流动人口设计计划生育服务，不仅要进行政策倡导，加强政府能力建设，而且需要更多的财力、人力，这对贫困的发展中国家来说是很大的挑战。

（三）国际流动人口计划生育实践中的重点关注人群

国际移民的生殖健康问题已经成为国际组织和许多移民流入地国家非常关注的问题。流动人口在迁移、流动过程中，往往受到自身和家庭资源的限制，不能享有完善的生殖健康保健，特别是女性流动人口，遭受着双重不利因素的影响。一是移民身份，二是女性身份。在其健康保健过程中，涉及产前、分娩和产后保健时，这些流动人口当中的女性缺乏足够的生殖健康保健意识；同时，女性移民，尤其是难民营的女性也比较容易成为性侵害、强奸、性暴力事件的受害者，更容易发生生殖健康问题。

相关国际研究表明，影响女性国际移民生殖健康状况的最主要因素是其出生国或者原籍国家，其次是在移入国家生活的时间长度，还包括移民身份、语言流畅程度、种族，等等。因此，只有将女性国际移民的健康保健整合进移民目的国家的保健系统，她们才有可能获得更好的健康保障，包括生殖健康保健水平。也有人认为，影响女性流动人口生殖健康水平的因素主要是社会、经济环境的改变，健康保健的可获得性，性行为的改变，社会地位等。

在巴基斯坦的研究表明，虽然巴基斯坦女性流动性非常有限，但是如果在迁移过程中有伴侣陪伴，或者有女性保健工作者（Lady Health Worker）作为女性寻求服务的同伴，或者有适合她们社会阶层和地位的健康服务机构，就能够显著提高她们寻求生殖健康服务的水平。瑞典的一项研究显示，相比瑞典本国女性，来自南欧国家和芬兰的女性移民和大多数来自其他国家的女性难民的自我报告健康状况更加糟糕。从墨西哥移民到美国的女性，如果继续保持原有家庭的完整性，则能够在寻求生殖健康服务时具有相对自由的权利；但是如果和他人重新组建了家庭，虽然获得了较多的支持，但是在寻求性与生殖健康服务时受到的阻碍更多。因此有专家建议，关注国际移民和国际流动人口当中女性的性与生殖健康问题和权益保护问题，移民的目的地国家和原籍国家都应当在她们迁移流动的各个过程给予性与生殖健康方面的教育和服务，并且确保国际流动人口的性与生殖健康权利，从而减少他们罹患性与生殖健康疾病的风险。

特别地，联合国报告指出年轻女性移民为了顺利跨越边境，可能被迫和寡廉鲜耻的黑中介或者腐败的边境官员发生交易性的或者不安全的性行为，从而导致感染性传播疾病的机会增加，甚至有女孩因此怀孕。当年轻移民达到移民目的地后，获得合法身份的移民可能会有机会享有较完善的性与生殖健康服务，但是那些处于不合法状态的年轻移民倾向于逃避、躲藏，从而不可能有机会享有基本医疗保健服务，包括性与生殖健康服务。因此，在一些国家，这些移民的同胞成立了公益性组织，借助于广播、社交网络之类的媒体平台向他们宣传艾滋病预防、性与生殖健康相关知识和权益。

（四）国际迁移人口计划生育实践面临的核心问题

1. HIV/AIDS 防治问题

2002 年 7 月在西班牙的巴塞罗那召开的国际艾滋病会议上，有学者认为性、生殖健康服务一直没有将以下人群作为主要目标对象：未婚青少年、迁移人口、女性难民、静脉吸毒者与性工作者。说明，在 HIV/AIDS 防治过程中，流动人口以及流动人口当中的青少年、女性难民是艾滋病防治的重点对象。相关研究也表明，流动人口的高发病率，已经成为了 HIV/AIDS 全球流行的主要特征之一。

在艾滋病防治过程中，经济因素是影响 HIV 传播的重要因素。国家经济结构的变化会导致国内移民和国际移民的出现，他们为了寻求更好的生活境遇而流动和迁移。由于流动人口管理上的难度，客观上增加了艾滋病防治的难度，人口流动性的增加，使 HIV/AIDS 传播更加迅速和广泛。

例如，在初级加工产业地区、资源消耗产业地区、大规模农业地区，集中了大量与家庭分离的男性，为性工作者提供了现成的市场。由于性伙伴的频繁更换，这些性工作者加速了 HIV/AIDS 的传播。当这些男性回家探亲时，很可能会把病毒带回农村。一项 1995 年在南非夸祖鲁部落聚居省的农村开展的研究发现，丈夫外出工作的妇女更易感染 HIV 病毒，说明在南非劳动力流动增多助长了 HIV/AIDS 的迅速传播。尼泊尔针对本国移民地区农村女性的一项调查表明，处于流动中的农村女性和他们的家庭面对不稳定的经济、法律和社会环境，使得她们对 HIV/STI 的易感性明显增加。柬埔寨的一项研究表明，度假旅行中的青年人和流动性较高的职业男性（渔夫、机动车司机、警察、军人、娱乐场所工作人员和矿工），尤其是在研究前一年中离家出行长达一个月以上的男性，容易与女性性工作者或者非商业性服务的女性发生性行为，从而增加感染 HIV/AIDS 的机会。这三个研究均说明 HIV/AIDS 的传播与人口流动有密切关系。

　　除了经济因素外，一些国家的移民政策也会对迁移人口的生殖健康安全产生重要的影响。目前，欧盟国家要求进入本国的移民工人只身一人，不能携带其配偶、父母和其他亲属，因此这些工人在欧洲常年工作的过程中，非常容易与性工作者发生不安全的性行为，从而使得移民工人感染性传播疾病和 HIV 的可能性大大增加。瑞士国际移民和健康中心的 Manuel Carballo 和 Aditi Nerukar 的研究发现：在比利时，未婚男性流动人口的性传播疾病的发病率显著高于当地一般常住男性居民；在瑞典，出生于国外的瑞典人的性传播疾病的新发病例数显著高于瑞典当地常住居民，在瑞典的移民群体（国外移民）中，HIV/AIDS 的发病率也比较高，特别是在那些来自于非洲的移民发病率更高。这种情况，在德国的移民群体中也有所体现，特别是那些来自于非洲、北美洲、亚洲和拉丁美洲的移民。据他们的调查发现，在德国移民群体中，HIV/AIDS 的发病率逐年增高，近年来几乎占到新发病例的 14%。但是，流动人口的 HIV/AIDS 感染和传播情况还受到其他很多因素的影响，因此也表现出了其他十分复杂的现象。比如在德国发现来自土耳其和东欧国家的移民当中 HIV/AIDS 的发病率比较低。而在意大利，移民群体感染 HIV/AIDS 的风险远低于当地人。

2. 计划生育服务问题

（1）辅助生育问题。

全球商业化辅助生育市场的繁荣，导致一些不发达国家和地区的不孕不育人群跨境到其他发达国家和地区寻求相关卫生服务，成为为了完成自己的生育意愿而跨境流动的人群。目前，除了欧洲与美国之外，几乎对跨境生殖服务的范围、经验或条件一无所知。尤其是在亚洲和非洲地区，这样的流动人口成为生育辅助服务过程当中的弱势群体，应有的权益和服务公平性不能得到很好的保障。

（2）人工流产问题。

由于一些国家至今仍视人工流产为非法，禁止非法堕胎，因此这些国家当中有部分需要进行人工流产的人群成为跨境寻求这一服务的流动人口。也有一些流动人口出自经济原因跨境寻求人工流产服务，比如墨西哥中产阶级女性通过旅行，到美国加利福尼亚南部去进行人工流产，因为这样做比在本国容易得到服务并且安全可靠，在圣地亚哥最大的流产诊所，高达 20% 的流产女性来自墨西哥；相反，许多没有医疗保险的美国女性则愿意到墨西哥去做便宜的人工流产。在西班牙的移民女性当中，有人工流产服务需求的女性大约是西班牙当地女性的两倍，特别是那些来自北非和撒哈拉沙漠以南地区的国际移民。关于跨国进行人工流产的讨论在 2003 年达到了一个高潮。一名居住在马耳他的俄罗斯女性寻求到马耳他以外的国家堕胎，但是却被当地警察局监管以防止她离开马耳他，此事件引发了世界各地的高度关注。

（3）计划生育和避孕问题。

在国际上，迁移人口中的计划生育服务问题主要来自那些非法移民，因其不具有合法身份，权利不能得到充分保护，从而丧失与流入国国民同等待遇，不能享有各种来自于社会保障系统的计划生育服务，而这些服务大多数是与社会医疗保险系统衔接的。比如，在哥斯达黎加大约有 50 万移民过着贫穷的生活，而且每月还要新增约 8,000 人，大部分来自尼加拉瓜。他们不能得到社会服务福利，也得不到任何保健服务。因此，哥斯达黎加人口统计协会通过募集捐款，得以向未注册移民提供产前保健、性病预防和治疗以及乳腺和宫颈癌筛查等计划生育技术服务。

研究显示，非意愿妊娠比例高、避孕知识匮乏、避孕方法的可获得性差在女性移民当中是非常普遍的问题。近年来，非洲撒哈拉沙漠以南地区的大多数新生代移民的生育率和人工流产率都比较高，因为这些移民不能获得方便、有效的避孕方法，因此其非意愿妊娠和人工流产率相对都比较高，因此也增加了不安全流产的风险，这对于建立和完善当地的孕产妇保健系统是十分不利的。

尽管避孕方法的选择和使用是夫妻双方的权利，但是大多数情况下，丈夫们认为这是妻子的事情而鲜少参与。如墨西哥在 20 世纪 70 年代中期开始针对女性进行计划生育宣教，但在亲密关系中男性和女性之间有关避孕和性方面的交流非常有限，并未达到计划生育预期结果。针对男性移民的访谈也发现，大多数男性认为计划生育、避孕、生殖健康等服务是针对女性的，他们既认为与己无关，也不愿主动参与。

3. 孕产保健问题

人口在流动和迁移过程中，由于环境的改变和保健服务的缺失，罹患各种孕产期相关疾病的风险骤然增高。加拿大的一项研究对 1995 年到 2010 年出版的女性移民产前保健的文献进行综述时发现，女性移民接受产前保健服务的情况很不完善。一些研究揭示了女性移民孕产保健服务水平较低的相关因素，比如年龄小于 20 岁、有多次生产经历、单身、语言不熟练、受教育年限不足 5 年、意外怀孕、无社会医疗保险等。

英国的研究表明，来自于亚洲地区的移民女性往往会生产低体重婴儿，而来自于巴基斯坦和加勒比海地区国家的移民的婴儿在围产期和产后的死亡率往往高于英国当地人。

Manuel Carballo 和 Aditi Nerukar 对比利时的相关移民研究表明，20 世纪 80 年代，来自墨西哥和土耳其移民的后代在围产期和婴儿期死亡率最高，到了 20 世纪 90 年代比利时当地人和墨西哥移民的这两项指标都显著下降，但是土耳其移民的这两项指标仍高居不下，甚至是比利时当地人的 3.5 倍。而他们对于德国相关移民资料的研究显示，外来移民后代在围产期和婴儿期的死亡率一直高于德国本地人，尤其是来自土耳其的移民更高。德国当地人的婴儿围产期死亡率是 5.2%，而外来移民的婴儿围产期死亡率达到 7%。在德国移民群体中，出生缺陷发生率和孕产妇死亡率也相对较高。

目前，在西班牙有注册移民 560 万人，63% 的移民年龄是 16～41 岁，47% 的移民是女性。西班牙的研究发现，来自非洲撒哈拉沙漠以南国家、中美、南美国家移民的早产儿、低体重儿和难产情况非常普遍。非洲移民女性在西班牙医院分娩早产儿和低体重儿的比例几乎都是西班牙当地女性的两倍。而来自中南美洲国家移民的低体重儿发生率为 8%，早产儿发生率为 6.3%。还有研究发现，移民女性和西班牙当地女性相比，属于容易焦虑和经受各种精神压力的群体，虽然她们的产科结局，包括产史、最后一次生产年龄、生产结局等方面和西班牙当地女性相比没有统计学差异，但是依然需要额外的、跨文化的保健服务，尤其是针对女性移民的性与生殖健康的保健服务。

以上案例说明，在国际移民群体中，女性的孕产期保健水平确实不容乐观，存在很多问题。由于母婴保健水平本身是衡量一个国家或者地区医疗卫生保健水平、社会经济发展水平的重要指标，因此，关注和研究移民群体的妇幼保健水平，制定相关对策和措施，对于流动人口来讲是莫大的福祉。

四、国际流动人口计划生育服务实践的特点

（一）特点1：属地原则

发达国家的卫生健康服务（包括计划生育服务在内），主要遵守的是"属地"原则，而非"属人"原则。即对于某一人来说，无论来自何地，只要现在是合法居住在某地就可享受该地区的服务。下面将以美国纽约地区的计划生育扩展项目（Family Planning Extension Program，FPEP）和计划生育福利项目（Family Planning Benefit Program，FPBP）进行说明。

美国纽约州的计划生育扩展项目，是为那些怀孕期间享受医疗辅助，但生产之后失去医疗辅助的女性，提供长达26个月的额外计划生育服务的项目。这个项目为包括女性移民在内的纽约州所有女性提供服务。这些女性需要符合以下条件：必须在过去两年内有过怀孕经历并一直居住在纽约州；在怀孕结束时（不管是如何终止妊娠的）仍享受医疗辅助计划提供的完整的医疗辅助/怀孕服务；怀孕结束后失去了医疗辅助，且没有任何健康保险。

纽约州的计划生育福利项目，为那些没有能力支付计划生育服务费用的人提供服务，服务内容包括避孕、紧急避孕、性病诊疗、HIV检测、男女绝育、孕前咨询和其他服务。服务的对象是包括美国公民及合格的移民在内的、居住在纽约州的人群。申请者一般需要满足以下条件：处于育龄期的纽约州的男性或女性居民；美国籍的土著或移民；家庭收入未超过规定金额；未享受其他医疗补助。符合以上条件的申请人可享受以下服务：教授FDA节育方法、提供避孕设备（如避孕药、注射剂、避孕套、宫内节

育器等）；提供紧急避孕服务和后续护理；帮助男性或女性节育；提供孕前咨询、孕检和孕前计划生育方案；负责计划生育服务点的交通费等。

此外，纽约州还为国际移民提供产前护理服务（Medicaid Prenatal Care）。该项目主要在移民女性怀孕和分娩期间，提供住院、产检及其他妊娠服务，以及至少两个月的产后服务；并且，婴儿出生后也可获得最少一年的健康保健服务。该项目面向本国居民和所有移民（包括无证移民），但申请者须为居住在纽约区且家庭收入未超过规定金额的孕妇。令人称道的是，除了计划生育服务外，纽约州的诸多福利项目，如妇女儿童（Women、Infants and Children，WIC）、辅助营养援助计划（Supplemental Nutrition Assistance Program，SNAP），移民都可以参与。并且，这些项目的网站宣传非常人性化，提供英语、西班牙语、中文、韩语等多种文字选项，帮助移民群体更好地理解项目内容和参与办法，从而有效地解决了上文所说的语言障碍问题。

（二）特点 2：注重服务而非管理，为弱势群体提供帮助

发达国家计划生育政策的另一个显著特点，是侧重服务而非管理。上述美国纽约州的例子均根据相对弱势的移民群体的需求，进行有效的项目设计，为他们提供切实帮助。之所以发达国家主要注重服务而非管理，是因为发达国家基本都完成了人口转变，进入了低生育率时代。即使国际移民会带来生育问题，他们也没必要强制移民进行计划生育，而是进行利益性的引导。

由于发达国家实施的多是"属地"原则而非"属人"原则，国外计划生育政策中鲜有专门针对流动人口的计划生育服务项目。本章节找到几个相关的很有意义的服务项目进行引介。2014 年 6 月，美国的健康与人口服务部（The U. S. Department of Health & Human Services）启动了一个 3.5 亿美金的项目，为无家可归的外来儿童（Unaccompanied Alien Children，UAC）提供计划生育服务。无家可归的外来儿童主要是指那些未满 18 岁、在美国没有合法移民身份且在美国没有父母或法定监护人照顾和抚养的未成年人。由于这些儿童中多为处于性活跃期的、12～17 岁的男性儿童，项目规定为这些儿童提供住所的部门必须同时为他们提供计划生育服务。英国也针对存在文化和语言障碍的国际移民，提供人性化的上门服务（Domiciliary service）。此项目主要针对收入低的群体和来自印度和西印度群岛的

大量女性移民，由计划生育工作者上门为病人提供避孕服务。此外，美国、加拿大、荷兰早在 20 世纪 80 年代就注意到了国际移民的交流问题，在提供计划生育服务信息的时候注重多语言服务，为来自非英语国家的移民提供方便。

五、对我国的启示

随着流动人口的不断增多，我国各地也在探索有效的流动人口计划生育管理和服务模式。在 20 世经 90 年代初，广东就率先提出流动人口计划生育工作"全国一盘棋"和"三谁原则"（谁用工谁负责、谁受益谁管理、谁的辖区谁清理）等经验，进入 21 世纪后，广东开始全面构建流动人口属地化管理，同时建立人口信息管理网络使得流入地和流出地的计划生育信息能够有效沟通和反馈；济南则依托暂住人口管理服务站，发挥暂住人口协管员和基层计划生育工作人员两支队伍的合力作用，在基层形成"两位一体"的管理机制；而宁波则把流动人口管理融入社区管理中，为流动人口提供社区化的管理与服务。

虽然我国很多地区已形成极具特色的流动人口计划生育管理模式，但在管理流动人口计划生育方面，我们仍有提高的空间，这些方面主要有：一是我国流动人口基数大，但是计划生育管理和服务人员短缺。一般计划生育管理和服务人员都是根据户籍人口配备的，随着流动人口不断增多，一些流动人口较多的城市的计划生育人员的工作量早已超过负荷。二是流动人口计划生育综合管理和服务体系不完善，对流动人口的管理需要公安、计划生育等各部门发挥各自优势，紧密合作，但由于至今为止各部门尚未形成综合治理的有效体系，以致相关部门参与流动人口计划生育管理难以落到实处。三是随着经济社会文化等形势的变化，流动人口对计划生育服务、生殖保健服务等需求不断增加，但流入地由于经费、人力等的限制，在满足流动人口计划生育需求方面仍存在不足。

根据上文对世界各地的流动（迁移）人口计划生育管理和服务政策，结合我国自身已有的计划生育策略和实践，我们可从以下方面得到启示。

1. 服务属地化

服务属地化是指流动人口在流入地能够享受与户籍人口同等的宣传倡导、计划生育、优生优育、生殖健康和奖励优待等方面的基本公共服务，也称为服务均等化。上文在美国纽约州、孟加拉等国家和地区的经验中可见服务属地化在国际上非常普遍，但我国流动人口目前基本上仍是只能遵循户籍地的计划生育政策，享受户籍地的计划生育福利，而随着计划生育政策、城乡一体化等政策进一步放宽和优化，流动人口与户籍人口享受同等的计划生育服务也将会实现。

2. 转变理念，从注重管理到注重服务，关注弱势群体

国际上对迁移人口的计划生育服务多是一些福利性的项目，对迁移人口实行利益导向性的政策，这也是我国现在和未来的计划生育工作努力的方向。计划生育利益导向机制是指使用经济利益手段对人们的生育意愿和生育行为进行引导，对实行计划生育的家庭和个人给予扶持、奖励、照顾和优惠，使少生孩子的家庭得到实惠，从而引导群众通过权衡利弊得失，自愿配合当地的计划生育政策需要指出的是利益导向不仅包括物质利益导向也包括精神利益导向。这需要了解流动人口的计划生育利益需求，如避孕手段的获得、孕产妇保健、婴幼儿保健等，然后针对他们的特点，有的放矢地制定符合流动人口的利益导向政策，并关注弱势群体。

3. 以社区为依托，将计划生育活动整合至居委会的日常工作中，发挥社区计划生育人员和医疗机构的作用

通过国际经验可见，社区健康服务者在流动（迁移）人口的计划生育中起到了十分重要的作用。与政府部门的计划生育管理模式相比，流动人口计划生育社区管理模式具有非常大的优势：①通过全国联网的流动人口输入管理平台（PASS 平台），社区/居委会可随时掌握流动人口的婚姻、家庭、生育、流出流入等信息，根据具体情况可进行相关培训的组织、动员和随访工作。②将计划生育项目给予的优惠政策结合至社区/居委会的日常工作中，根据流动女性的不同特点提供免费体检、发放避孕工具、参与社区教育等机会。③社区/居委会是和流动女性建立直接联系的基层工作单位，与她们沟通更为畅通，更易了解流动女性的实际需求并帮助解决相对敏感的生活难题，也有利于对体制外的流动人口进行管理和服务，还有利于调动服务主体积极性，形成社区计划生育人员、志愿者组织、社区医疗机构等多机构共同服务的服务网络。④社区/居委会为流动人口构建无歧视、多温暖的外部支持体系，便于他们更快融入城市社会，同时也可构建成为流动人口倡导和维护权利的辅助组织单位。

由此，建立社区服务模式，发挥社区计划生育人员和社区医疗机构的作用对我国流动人口计划生育管理和服务将起到十分重要的作用。

4. 计划生育工作需与流动（迁移）人口的权利倡导工作整合，为流动人口，尤其是流动女性，提供健康、教育、法律等多方面援助

从国际国内的文献梳理情况来看，目前计划生育工作的一个盲点是忽略了流动人口避孕/节育需求的内部权力运作。从生殖健康角度来说，女性比男性的地位更为弱势。除了缺乏计划生育相关知识之外，还伴随暴力、贫困、社会保障等多方面问题。由此，计划生育工作除达到有效"管理"的目的之外，更应注重对于流动人口，尤其是流动女性的"赋权"工作。这种"赋权"体现在两个层面：①为流动人口传递法律（如《婚姻法》）、健康、职业技能等方面的知识，增进权利知识和维权意识，为她们提供及时的法律援助，初步建立起维护权利的能力。②建立流动女性的同伴教育网络。通过发动和培训流动女性群体中威望高、人际交往广的同伴教育者，依托政府和非政府组织提供的优惠服务，比如免费体验、亲子教育讲座、创业知识等活动，使用她们日常生活中的语言和喜欢的方式，灵活有效地传递健康信息。

综上所述，上述问题的解决，还需政府和非政府部门通力协作，汲取国际经验，并结合我国各地的实际情况进行适应性转换，为流动人口提供满足他们切实需求的服务，提高他们的生活质量和幸福感。

（李宇香、舒星宇）

参考文献

[1] Maharatna A. On seasonal migration and family planning acceptance: a tale of tribal and low cast people in rural West Bengal, India [C]. [Unpublished] 2002. Presented at the Interregional Seminar on Reproductive Health Unmet Needs and Poverty: Issues of Access and Quality of Service, Bangkok Thailand, 2002: 25 - 30.

[2] Adanu R M K, Johnson T R B. Migration and women's health [J]. International Journal of Gynecology & Obstetrics, 2009, 106 (2): 179 - 181.

[3] Blanc A K, Tsui A O. The dilemma of past success: insiders' views on the future of the international family planning movement [J]. Studies in family planning, 2005, 36

(4): 263 – 276.

[4] Moghadas A A, Vaezzade S. Correlates of reproductive behavior: the case of Afghan migrants in Iran [C]. France: the XXVth IUSSP International Population Conference, 2005.

[5] Barham T, Kuhn R. Staying for benefits: the effect of a health and family planning program on out – migration patterns in Bangladesh [J]. Journal of Human Resources, 2014, 49 (4): 982 – 1013.

[6] Bradley S E, Croft T N, Fishel J D, et al. Revising unmet need for family planning [J]. DHS Analytical Studies, 2012, 25: 1 – 69.

[7] Berer M. HIV/AIDS, sexual and reproductive health: intimately related [J]. Reproductive Health Matters, 2003, 11 (22): 6 – 11.

[8] Carballo M, Nerukar A. Migration, refugees, and health risks [J]. Emerging infectious diseases, 2001, 7 (3 Suppl): 556.

[9] Comerasamy H, Read B, Francis C, et al. The acceptability and use of contraception: a prospective study of Somalian women's attitude [J]. Journal of Obstetrics and Gynaecology, 2003, 23 (4): 412 – 415.

[10] Caballero M, Leyva – Flores R, Ochoa – Marin S C, et al. Women who are left behind: the impact of international migration on the process of seeking health care [J]. Salud Pública de México, 2008, 50 (3): 241 – 250.

[11] Day J C. Population projections of the United States, by age, sex, race, and Hispanic origin: 1992 to 2050 [M]. US Department of Commerce, Economics and Statistics Administration, Bureau of the Census, 1992: 25 – 1092.

[12] Lindstrom D P, Muñoz - Franco E. Migration and the diffusion of modern contraceptive knowledge and use in rural Guatemala [J]. Studies in Family Planning, 2005, 36 (4): 277 – 288.

[13] Jones E F, Forrest J D, Henshaw S K, et al. Unintended pregnancy, contraceptive practice and family planning services in developed countries [J]. Family Planning Perspectives, 1988, 20 (2): 53 – 67.

[14] Gagnon A J, Zimbeck M, Zeitlin J. Migration and perinatal health surveillance: an international Delphi survey [J]. European Journal of Obstetrics & Gynecology and Reproductive Biology, 2010, 149 (1): 37 – 43.

[15] Helström L, Odlind V, Zätterström C, et al. Abortion rate and contraceptive practices in immigrant and native women in Sweden [J]. Scandinavian journal of public health, 2003, 31 (6): 405 – 410.

[16] Hoffman N. Mexican women crossing border for safer abortion [N/OL]. Banderas News, 2005 – 07 – 07 [2016 – 04 – 02]. http://www.banderasnews.com/index.htm.

[17] Iglesias E, Robertson E, Johansson S E, et al. Women, international migration and self – reported health. A population – based study of women of reproductive age [J]. Social science & medicine, 2003, 56 (1): 111 – 124.

[18] Tuladhar J M, Stoeckel J. Migrant – nonmigrant differentials in socioeconomic status, fertility and family planning in Nepal [J]. The international migration review, 1982, 16 (1): 197 – 205.

[19] IPPF/WHR. Helping poor Central American immigrants in Costa Rica [EB]. London: International Planned Parenthood Federation, 1999.

[20] Johnson L. Address in San Francisco at the 20th anniversary commemorative session of the United Nations [EB/OL]. The American Presidency Project, 1965 [2016 – 04 – 02]. http: //www. presidency. ucsb. edu/ws/? pid = 27054.

[21] Newbold K B, Willinsky J. Providing family planning and reproductive healthcare to Canadian immigrants: perceptions of healthcare providers [J]. Culture, health & sexuality, 2009, 11 (4): 369 – 382.

[22] Kandel W. Rural Hispanics at a glance [R]. United States Department of Agriculture, Economic Research Service, 2005.

[23] Kandel W, Cromartie J. New patterns of Hispanic settlement in rural America [M]. US Department Agriculture, Economic Research Service, 2004: 1 – 49.

[24] Lurie M, Wilkinson D, Harrison A, et al. Migrancy and HIV/STDs in South Africa – a rural perspective [J]. Medical Journal, 1997, 87 (7): 908 – 909.

[25] Malin, M, Gissler. M. Induced abortion among immigrant women in Finland [J]. FinishJournal of Ethnicity and Migration, 2008, 3 (1): 2 – 12.

[26] Brockerhoff M. Fertility and family planning in African cities: The impact of female migration [J]. Journal of Biosocial Science, 1995, 27 (03): 347 – 358.

[27] Catley – Carlson M. Implementing family planning programs in developing countries: lessons and reflections from four decades of Population Council experience [J]. International Journal of Gynecology & Obstetrics, 1997, 58 (1): 101 – 106.

[28] Carballo M, Nerukar A. Migration, refugees, and health risks [J]. Emerging infectious diseases, 2001, 7 (3 Suppl): 556.

[29] Mumtaz Z, Salway S. "I never go anywhere": extricating the links between women's mobility and uptake of reproductive health services in Pakistan [J]. Social science & medicine, 2005, 60 (8): 1751 – 1765.

[30] Marin, Maria Lourdes S. Whencrossingborders: recognising the sexual and reproductive health and rights of women migrant workers [J]. ARROWs for Change, 2013, 19 (1): 2 – 5.

［31］Heaman M, Bayrampour H, Kingston D, et al. Migrant women's utilization of prenatal care: a systematic review ［J］. Maternal and child health journal, 2013, 17 (5): 816 – 836.

［32］Nepal Family Health Program II. Family planning needs of migrant couples in Nepal ［R/OL］. Kathmandu: Center for Research on Environment Health and Population Activities, 2012.

［33］Omondi C O, Ayiemba E H O. Contraceptive use dynamics among migrant women in Kenya ［J］. African Population Studies, 2003, 18 (2): 69 – 90.

［34］Ramírez F P, García – García I, Peralta – Ramírez M I. The migration process as a stress factor in pregnant immigrant women in Spain ［J］. Journal of Transcultural Nursing, 2013, 24 (4): 348 – 354.

［35］Rokicki S, Montana L, Fink G. Impact of Migration on Fertility and Abortion: Evidence from the Household and Welfare Study of Accra ［J］. Demography, 2014, 51 (6): 2229 – 2254.

［36］Sutton P D, Mathews T J. Trends in characteristics of births by state: United States, 1990, 1995, and 2000 – 2002 ［J］. National vital statistics reports, 2004, 52 (19): 1 – 18.

［37］Sable M R, Schwarz L R, Campbell J D, et al. Male Hispanic immigrants talk about family planning ［J］. Journal of Health Care for the Poor and Underserved, 2006, 17 (2): 386 – 399.

［38］Saxena S, Copas A J, Mercer C, et al. Ethnic variations in sexual activity and contraceptive use: national cross – sectional survey ［J］. Contraception, 2006, 74 (3): 224 – 233.

［39］Smith – Estelle A, Gruskin S. Vulnerability to HIV/STIs among rural women from migrant communities in Nepal: A health and human rights framework ［J］. Reproductive health matters, 2003, 11 (22): 142 – 151.

［40］Saphonn V, Sopheab H, Sun L P, et al. Current HIV/AIDS/STI epidemic: intervention programs in Cambodia, 1993 – 2003 ［J］. AIDS Education and Prevention, 2004, 16 (Supplement A): 64.

［41］Silverman J, Jones E F. The delivery of family planning and health services in Great Britain ［J］. Family Planning Perspectives, 1988, 20 (2): 68 – 74.

［42］United Nations. The 2013 world youth report – youth migration and development ［R］. New York: United Nations, 2013.

［43］United Nations. Programmer of action adopted at the international conference on population and development, Cairo, 5 – 13 September 1994 ［R］. New York: United Nations Population Fund, 1994.

[44] United Nations. The millennium development goals report 2012 [EB/OL]. New York: United Nations, 2012 [2016 – 04 – 03]. http://www.un.org/ millennium goals/ pdf/MDG%20 Report%202012. pdf.

[45] Wilson E K, McQuiston C. Motivations for pregnancy planning among Mexican immigrant women in North Carolina [J]. Maternal and Child Health Journal, 2006, 10 (3): 311 – 320.

[46] Whittaker A. Cross – border assisted reproduction care in Asia: implications for access, equity and regulations [J]. Reproductive health matters, 2011, 19 (37): 107 – 116.

[47] 慈勤英,李芬. 城市流动人口计划生育管理的社区服务模式 [J]. 南方人口, 2002, 17 (3): 14 – 17.

[48] 陈肇男. 从草创到推行盛期——民国53年到65年间台湾家庭计划之回顾与检讨 [J]. 台湾经济预测与政策, 31 (1): 31 – 76.

[49] 段成荣,吕利丹,邹湘江. 当前我国流动人口面临的主要问题和对策——基于 2010年第六次全国人口普查数据的分析 [J]. 人口研究, 2013 (2): 17 – 24.

[50] 段成荣. 流动人口的概念和度量问题 [J]. 南京人口管理干部学院学报, 1998, 14.

[51] 郭志刚. 流动人口对当前生育水平的影响 [J]. 人口研究, 2010 (1): 19 – 29.

[52] 江亦曼. 全国流动人口计划生育管理研究 [J]. 南方人口, 2001, 16 (2): 1 – 9.

[53] 卫琛. 非洲人口的"马尔萨斯陷阱"与国际援助下的计划生育运动 [J]. 中国 卫生政策研究, 2013, 6 (11): 15 – 22.

[54] 尹立东,蒋正华. 流动人口计划生育管理与服务的协同模式研究与实现 [J]. 中 国软科学, 2003 (1): 145 – 149.

[55] 张庆五. 关于人口迁移与流动人口概念问题 [J]. 人口研究, 1988 (3): 17 – 18.

[56] 张枫. 流动人口计划生育属地化管理机制研究——以广东为例 [J]. 人口研究, 2006, 30 (5): 82 – 86.

[57] 周福林. 建立计划生育利益导向机制的若干问题研究 [J]. 中州学刊, 2006 (5): 134 – 136.

[58] 周建芳,陶勃. 流动人口计划生育利益导向机制研究 [J]. 人口学刊, 2008 (5): 55 – 60.

第十章　计划生育国际机构与国际合作项目

计划生育（Family Planning），也被称为家庭计划，指的是利用具体的法律政策、技术措施和卫生服务项目推动人口的良性发展。世界卫生组织关于计划生育的论述指出："通过计划生育，个人和夫妇能够预期和得到所期望的孩子数目以及生育间隔和时间。"今天，世界上仍然有2.2亿名女性无法获得必要的避孕技术，每年有近30万孕产妇死亡。撒哈拉以南非洲地区20%的女性缺乏避孕技术，加勒比地区25%女性缺乏避孕手段，亚洲东南部和非洲北部地区，10%的女性仍有未被满足的计划生育需求。正因如此，很多女性易意外怀孕，同时将她们以及她们的孩子置于危险的境地。

作为妇女解放和家庭发展的重要措施之一，计划生育的理念早在20世纪20年代就在"世界计划生育运动"中被提出，其中最为积极的倡导者当属美国的玛格丽特·桑格（Margaret Sanger，1879—1966）夫人。她于1921年创办"美国节制生育联盟"（the American Birth Control League），在1927年促成第一次世界人口会议的召开，并曾于1922年和1935年两次来到中国倡导节育。由于她的努力，"国际计划生育联合会"（International Planned Parenthood Federation）于1952年在印度成立，桑格夫人担任第一任主席。20世纪50年代至70年代，多个计划生育国际组织应运而生，如联合国人口活动基金会（UNFPA）、家庭健康国际组织（FHI360）、国际人口服务组织（PSI）、玛丽斯特普国际组织（MSI）等。1994年，发展中国家加强了在人口与发展领域的多边合作，倡导成立了第一个由发展中国家领导的人口与发展南南合作伙伴组织。

计划生育领域的这些国际组织积极与世界各国合作，将人口与发展列入全球地区和国家的可持续发展议程，产生了广泛的影响，取得了长足的进步。1990—2007年，全球各地区15～49岁女性使用避孕措施的比例均得以提高。

本章筛选了计划生育领域影响力较大的几家国际组织，并试图从组织机构成立的地点、背景与发展历程，组织机构形式、管理框架与制度体系，宗旨原则和政策主张，主要活动领域及内容，项目类型及覆盖国家，资金规模和来源，分支机构与海外机构，主要合作方，出版物等九个方面进行梳理、剖析这些国际机构在计划生育领域的工作。在中国开展的计划生育国际合作项目大多由中国计划生育协会执行，本章最后一节收集、整理并分析了我国计生协国际合作项目活动的开展情况和演变过程。

一、联合国人口活动基金会介绍

　　联合国人口活动基金会（United Nations Population Fund，UNFPA）作为一个联合国组织，属于联合国成员国发展集团及其执行委员会的一部分。其主要工作旨在通过全国人口普查和人口调查帮助每个女性、男性和儿童享受健康且机会均等的生命。联合国人口活动基金会根据获得的数据创立项目，减少贫困，解决少数人群的权利问题，他们的目标之一是确保"每一次孕育都非意外，每一个新生命都健康安全，每一个年轻人都可以远离艾滋病和性传播疾病，每一个女性都能获得尊重和尊严"。其工作涉及生殖健康的改善，包括创建国家战略协议，为少数群体、移民难民、老年人和残疾人提供物资和服务。

（一）组织机构成立的地点、背景与发展历程

　　联合国人口活动基金会（UNFPA）创始于1969年，其总部位于美国纽约。其前身为联合国发展基金管理下的联合国人口活动基金会。1971年，它开始由联合国大会直接管辖。

　　1994年，在国际人口与发展会议（ICPA）上，179个国家政府一致认为，满足人们在教育和医疗方面的需求，包括生殖健康，是可持续发展的先决条件。会议达成了《国际人发大会行动纲领》，联合国人口活动基金会的工作遵循该指导方针。在国际人口与发展会议（ICPD）《国际人发大会行动纲领》指导下，联合国人口活动基金会与各国政府、社会各界以及其他机构来努力推动其使命。该行动纲领的主要目标是：至2015年普及生殖健康服务；通过普及初等教育，至2015年消除性别差异教育；至2015年降低75%孕产妇死亡率；降低婴儿死亡率；提高人均寿命。此目标在1999年得到进一步优化，增添艾滋病方面的内容，即15～24岁艾滋病患

者数量至 2005 年在感染最严重地区减少 25%，至 2010 年在全球范围内减少 25%。

悠久的历史以及明确的目标让联合国人口活动基金会成为当今全球人口和生殖健康项目和资金的主要来源。

（二）组织机构形式、管理框架与制度体系

联合国人口活动基金会作为联合国大会的附属组织，在联合国系统中扮演着独特的角色：在 1994 年《国际人发大会行动纲领》以及国际发展目标的指导下，帮助解决人口与发展问题，强调生殖健康与性别平等。同时，联合国人口活动基金会也采纳联合国大会以及经济与社会理事会（Economic and Social Council，ECOSOC）的总体政策作为指导。

联合国开发计划署/联合国人口基金执行委员会作为联合国人口活动基金会的直接上级机构，听取联合国人口活动基金会在行政、财务以及规划等方面的汇报并给予意见建议。

以联合国作为发展根基的联合国人口活动基金会，成功促进了发展中国家对生殖健康问题的意识提高，并帮助发展中国家制定政策和策略以促进可持续发展。

1. 联合国人口活动基金会执行董事会

联合国人口活动基金会在 2013 年共有 2,471 名正式员工，其中四分之三的员工在各成员国从事现场工作。

2. 联合国人口活动基金会执行委员会

联合国人口活动基金会之所以能够成为全球可信赖发展伙伴之一，主要是因为它能牢牢抓住联合国原则和价值观。这就意味着其尊重每个国家掌握自己未来的权利，将国家之间团结起来共同应对挑战。联合国人口活动基金会执行委员会由来自 36 个国家的代表组成，在世界范围内轮流交替。执行委员会主席团成员由五个来自不同区域的代表组成。执行委员会根据联合国大会、经济及社会理事会、联合国宪章的政策导向，为联合国开发计划署（UNDP）、联合国人口基金（UNFPA）以及联合国项目事务厅（UNOPS）的活动提供政府内支持及监督。执行委员会确保联合国开发计划署、联合国人口活动基金会、联合国项目事务厅对发展需求国家的项目支持，并支持联合国人口活动基金会的主张。

最初的执行委员会是在 1993 年 12 月的联合国大会上决议产生的，由 36 个国家代表组成。第一届执行委员会于 1994 年 1 月取代了 48 个成员组成的管理委员会。2015 年执行委员会主席团成员分别来自危地马拉、亚美尼亚、日本、莱索托和尼泊尔。除主席团成员之外，执行委员会还由来自非洲、亚洲、拉丁美洲及加勒比区域、东欧、西欧及其他国家共 36 个成员国组成。

（三）宗旨原则和政策主张

联合国人口活动基金会的工作都基于一个前提：所有人都享有平等的权利和保护。联合国人口活动基金会之所以将工作聚焦于妇女和年轻人，是因为这些群体在行使其生殖健康权利的过程中往往困难重重。

联合国人口活动基金会认为，与生殖和生殖系统相关的生理、心理及社会关系健康，均是落实生殖健康权利的重要元素。因此，其主要工作旨在通过全国人口普查和人口调查帮助每个女性、男性和儿童享受健康且机会均等的生命。联合国人口活动基金会根据获得的数据创立项目，减少贫困，解决少数人群权利问题。

（四）主要活动领域及内容

2008—2013 年，联合国人口活动基金会的项目主要涉及以下七个主题：普及和改善孕产妇和新生儿健康；增加自愿计划生育访问服务；普及艾滋病及性传播疾病服务到广大患有艾滋病的孕妇、年轻人及其他关键人群；倡导性别平等和生殖权利；向年轻人普及生殖健康服务和信息；将种群动态变化、政策制定以及发展计划联系在一起；利用数据。

2014—2017 年，联合国人口活动基金会将改革目标着眼于强化成果框架、构建新商业模式以及改善融资安排，致力于提高联合国人口活动基金会的工作效率及有效性。

作为世界上最大的生殖健康项目的资金来源，联合国人口活动基金会在国际社会的支持下，在全球 150 多个国家内与政府和非政府组织合作，支持帮助女性、男性及年轻人的项目，其中主要包括：生殖、青年人、人权与性别平等、人口问题四个主题。

生殖健康主题主要涵盖了计划生育、艾滋病、母亲健康、助产及产科学、产科瘘管病、生殖健康；青年人主题主要涵盖了青春期妊娠、童婚、

青年人领导力、性教育；人权及性别平等主题主要涵盖了女性生殖器伤
残、减少针对妇女的暴力行为、倡导妇女平等；人口问题则涵盖了老龄
化、人口普查、气候变化、人口红利、人口迁移、城市化、人口变化趋势
问题。

（五）项目类型及覆盖国家

联合国人口活动基金会的项目类型主要以四个主题为主，包括生殖、
青年人、人权与性别平等、人口问题。生殖项目主要分布于东非及南非区
域、阿拉伯地区以及亚洲地区；青年人项目主要分布于东非及南非地区及
亚洲地区；人权与性别平等主题项目主要集中在东非及南非地区、阿拉伯
地区以及亚洲及太平洋地区；而人口问题项目则分布于巴基斯坦以及哥伦
比亚两地。

（六）资金规模（年度预算）和来源

2013 年，联合国人口活动基金会总收入达到 9.768 亿美元，其中包括
核心资源捐赠的 4.6 亿美元以及非核心资源捐赠的 5.043 亿美元。核心资
源是指来源于政府的捐赠；非核心资源则包括由政府、基金会、私营部门
和个人贡献的基金，主要用于具体项目和计划，包括信托基金和初级专业
人员计划。核心资源资金是运作活动的基石，具有中立性及灵活性的特
点，使组织更有效地应对国家发展需求。2012 年以前，核心资源基金始终
占据主体地位，占据超过一半的捐助金额。2012 年起，核心资源资金比例
开始下调，至 2013 年下降到 48%。联合国人口活动基金会将核心资源资
金及非核心资源资金用于支持战略计划中的七个主体发展成果，其中 2013
年，孕产妇及新生儿健康被分配以最大份额，为 1.997 亿美元；其次是计
划生育，约 1.877 亿美元。

2013 年，联合国人口活动基金会约 98% 的核心资源资金来自全球的
15 个捐助单位。联合国人口活动基金会始终加强与国际金融机构、地区性
银行和民间社会组织等非传统捐助者及合作伙伴的合作，以分散捐赠为基
础。在 2013 年，联合国人口活动基金会于总部建立并加强了与私营企业的
合作关系，但大部分伙伴关系是通过各个国家所运行的项目推动的，即在
当地企业中建立，推动合作伙伴与联合国人口活动基金会共同发展。2013
年，超过 40 个国家办事处提交了与私营企业合作的请求，并在 2013 年与

私营企业达成了 29 项新协议。联合国人口活动基金会的大量资金投在非洲地区、亚洲地区以及全球性活动上。其中，51% 的资金用于计划生育、女性及新生儿健康方面。项目经费占总支出的 91%。

（七）组织的分支机构与海外机构

联合国人口活动基金会的项目遍布全世界 159 个国家和地区，这些国家主要分布于六个区域：阿拉伯国家及欧洲（埃及）、东欧及中亚地区（土耳其）、东非及南非地区（南非）、亚洲和太平洋地区（泰国）、拉丁美洲和加勒比地区（巴拿马）、西非及中非地区（塞内加尔），并在各个区域设立了区域办公室。

至 2013 年，联合国人口活动基金会已设立了 112 个国家办事处，六个区域性以及三个亚区域性办事处和联络办公室，区域办公室分布在埃塞俄比亚、布鲁塞尔、哥本哈根、日内瓦、东京和华盛顿。

（八）主要合作方

联合国人口活动基金会根据联合国四年全面政策审查，实施全面改革，制订并实施 2014—2017 年新战略计划。这些改革旨在加强可持续发展、消除贫困、改善南南合作、促进性别平等。此外，联合国人口活动基金会努力提高联合国系统的一致性和有效性，通过主持论坛如联合国发展集团高层委员会，增强各个联合国发展机构在同一国家内的协调发展及协同效应。

联合国人口活动基金会与其他许多发展和人道主义机构密切合作，特别是世卫组织（WHO）、联合国儿童基金会（UNICEF）、联合国开发计划署（UNDP）和联合国艾滋病规划署（UNAIDS）。

联合国人口活动基金会在 2013 年推动了 159 项南南合作计划，其中大部分集中在专业知识、技术交流及机构能力发展上；60% 以上的计划获得了经济资源的支持，约 50% 获得了技术支持。

二、国际计划生育联合会介绍

国际计划生育联合会（International Planned Parenthood Federation，IP-PF）是全球广泛促进生殖健康以及计划生育工作的非政府组织。2013 年，位于 66 个国家的 IPPF 分会成功引导了 97 项与性和生殖卫生相关的政策或立法方案。在区域及全球层面，IPPF 通过宣传倡导改善了 13 项政策，其中 10 项与保护生殖健康权利有关。

（一）组织机构成立的地点、背景与发展历程

国际计划生育联合会于 1952 年在印度孟买召开的第三届国际计划生育会议上宣布成立，总部位于英国伦敦。

计划生育作为人的基本权力之一，曾经挑战着许多社会习俗。对于一些现今我们认为理所当然的事情，当时却面临巨大的挑战和敌意，计划生育活动家不断努力，让人们接受这些计划生育理念。尽管他们其中的一些人被监禁，但是他们仍然决心与不同文化、传统、法律和宗教态度磨合以求改善全世界妇女的生活。有鉴于此，1952 年在第三届计划生育国际会议上，8 个国家的计划生育协会一起创议并成立了国际计划生育联合会。60 年后，这个慈善团体已经成为拥有 152 个成员协会组成的联合会，工作范围遍布世界 172 个国家和地区。

（二）组织机构形式、管理框架与制度体系

国际计划生育联合会秘书处由位于伦敦的中心办公室以及其他 6 个区域办事处组成，区域办公室分别位于非洲的内罗比，阿拉伯国家的突尼斯，东亚东南亚以及大洋洲的吉隆坡，欧洲的布鲁塞尔，南亚的新德里和西半球的纽约。区域办事处作为 IPPF 的分支机构负责监督、促进以及分配核心资金到区域内的分会。国际计划生育联合会秘书处经管理委员会批准，负责制定组织政策和发展方向。

国际计划生育联合会的管理层主要由国际计划生育联合会管理委员会委员组成，各分会享有经济独立和自治。

国际计划生育联合会管理委员会的 24 个代表分别来自国际计划生育联合会 6 个不同的地区。每个地区委派 4 个代表参加每年两次的管理委员会来决策联盟的全球政策。

高层管理团队确保组织和协调各部门秘书处的日常运作，其中包括招聘各地区主管。高级管理团队成员在各自学科都有丰富的经验，并在性和生殖健康各专业部门工作。大多数委员都有非营利组织以及私营非政府组织的工作经历。他们的专业能力支撑了国际计划生育联合会的工作平台，

同时提供了坚强的领导力。高层管理团队以理事长为首，理事长在伦敦中央办公室工作，其他五名中央办公室总监以及六名地区主管定期向理事长汇报工作。

除此之外，国际计划生育联合会在伦敦总部还成立了交易子公司，即国际避孕及性传播感染疾病交易营销有限公司，从事大宗商品供应服务以及与国际计划生育联合会分会相结合的避孕措施社会营销。

1. 主要成员

国际计划生育联合会的成功取决于员工、志愿者和支持者的承诺和奉献精神。联合会拥有一个完全民主的治理结构，由志愿者和专业人员操作。

其中，志愿服务是国际计划生育联合会的核心精神，成千上万世界各地的志愿者参加联合会的志愿工作。乐于奉献的志愿者们让国际计划生育联合会成为全球最大影响力的性和生殖健康服务组织。成千上万的志愿者参与基层组织工作，他们有着各种各样的背景，他们中大部分都直接受到过性生殖的卫生及人权问题的影响，许多人来自于我们希望达到的最边缘化社区。所有的志愿者们都热情致力于国际计划生育联合会的愿景和推进联盟的使命。

2. 管理委员会

国际计划生育联合会管理委员会由 24 个代表联盟不同地区的成员共同组成，该委员会每三年选举一次，每年聚集两次。管理委员会也会任命联盟理事长作为联盟日常事务管理的首席执行官。

3. 高级管理团队

高级管理团队的总部位于伦敦中心办公室以及 6 个区域办事处，由总监级别的财政、医疗、技术、业务和宣传人员组成。高级管理团队包括理事长、5 名中央办公室总监以及各地区主管。

4. 地区主管

地区主管负责监督和支持地区内分会的工作。作为高层管理团队的一部分，他们在管理、监督和评价流程中起到关键性作用，确保良好的治理并以高标准维护协会成员的权益。地区主管起到良好的桥梁作用，在中央政策会议上表达自身地区的各类问题，确保政策的落实和执行。

（三）宗旨原则和政策主张

1. 愿景

国际计划生育联合会努力帮助世界所有成年人获得他们需要的性和生殖健康信息和服务；创造一个性被看作是生活中自然而珍贵的一个方面，也是人类的一项基本权利的世界；一个选择可以被充分尊重的世界，一个没有侮辱和歧视的世界。

2. 使命

国际计划生育联合会旨在以宣传和服务作为手段，提供和呼吁性及生殖健康的权利，来改善个人的生活质量，尤其是针对贫困和弱势群体。联合会保护所有人的权利让他们享受免于疾病、意外怀孕、暴力和歧视的性生活。

国际计划生育联合会致力于确保妇女不因妊娠和分娩导致不必要的伤害、疾病或死亡，它支持妇女堕胎权利的合法性和安全性。IPPF 努力消除性传播感染，并努力减少艾滋病毒的传播和艾滋病的影响。

3. 核心价值

国际计划生育联合会相信应该保证每个人的性及生殖的健康和权利，因为它是国际公认的人权。联盟致力于性别平等，消除那些威胁个人福祉或是引起普遍违反健康和人权的事情，尤其是对女性的侮辱和歧视。

联合会的价值观十分多样化，强调年轻人以及艾滋病毒携带者参与艾滋病的治理和方案。国际计划生育联合会认为志愿服务精神是实现使命推进事业的核心。IPPF 致力于与社区、政府、其他组织和捐助者共同合作。

（四）主要活动领域及内容

国际计划生育联合会主要活动领域分布于九个方面，包括避孕、艾滋病、女性健康、性权利、流产安全、倡导理念与政策呼吁、人道主义、性别平等、青年人及未成年人。

其中，计划生育作为避孕领域的主流导向，促进避孕方法以及避孕推广的进展；艾滋病领域从性与生殖健康入手，联系两者的关系，并进一步提供预防、治疗、护理等支持；服务女性健康关注于不孕不育、孕妇保健、更年期、女性与艾滋病、宫颈癌护理等方面；性权利从男性入手，解决由于性别不平等导致的女性性权利缺失问题；流产安全着眼于促进安全且合法的堕胎服务；倡导理念与政策呼吁以联合国千年发展目标作为依托，向联合国及国家政府建议相关政策改革的落实；人道主义主要从乌干达、格鲁吉亚等人道主义缺失的国家入手；性别平等主要针对与性别相关的暴力行为；青年人与未成年人则关注于青年人权利、青年人艾滋病问题、青年人性教育、青年人领导力等问题。

（五）项目类型及覆盖国家

国际计划生育联合会目前主打了九个项目，其中包括日本信托基金、创新基金、"女孩的决定"、英特格拉创新项目、安全堕胎行动基金、艾滋病携带者歧视引导项目、一同发声项目、反对仇恨项目和艾滋病态度引导项目。

其中，创新基金针对国际计划生育联合会成员的创新行为给予支持；"女孩的决定"针对年轻女性在性与生殖健康方面所面临的困境；日本信托基金针对艾滋病以及生殖健康领域，为 IPPF 分会提供资金支持；安全堕胎行动基金则通过研究、推广服务以及政策倡导防止不安全堕胎行为；英特格拉创新项目旨在减少艾滋病感染、艾滋病歧视以及意外怀孕；设立艾滋病携带者歧视引导、一同发声项目以及反对仇恨而非艾滋等项目，反对对艾滋病感染者和病人的歧视。

（六）资金规模（年度预算）和来源

国际计划生育联合会每年拥有超过 1.25 亿美元的年度预算，分配给各个分会以及用于特定的项目活动。

总部和分会有责任为资助者、合作伙伴、员工和受益者提供详细、准确、透明、最新的财务报表。IPPF 财务报表详细提供了组织活动的审计信息，其中包括执行概要、管理委员会的年度报告、理事会独立审计师报告、金融活动的声明、资产负债表、现金流量表、注释部分。

国际计划生育联合会由各种资助机构和个人捐款提供资金。资助机构包括政府、非政府组织、多边机构、公司、信托、基金，其中基金包括欧盟委员会以及联合国人口基金。其中一半的资产金额来自于政府官方开展的援助计划拨款。联合会也从个人通过遗赠、信托、年金和定期给予等形式建立的基金中获得巨大的捐赠金额。

（七）组织的分支机构与海外机构

国际计划生育联合会提供与性和生殖健康相关的帮助、建议、服务和物质供给，这些服务是通过联盟分会提供的。分会是指在某个国家中联盟组织的一部分，例如，在肯尼亚，联盟分会是肯尼亚家庭健康选择组织；在印度，联盟分会是印度计划生育协会。

国际计划生育联合会将服务范围划分为六个区域，分别是西半球，拥有 38 个成员国，面临巨大的政策环境及服务供给挑战，拥有 2.5 万个服务点；非洲，包括 37 个撒哈拉以南非洲国家，拥有 1.1 万个服务点，服务于 8 亿人口；阿拉伯国家，包括 14 个成员国，面临复杂的社会文化挑战，拥有 1200 个服务点；东亚东南亚及太平洋区域，包括 22 个成员国，拥有 8300 个服务点；南亚，包括 9 个成员国，其中有数个人口最为密集的国家，拥有 1.9 万个服务点；欧洲区域，包括欧洲以及中亚的 41 个分会。国际计划生育联合会的六个区域办公室作为 IPPF 组织的分支机构存在。

国际计划生育联合会目前拥有 152 个分会，在 164 个国家开展工作（加勒比家庭计划分会覆盖了 13 个国家的工作）。除此之外，联盟也覆盖了 8 个未设立分会的国家，因此，国际计划生育联合会共覆盖了 172 个国家。

（八）主要合作方

IPPF 经常与世界卫生组织（WHO），联合国开发计划署（UNDP）、联合国儿童基金会（UNICEF）、联合国人口基金（UNPF）以及经济合作与发展组织（OECD）展开合作。

三、人口与发展南南合作伙伴组织介绍

人口与发展伙伴组织（PPD）是一个致力于推动生殖健康以及人口与发展领域南南合作（SSC）的政府间联盟。其于 1994 年在国际人口与发展大会（ICPD）上由 10 个发展中国家创立，旨在推动《开罗行动纲领》的实施。当前伙伴组织已被授予联合国常设观察员身份，其成员已增加至 26 个国家，代表着 59% 的世界人口，并已成为人口与发展领域的重要全球参与者。

中国于 1997 年 11 月加入该伙伴组织，从 2002 年起连续两届（六年）

担任伙伴组织执委会主席国，从 2008 年起连续两届担任伙伴组织执委会副主席国。2006 年，伙伴组织中国项目办事处正式落户中国生殖健康家庭保健培训中心。在 2014 年 11 月 27 日印度首都新德里举行的人口与发展南南合作伙伴组织第 19 届理事会会议上，国家卫生与计划生育委员会李斌主任当选为伙伴组织主席，任期三年（2015—2017）。

（一）组织机构成立的地点、背景与发展历程

南南合作联盟的想法起源于 1993 年 10 月意大利百乐宫的商议，随后在 1994 年 4 月，在同一地点，国际人口与发展会议（ICPD）得出结论："一些发展中国家在设计和实现国家人口政策和规划上非常成功，这也意味着这些独特的实践经验可以在很大程度上帮助其他发展中国家实现其国家战略。"10 个来自亚洲、非洲、拉丁美洲的发展中国家组成政府间联盟，促进实现国际人发大会行动纲领（POA），该行动纲领得到了 179 个国家的支持，强调通过建立良好机制，通过在政府、非政府组织、研究机构和私营企业之间搭建伙伴关系，促进国与国之间计划生育与生殖健康经验的分享。人口与发展南南合作伙伴组织也是世界上唯一完全致力于南南合作的组织。很多发展中国家正是意识到会议上分享的这些经验可以在南南合作的政府间框架下发挥作用，1994 年在开罗进一步磋商并建立联盟。

联盟的第一个董事会会议于 1995 年 4 月 10 日在津巴布韦哈拉雷举行，创始成员国（孟加拉、哥伦比亚、埃及、印度尼西亚、肯尼亚、墨西哥、摩洛哥、泰国、突尼斯和津巴布韦）参与了此次会议，并拟定了承诺宣言，制定了基本原则，选举了执行委员会，决定其常设秘书处位于孟加拉达卡。

（二）组织机构形式、管理框架与制度体系

人口与发展南南合作伙伴组织委员会主要包括来自全部 26 个成员国的卫生、人口和社会发展部部长，旨在确保最高政策层面的承诺。合作伙伴组织为了更好地促进国家间合作，在各成员国中选举出一名高级政府官员作为合作伙伴国家协调员（PCC），旨在制订该国的南南合作年度工作计划，倡议并支持伙伴组织在各国的活动，协调秘书处和该国援助方，以及对参与南南合作倡议的项目、组织和个人有关的信息进行文件介绍和宣传。伙伴国家协调员每年集会对如何加强伙伴组织国家之间的南南合作行

动进行咨询讨论并提供建议。

合作伙伴组织秘书处是组织的执行核心，其主要作用是协助成员国和其他发展中国家扩大和改善计划生育和生殖健康领域的南南合作情况，主要通过：①作为信息交换及经验交流中心；②促进南南合作交流；③为南南交流创造新的机会和寻找资金来源；④为南南合作宣传、营销并树立一个积极的组织形象。

1. 组织框架

执行委员会目前由选举出的四名管理委员会成员（主席、副主席、秘书和财务）担任，分别来自于四个主要区域（撒哈拉以南非洲、亚洲、北非和中东以及拉丁美洲和加勒比地区）。执行委员会成员两届连任，每届任期三年（孟加拉国除外），孟加拉国达卡市作为伙伴组织秘书处所在地享有永久成员身份。此外，该国还作为执行委员会会议的举行地成员而成为执行委员会无投票权成员。执行委员会会议至少每年一次，在两次管理委员会会议之间举行。其职责是审查/建议年度计划和预算，监控其进展并向秘书处执行主任提供指导。执行委员会受计划、规划和发展顾问委员会以及财务和风险管理顾问委员会的支持。这两个委员会每年集会两次，就年度计划的执行提供指导。

2. 责任制度

人口与发展南南合作伙伴组织董事会由各成员国在人口与发展领域的部长或其他高级政府官员组成。其责任包括：①倡导提高捐助者支持以及扩大南南合作交流，推广在发展中国家使用平价生殖健康产品和服务；②在发达国家和发展中国家筹集资源；③通过制定和执行各种合作协议促进南南合作的加深和推广；④指导秘书处并为支持广泛的南南合作提供金融、政治上的支持和制定政策，在自己国家提名一个伙伴国家协调员来协调国家计划内与其他成员国的南南合作。

（三）宗旨原则和政策主张

伙伴组织的愿景是成为"一个领导并促进南南合作以达成全球人口与生殖健康议程并实现可持续发展的政府间联盟"。伙伴组织的使命是"在南南合作框架内通过生殖健康和权利以及人口与发展领域的持续倡导、能力建设、网络打造、知识管理/分享和技术转移来实现我们的愿景目标"。

为了执行这项使命，伙伴组织各成员国已就一系列的共同价值观和原则达成了一致意见，包括：以人为本的发展；契合成员国的优先需要；公正平等；相互尊重和团结；责任性和透明性。

伙伴组织始终致力于执行 1994 年各方约定的国际人发大会议程以及"2014 年后国际人发大会行动纲领后续行动框架"。在 2015—2019 年中期背景下，伙伴组织将加强相关工作以便实现以下目标：

● 完成尚未完成的《国际人发大会行动纲领》以及千年发展目标事业——尤其是专注于降低孕产妇死亡率、解决尚未满足的计划生育需求（现代避孕方法）以及确保生殖健康服务的普及。

● 加快并更好地将人口与发展事务融合到地区和全球对话以及发展规划中去（并特别专注于老龄化、青少年、移民、城市化以及环境可持续性）。

● 实现两性平等并消除一切形式暴力侵害妇女和少女的行为，包括人口贩卖、性和其他形式的剥削以及各种有害习俗，比如童婚、早婚、强迫婚姻以及女性割礼。

（四）主要活动领域及内容

为实现上述发展目标，伙伴组织的工作重点为以下五个方面：

● 倡导与政策发展：随着 2015—2019 年从千年发展目标到可持续发展议程的过渡，我们应将工作重心放在确保国际人发大会 2014 年后议程中所列出的优先事项在国家级以及全球级均得到保持和推进。

● 全球卫生与人口外交：伙伴组织将利用各种现有关系，比如伙伴组织在联合国大会上的观察员身份以及在日内瓦（世界卫生组织）、曼谷（联合国亚洲及太平洋经济和社会委员会）设立的外交代表处，以及与非洲联盟和各种非洲区域经济共同体之间建立的紧密关系，以便：①在联合国成员国当中倡导世界人发大会 2014 年后优先事务，并将其纳入 2015 年后可持续发展议程之中；②通过为各种全球性委员会和工作小组提供战略支持，推动全球卫生与人口对话；③提升伙伴组织所从事工作的知名度，特别是宣传南南合作如何影响并促成了更好的全球决策以及各种国家政策和计划。

● 能力发展与技术合作：伙伴组织将致力于深化和拓展各种技术合作和能力建设。具体而言，伙伴组织将①鼓励成员国与伙伴机构扩大各种专注于生殖健康以及人口与发展、领导和政策、战略规划、项目管理、监测与评估以及南南合作倡议规划和管理等领域的免费培训机会的数量与范围；②安排短期培训或技术咨询，以便向伙伴国家协调员以及伙伴机构介绍各种全新的技术、政策和方案设计方法以及指南；③帮助伙伴机构探索加强人口动态政策研究的各种机遇和潜力，尤其是与青少年、老龄化、城市化、人口流动以及家庭结构变化相关的政策研究；④针对一些与国家伙伴需求和能力相契合的优先领域，探索加强技术合作以及技术转移方面的潜力，包括生殖健康产品安全性、人口普查以及人口统计数据生成、分析和使用，并开发和采用有助于实现国际人发大会目标的创新信息和通信技术。

● 知识管理：伙伴组织将①发现、总结并传播一些优秀的做法；②开发并维护好一个政策、方案编制和技术资源；③维持好与伙伴国家协调员以及其他利益相关方之间关于伙伴组织秘书处如何最好地促进和支持知识管理、网络建设以及经验交流的对话。

● 南南合作机构能力建设：伙伴组织将建设各机构促动、深化和加强南南合作的能力。具体而言，伙伴组织将①促进南南合作在各种国家级生殖健康以及人口与发展规划、预算和协调机制等国际合作方案中的主流化；②推动议会委员会的设立与运作；③鼓励并促进同行经验交流以及技术合作；④要求伙伴国家协调员每年汇报一次南南合作机构能力建设工作的进展、计划和经验。

（五）资金规模（年度预算）和来源

人口与发展南南合作伙伴组织自成立以来获得了大量来自不同捐赠者的资金支持，其中包括洛克菲勒基金会、比尔与梅琳达盖茨基金会、大卫与露西尔派克基金会、联合国人口基金、欧盟委员会、英国国际发展部、世界银行、福特基金会、加拿大国际发展署等。在超过十年的时间里，合作伙伴组织为项目活动融资 2,400 多万美元。洛克菲勒基金会是组织的主要资助者之一，提供了占据总资助27%的金额，盖茨基金会占据了总资金的17%。各类捐款主要用于项目活动，占资金来源的89.0%；成员国贡献占 10.56%，这部分资金用于核心活动。

（六）组织成员国及分支机构

10 个创始成员国（孟加拉、哥伦比亚、埃及、印度尼西亚、肯尼亚、墨西哥、摩洛哥、泰国、突尼斯和津巴布韦）在人口政策、计划生育以及健康服务领域的成功是受到国际认可的。自成立以来，该组织已经逐渐扩大到了包括贝宁、中国、埃塞俄比亚、赞比亚、冈比亚、马里、巴基斯坦、乌干达、加纳、印度、塞内加尔、尼日利亚、南非、约旦、也门和越南等共26个国家。

除了位于孟加拉国达卡的秘书处，人口与发展南南合作伙伴组织在乌干达坎帕拉设有一个非洲区域办事处，由区域主管领导协调非洲地区的南南合作项目。在中国太仓，组织设立了项目办公室，由一个项目主管负责组织南南合作能力建设活动。合作伙伴组织于2002年由联合国大会授予永久观察员的身份，并在纽约设立了联络办公室，办公室由常驻联合国观察员领导。

四、家庭健康国际组织介绍

家庭健康国际组织（Family Health International，FHI），是一个人类发展非政府非营利组织，致力于通过集体推进及本地推动的方式改善人们的生活质量。其与各国政府和当地社区加强广泛的卫生系统，努力改善个人和家庭的生活。

（一）组织机构成立的地点、背景与发展历程

家庭健康国际组织在1971年宣布成立，始于北卡罗来纳大学教堂山分校的国际生育研究项目（International Fertility Research Program）。最初该项目由美国国际开发署（USAID）拨款，1975年发展成为一个独立的非营利组织，并于1982年正式更名为家庭健康国际组织。

该组织始终致力于计划生育与生殖健康相关项目，1986年开始在全球范围内参与艾滋病防治的研究，并于1987年执行美国国际开发署第一个发展中国家五年艾滋病防治项目。在国际机构、各国政府、基金会、研究机构以及个人的支持下，组织将研究和项目领域从计划生育扩大到其他领域的生殖健康研究和技术援助，包括疟疾、肺结核以及其他传染疾病及慢性病。家庭健康国际组织进行全面调查并实施有效方案防治性传播疾病，提高生殖健康服务质量。

2010年，家庭健康国际组织重新命名了口号——"改善生活的科学"，强调FHI为世界上的弱势群体实证科学的承诺，同时也将原先的Family Health International 缩写为FHI360，反映其扩大受众范围至家庭、社区乃至

国家的决心。

家庭健康国际组织于 2011 年开展了代号为 CAPRISA 004 的临床科学研究，该研究在利用阴道凝胶对抗艾滋病毒及生殖器疱疹的临床试验上取得重大突破，显著降低了女性感染风险。

（二）组织机构形式、管理框架与制度体系

家庭健康国际组织由其董事会进行管理，董事会由 11 个成员加上家庭健康国际组织首席执行官组成，首席执行官无投票权。董事会及其常务委员会召开季度例会，当季度例会不召开时，执行委员会召开月度例会并执行董事会权利，包括公司业务以及其他除规章制度明确说明外的所有董事会职权。执行委员会在董事会季度例会上需要向董事会汇报该季度工作，并由董事会成员讨论后修改或反对。

董事会在年度会议上任命两个董事会成员作为执行委员会主席和副主席。董事及管理委员会由三名董事会成员加上首席执行官组成，首席执行官为依据职权但无投票权的成员。董事及管理委员会负责提名董事会成员、执行官、常务委员会成员以及计划生育国际基金会受托人。董事及管理委员会成员任期两年，且不可连任。审计委员会负责监督家庭健康国际组织财政管理并向董事会提供报告。委员会的监督职责包括会计的可靠性及各项原则全面落实及实践，监督财务报表及其他财务报告，及其他与家庭健康国际组织财务相关内容。审计委员会负责监督审计师独立性及能力、维持内部协调制度的管理、维护管理和实践中需要遵守的规章制度。额外的审计委员会职责由董事会进行批准。同时，审计委员会也作为企业人员薪酬委员会。人力资源委员会由三名董事会成员组成，并由合作及个人管理首席执行官审查。

执行团队。家庭健康国际组织共拥有员工 4,000 余人，包括健康、教育、营养、环境、经济发展、公民社会、性别平等、青少年、科研与技术等各领域专家，以此创建一个独特的团队以应对当今多领域交叉的发展挑战。

（三）宗旨原则和政策主张

家庭健康国际组织始终相信，人类生活的关键方面是息息相关的，因此为了解决复杂的人类发展需求，我们需要以 360 度全方位的角度来进行努力。

1. 愿景

家庭健康国际组织希望创建一个所有个人及社区都有机会发挥其最大潜能的世界。

2. 使命

以可持续的方式改善生活，可持续性来自于个人、社区以及国家能力建设以解决他们的需求。为人类发展推进一体化寻求本地推动策略。

3. 主张：360 度远景

360 度应对：将挑战人类复杂发展问题以整合、定制、相连的方式解决。由专家提供可靠方案，并定期为国家政策和指导方针提供建议，在各大期刊发布技术指导。顾大局，思整体。

360 度合作：通过合作关系，将组织影响力放大。以包容性和可持续性的态度看待其合作伙伴，与政府、民间社会组织、私营企业和社区广泛合作。以财政、运营和管理的力量为合作伙伴提供保证并加强。

360 度证实：家庭健康国际组织秉持学习、测试及评估的习惯，收集证据生成可靠数据，以深入了解群众及社区服务，并以此产生最大影响力。

360 度对话：汇集多学科专家解决人类发展面临的挑战，以 360 度远景促进人类在健康科学、社会经济发展、性别与环境领域的研究实践。

4. 价值观念

用创新来满足受益者、投资者以及合作者们不断演变的需求；相互尊重文化的多样性和差异性；个人承诺激发的热情能够产生积极的影响；以问责制监督工作，依靠评估及报告完善我们的工作；以尚伦理、重品质、最完美的使用性能及科学标准履行我们的承诺；在组织内及与合作伙伴进行跨学科跨地域团队合作。

（四）主要活动领域及覆盖国家

家庭健康国际组织关注的领域包括计划生育；儿童及孕产妇健康；传染性疾病，如艾滋病、疟疾和结核病；心血管疾病等慢性病；营养。

家庭健康国际组织自 1971 年以来，其活动范围已覆盖全球 100 多个国家，目前其活动范围主要在 70 多个国家和地区以及美国所有的州。家庭健康国际组织在全球共设立 32 个区域办事处，其中包括设立在泰国曼谷、南非比勒陀利亚以及美国华盛顿特区的管理中心。

（五）资金规模（年度预算）和来源

截止到 2013 年 9 月底，家庭健康国际组织资产总额达到 2.06 亿美金。2013 年度，其收入额达到 6.46 亿美金，支出额为 6.35 亿美金。其中 82.4% 的支出额用于项目支出，其他的 17.6% 用于支持服务。

家庭健康国际组织的资金捐献者主要有以下几个类型：私营企业、基金会、教育机构、非营利组织、美国联邦政府及其他国家政府、东道国政府及双边机构、多边组织。其中美国政府拨款作为家庭健康国际组织的主要资金来源占据收入 88.4%，这里又以美国国际开发署作为主体。2013 年美国国际开发署拨款 4.76 亿美金，占据总收入的 73.7%。

（六）主要合作方

家庭健康国际组织始终坚信与他人的合作，获得互利互惠的进步，才能达到其想要的结果。通过与资助者及合作伙伴的合作，家庭健康国际组织在 40 多年来通过了解合作者的重点与需求，已经与其建立了牢固而广泛的关系。其合作伙伴包括学术机构、社会组织、企业、基金会、政府、当地社区、多边机构、宗教组织、非政府组织以及智库。

五、国际人口服务组织介绍

国际人口服务组织（Population Services International，PSI）作为一个全球卫生组织，致力于改善发展中国家的人体健康问题，例如，缺乏计划生育、艾滋病及艾滋病毒、孕产妇健康问题以及五岁以下儿童健康威胁，如疟疾、痢疾、肺炎和营养不良等。

国际人口服务组织始终认为最有效的卫生服务和产品需要有强大的通信及分配予以保证，这样才能确保用户广泛及正确地使用。

国际人口服务组织与地方政府、卫生部和当地组织合作，共同创建人体健康解决方案。

（一）组织机构成立的地点、背景与发展历程

国际人口服务组织于 1970 年宣布成立，旨在利用商业营销策略提高生殖健康。在最初创立的 15 年，国际人口服务组织的工作主要集中在计划生

育方面。1985 年，国际人口服务组织开始推广口服液疗法。国际人口服务组织第一个艾滋病预防项目始于 1988 年；20 世纪 90 年代，国际人口服务组织将疟疾和水安全加入其服务类型中；2004 年，将结核病列入其服务中。

2013 年，国际人口服务组织挽救了 15,445 名母亲的生命，防止了 5,646,997 起意外怀孕，避免了 254,792 例新的艾滋病毒感染以及 273,740 例因疟疾、痢疾和肺炎等疾病导致的死亡。

国际人口服务组织的总部位于华盛顿特区，并在荷兰的阿姆斯特丹设立欧洲办事处，其项目分布于 69 个国家。

（二）组织机构形式、管理框架、制度体系与法律地位

国际人口服务组织是一个非营利组织，捐献者可以在适用法律的限制内免除税收。国际人口服务组织以企业模式进行管理运营，其领导团队以董事会为主导，并由董事会任命执行团队负责组织的日常运营以及政策的落实。

1. 执行团队成员

国际人口服务组织及其子公司共拥有超过 8,900 名员工，其中外籍员工占 1% 左右。提供支持服务以及宣传服务的人员主要在总部华盛顿特区以及阿姆斯特丹欧洲办事处。执行团队由首席执行官、各领域执行官、各区域总监以及各部门总监组成。

2. 董事会成员

作为国际人口服务组织的高层管理团队，国际人口服务组织董事会由 15 位董事会成员组成，其中以董事会主席作为领导人。Frank Loy 任国际人口服务组织董事会主席。

（三）宗旨原则和政策主张

国际人口服务组织以通过营销廉价的产品和服务，帮助发展中国家的人们过上更健康的生活，获得更具计划性的家庭。

国际人口服务组织的核心价值主要包括：

①测量，即利用证据、研究指标和评估方案帮助组织规划方案；②务实，追求卓越；③诚信，依诺服务，公开透明，承认失败；④合作，积极

推动合作；⑤信任，信任我们的员工；⑥承诺，建设可持续性的项目。

（四）主要活动领域、项目类型及覆盖国家

国际人口服务组织的分支机构分布在近 30 个国家，其当前的主要活动领域包括：疟疾、艾滋病以及生殖健康及其他健康问题。

1．疟疾

国际人口服务组织推广的疟疾项目覆盖 32 个疟疾流行国家，包括 24 个撒哈拉以南非洲国家。国际人口服务组织支持非洲及亚洲地区开展有效的疟疾防治工作，紧密与当地卫生部合作，推动可持续性的干预工作。干预工作包括推广耐用型防虫帐、耐用型防虫药片、青蒿素抗疟疾药物的治疗和快速检测手段，进行战略性健康行为传播以及适用性研究。国际人口服务组织利用多种渠道推广干预手段，包括公有企业及私有企业。

2．艾滋病

国际人口服务组织在全球 60 个国家开展了艾滋病项目。其干预手段包括 HIV 产品及服务的社会营销，以及建立在精确评估研究之上的艾滋病健康传播。尽管避孕套市场营销以及特定人群健康传播作为国际人口服务组织在艾滋病领域的里程碑，很多国家项目开展了其他多种干预手段来满足其特定的社会及人口需求。

3．生殖健康领域及其他

生殖健康及其他领域包括生殖健康、儿童生存以及结核病。生殖健康服务主要集中在依据国际标准，提高避孕现用率以及减少孕产妇死亡率。儿童生存聚焦于寻找最优途径为儿童提供高质量、高成效以及全面的健康服务，发现并向解决儿童致死原因等发起挑战。结核病以及相关服务，则主要关注于结核病以及艾滋病的咨询、诊断和治疗等方面。

（五）资金规模（年度预算）和来源

2013 年，国际人口服务组织的总收入达到 6.09 亿美元，国际人口服务组织将收入所得的 93.5% 用于项目经费，6.5% 用于组织的管理、常规及筹资开销。支出总额达到 6.02 亿，其中项目经费占据 94.2%。项目经费中以艾滋病及计划生育项目为主，占总支出的 50.8%。

国际人口服务组织的主要捐助者包括美国、英国、德国、荷兰的政

府，全球抗艾滋病、结核病和疟疾基金会，联合国机构，私人基金会，公司以及个人。其中，美国政府捐助款额占总捐助额的38%，其他国家政府捐助额占20%，国际组织捐助额占23%，基金会及公司捐助额占14%。

各类捐助机构包括澳大利亚政府海外援助项目，比尔和梅林达·盖茨基金会，加拿大国际发展署，美国疾控中心，埃克森美孚基金，抗艾滋病、结核和疟疾全球基金会，德国复兴信贷银行，柬埔寨卫生部，马拉维卫生部，印度国家艾滋病控制组织，荷兰政府外交部，三种疾病基金，英国国际发展部门，联合国儿童基金会，联合国人口基金，美国国际开发署，美国国防部，世界卫生组织。

（六）主要合作方

作为一个社会营销组织，国际人口服务组织拥有超过40年利用商业概念解决复杂公共卫生难题的经验，国际人口服务组织通过与私营企业合作，致力于对这些私营企业所服务的市场产生积极影响。

国际人口服务组织拥有10,000个社会特许经营商，另外还拥有其全球社会营销网络，共同将健康传递到最难到达的地区，确保每个人有机会得到健康。通过与他人合作，国际人口服务组织努力加强卫生系统的构建，提高卫生产品的质量。

国际人口服务组织与14个跨领域战略合作伙伴，共同实现全球发展和可持续性目标，加强卫生系统，提高卫生产品及卫生服务的质量。同时还拥有慈善事业合作伙伴、关键发展合作伙伴以及大使这三类合作类型。其中关键发展合作伙伴包括美国国际开发署（USAID），英国国际发展部（UK Department for International Development，DFID），全球抗击艾滋病、结核病和疟疾基金，比尔和梅琳达·盖茨基金会，联合援助计划（UNITAID），美国疾控中心，德国复兴信贷银行（KfW），联合国儿童基金会（UNICEF），荷兰外交部。而大使则是国际人口服务组织形象的代表，大使们经常随国际人口服务组织项目到各种国家，帮助推广健康理念。

六、玛丽斯特普国际组织介绍

玛丽斯特普国际组织（Marie Stopes International，MSI）是一个国际非政府组织，在全球39个国家提供避孕和安全堕胎服务。玛丽斯特普国际组织作为一个支持堕胎的游说团体，提供各种各样的性和生殖保健服务，包括咨询、输精管手术以及在其国家内属于合法范围内的堕胎手术。

玛丽斯特普国际组织在 2013 年向 610 万名妇女提供避孕服务，向 310 万名妇女提供安全堕胎和流产后保健服务，950 万妇女仍在使用 2013 年之前由玛丽斯特普国际组织提供的避孕方法。这些服务成功避免了 620 万例意外怀孕以及 280 万起不安全堕胎。

该组织的核心服务涵盖计划生育、安全堕胎和流产后保健；孕产妇和儿童卫生保健，其中包括安全接生和产科服务；性传播感染的诊断和治疗，尤其是艾滋病预防。

玛丽斯特普国际组织非常注重生殖服务贫乏的地区，致力于通过 600 个中心点辐射到这些社区提供服务。提供这类服务的包括 2,900 名属于玛丽斯特普国际组织特许经营网络的私人供应商，以及已到达超过 3 万个偏远地区的外联团队，即医生、护士和司机。

至今，玛丽斯特普国际组织已经帮助了发展中国家的 2.22 亿未获得现代避孕措施的发展中国家女性，帮助她们提高在其居住地获得生殖健康服务的能力。

（一）组织机构成立的地点、背景与发展历程

1975 年，玛丽斯特普基金会（Marie Stopes Foundation）破产，基金会进入自愿管理的模式。1976 年，英国二等勋位爵士 Tim Black 以及他的妻子 Jean Black 以社会企业的形式重新成立了玛丽斯特普国际组织。他们最初的愿景是鉴于他们在非洲和亚洲国家的旅行所看到意外怀孕的影响，因此想为世界各地的女性和男性提供计划生育服务。

从巴布亚新几内亚回到英国后，Black 爵士接管了伦敦市中心境况不佳的玛丽斯特普博士诊所，这曾经是由计划生育先驱玛丽斯特普博士建立的英国第一个计划生育诊所，这也是玛丽斯特普国际组织成立以来的第一个诊所。

Tim Black 博士是以商业模式运营组织的先驱，他将计划生育用户视为客户。这种方法使他的企业迅速成长起来，并让他能在一年内的时间里在英国周边开设了更多的诊所，为成千上万的妇女提供了计划生育服务。

玛丽斯特普国际组织的总部位于英国伦敦，在英国推广的成功使得其很快将服务推广到了海外，并在斯里兰卡和肯尼亚发展合作伙伴。

2008 年，玛丽斯特普国际组织在墨西哥正式创立，这取决于墨西哥有

关堕胎服务相关法律的改变，使得玛丽斯特普国际组织堕胎服务更具合法性。

（二）组织机构形式、管理框架与制度体系

玛丽斯特普国际组织作为一个国际慈善机构，注册于英格兰和威尔士，以担保有限公司形式构成，并根据英国政府颁发的慈善法令以及自有的章程进行管理。

玛丽斯特普国际组织（慈善）是指玛丽斯特普国际组织英国部门（计划生育中心和伦敦中央办公室）和玛丽斯特普国际组织的 20 个国际分支机构。伦敦中央办公室支持玛丽斯特普国际组织在英国的诊所以及在全球 37 个国家的分支机构、子公司和联营合作伙伴。

玛丽斯特普国际组织（集团）是针对玛丽斯特普国际组织的英国业务及其分支机构和子公司，但不包括附属的合作伙伴。

玛丽斯特普国际组织（合伙）是指玛丽斯特普国际组织的整个合作团体，包括玛丽斯特普国际组织的英国业务、其分支机构、子公司和联营合作伙伴。除非是特别说明的，一般情况下我们所提的玛丽斯特普国际组织是指玛丽斯特普国际组织（集团），即不包括附属合作伙伴。

玛丽斯特普国际组织的董事会成员负责整个集团的战略方向和政策，为首的管理团队驻伦敦首席执行官，负责落实整个集团的战略方向，实现集团的整体运营管理。

玛丽斯特普国际组织的各个子公司有各自规模不同的董事会（或董事会成员），以满足当地法律和监管要求。每个分支/子公司的管理团队主管定期向伦敦总部汇报工作情况。

玛丽斯特普国际组织董事会是由在其领域的领导者们构成，均为拥有数十年经验的计划生育领域先驱，他们致力于组织的使命，确保玛丽斯特普国际组织作为一个快速成长的计划生育组织始终忠于其核心价值观念，他们为玛丽斯特普国际组织带来技术、能源和经验。他们的丰富经验包括商业卫生部门、妇女生殖健康的临床和教学经验、慈善领域的领导经验及业务、融资、政府和宣传。

董事会成员会定期审视董事会行使其职能所需的技能和经验。如果董事会成员认为有必要增加董事会成员或更换董事会成员，董事会成员就需要择选并面试董事会成员候选人，并最终确定董事会成员。

（三） 宗旨原则和政策主张

玛丽斯特普国际组织致力于让世界各地的女性相信，玛丽斯特普国际组织会为她们提供全方位的生殖健康服务。其专家团队为女性提供全方位的避孕方法，并帮助女性获得安全合法的堕胎服务和流产后保健。

玛丽斯特普国际组织尊重妇女决定是否以及何时生孩子的权利，同时玛丽斯特普国际组织会为他们提供做出这些决定时所需要的信息和知识。

愿景：共建一个每个新生命想要的世界。

使命：选择孩子，而非偶得之。

实现目标为：

（1）以防止意外怀孕造成贫困、苦难和不幸的理由，教给公众有关自愿计划生育和避孕的知识；

（2）保护父母、年轻人和儿童的身心健康，防止意外怀孕造成的贫困、苦难和不幸。

（四） 主要活动领域及内容

玛丽斯特普国际组织的核心服务涵盖计划生育、安全堕胎和流产后保健；孕产妇和儿童卫生保健，其中包括安全接生和产科服务；性传播感染的诊断和治疗，尤其是艾滋病预防。

1. 计划生育

玛丽斯特普国际组织针对选择避孕的女性，为她们提供全方位的现代家庭规划方案，为她们提供咨询服务，帮助她们做出自己的选择。

组织注重计划生育的选择问题，不仅为家庭提供短期的避孕方法，如安全套，也为他们提供长期的避孕方法，如宫内避孕器和其他植入物，让客户为他们的避孕措施做出明智的选择。同时，玛丽斯特普国际组织也在努力增加获取避孕方法的渠道类型，使得更多的人可以更容易地获得避孕措施。

数据显示，2013 年玛丽斯特普国际组织提供了 2,450 万夫妇保护年数（保护的夫妇数量×保护年数），防止了 14,300 例女性死亡以及 620 万例意外怀孕。

玛丽斯特普国际组织始终认为创新是其核心价值的一部分，也是其成功的基本保障。为了实现其战略目标，发展他们的中心区域，扩大选择，提高其服务和临床质量，创新，是其必经之路。

玛丽斯特普国际组织设立的创新基金支持了其团队和项目大胆创新的可能性，鼓励团队和项目提高效率，提高服务质量，也促进其他公共和私人医疗提供者提供计划生育以及安全堕胎服务。例如，2012 年，玛丽斯特普国际组织将该创新基金授予了玛丽斯特普国际组织阿富汗以及玛丽斯特普国际组织柬埔寨，他们分别要创建太阳能试点中心以及发展测试客户简讯跟踪系统。

2. 女性健康

女性及新生儿健康是玛丽斯特普国际组织项目的核心元素，玛丽斯特普国际组织致力于帮助国家实现千年发展目标，这是孕产妇和新生儿健康成为玛丽斯特普国际组织许多项目的核心组成部分的原因，也是玛丽斯特普国际组织承诺支持女性享受良好生殖健康权利的基础。

支持女性自愿计划生育来决定她们自己的孕育，是保护女性健康的核心部分。怀孕对于女性的身体要求更高，使女性及她们的孩子的生命都面临巨大的风险。

玛丽斯特普国际组织除了为女性提供避孕咨询，还为妈妈们提供女性安全教育、产前保健、培训熟练的助产士、产科护理、孕期并发症及突发事件管理以及产后护理。玛丽斯特普国际组织的项目十分注重创新性，例如，他们的健康婴儿凭证计划。

3. 艾滋病及性传播感染

艾滋病及其他性传播感染方面的工作充分融入到玛丽斯特普国际组织生殖健康的相关项目中。不乐观的生殖健康情况以及艾滋病毒感染都深深植根于贫困、性别不平等、性别歧视的文化中，因此，改变这一情况需要将服务包装成一个整体的健康计划。

玛丽斯特普国际组织的艾滋病项目聚焦在预防新感染病例方面，通过与社区合作，举办教育活动，旨在传播预防信息来促进人们行为的改变。他们还提供了艾滋病及其他性传播疾病的自愿检测和咨询服务，帮助人们诊断和治疗性传播感染，并建议病毒阳性的客户向专业机构寻求治疗方案。

预防艾滋病毒母婴传播也是玛丽斯特普国际组织的一个重要的工作领域。玛丽斯特普国际组织通过一系列综合服务预防母婴传播，包括产前保健、营养建议、预防艾滋病母婴传播以及安全分娩。同时，玛丽斯特普国际组织还提供了一系列婴儿喂养建议、自愿计划生育以及为艾滋病毒阳性女性分娩后接受抗反转录病毒治疗提供建议。

玛丽斯特普国际组织还与其他组织机构合作，在部分国家提供自愿男性包皮环切手术，更加有效的预防艾滋病毒的传播。

4. 安全流产以及产后护理

玛丽斯特普国际组织提供流产后保健工作，以确保及时挽救遭受不安全堕胎导致并发症的女性的生命，同时还会为这些女性提供计划生育咨询，来防止今后再次意外怀孕。

（五）项目类型及覆盖国家

表 10.4　玛丽斯特普国际组织项目覆盖国家

非洲地区	尼日利亚	拉丁美洲	澳大利亚	北美
布基纳法索	塞内加尔	玻利维亚	柬埔寨	美国
埃塞俄比亚	塞拉利昂	墨西哥	中国	南亚
加纳	南非	欧洲	蒙古	阿富汗
肯尼亚	南苏丹	奥地利	缅甸	孟加拉国
马达加斯加	坦桑尼亚	比利时	巴布亚新几内亚	印度
马拉维	乌干达	罗马尼亚	菲律宾	尼泊尔
马里	阿拉伯世界	英国	越南	巴基斯坦
赞比亚	也门	太平洋亚洲	东帝汶	斯里兰卡

玛丽斯特普国际组织项目覆盖了全球 39 个国家（见表 10.4），其中以非洲和太平洋亚洲地区为主。大部分项目由国家办公室领导开展，例如，玛丽斯特普国际组织于 2000 年进入中国，现设立由三个中心来提供计划生育、艾滋病、安全堕胎以及堕胎后护理、青年人等领域的服务。2013 年，玛丽斯特普国际组织中国提供了 16,000 夫妇保护年数（即保护的夫妇数量×保护年数），与 2012 年同比增长 330%。超过 12,000 名用户访问了玛丽斯特普国际组织中国，其中 74% 为 24 岁以下青少年及青年。玛丽斯特普国际组织中国为 92 万青年人及流动人口提供了教育服务，并为超过 5,600 名女性性工作者以及男同性恋提供了免费的 HIV 咨询和检测服务。

中国的合作伙伴主要有中国疾控中心、粮食与水资源挑战计划组织、欧盟、福特基金会、国家卫生与计划生育委员会、国家计划生育研究机构等。

（六）资金规模（年度预算）和来源

2013 年，玛丽斯特普国际组织总资产收入达到 2.1 亿英镑（3.2 亿美金），与 2012 年同比增长 22.5%。支出额达到 2.0 亿英镑（3.1 亿美金），与 2012 年同比增长 16%。其中，收入资金以慈善活动收入为主，占据90.5% 的比例；而支出金额也主要用于各类慈善项目，占据总支出额的 99.3%。

（七）主要合作方

玛丽斯特普国际组织始终认为与他人合作是其工作的基石。玛丽斯特普国际组织与现有的私人卫生保健提供者、政府、其他援助机构、学术机构和非政府组织保持密切的合作关系，同这些机构一起提供服务，加强国家卫生系统，提供培训、提高卫生政策、分享专业知识。所有这些对于构建可持续的服务是至关重要的，最终，这些服务可以更好地帮助人们安全管理他们的健康、家庭和未来。

除此之外，玛丽斯特普国际组织还通过礼物以及资助的形式收到基金会、机构和国家伙伴关系的资金和技术援助，包括许多个人捐赠者的慷慨支持。

玛丽斯特普在全世界范围内拥有数百个合作伙伴，重要合作伙伴包括英国国际发展部（DFID）、法国发展署（Agence Française de Développement, AFD）、加拿大国际发展署（Canadian International Development Agency, CIDA）、欧盟、德国复兴信贷银行、荷兰外交部、挪威发展合作机构、瑞典国际发展合作署、盖茨基金会、威廉和弗洛拉休利特基金会、联合国人口基金会、美国国际开发署、世界银行（World Bank）。玛丽斯特普国际组织积极与当地政府进行合作，因此各个覆盖国家的合作伙伴均有其独特性。

七、其他计划生育领域国际组织概况

本节用表格的形式从总部地点及成立时间、宗旨及主张、活动领域、国家覆盖情况和资金规模五个方面对其他从事计划生育的国际组织进行了总结分析如下。

组织名称	总部地点及成立时间	宗旨及主张	活动领域	国家覆盖情况	资金规模
美国适宜卫生技术组织（Program for Appropriate Technology in Health, PATH）❶❷	美国西雅图，1977	愿景：一个创新保证每个人求得健康的世界；使命：通过推进技术改革，系统加强和鼓励健康行为改善全球人们的健康	健康技术：疫苗及制药技术、营养、性及生殖健康、水资源卫生；疫苗及免疫；脑膜炎、轮状病毒、日本脑炎；流行病：疟疾、艾滋病	全球30个办公室	2013总收入3.15亿美元；85%支出用于项目
无国界医生（MSF）❸❹	瑞士日内瓦，1971	宗旨：医疗道德、独立、中立、见证、问责	武装冲突、天灾、流行病及疫情、社会暴力和被排拒在医疗照顾之外的群体	全球有24个协会	2013总收入10.1亿美元；80%支出用于项目

❶ PATH (global health organization). PATH home page [EB/OL]. Seattle: PATH [2015-03-29]. http://www.path.org/.

❷ "PATH." Wikipedia: The Free Encyclopedia. Wikimedia Foundation, Inc., 2013-03-17 [2015-03-29]. http://en.wikipedia.org/wiki/PATH_(global_health_organization)

❸ Médecins Sans Frontières, MSF home page [EB/OL]. Geneva: Médecins Sans Frontières [2015-03-29]. http://www.msf.org/.

❹ "Médecins Sans Frontières." Wikipedia: The Free Encyclopedia. Wikimedia Foundation, Inc., 2015-03-03 [2015-03-29]. http://en.wikipedia.org/wiki/M%C3%A9decins_Sans_Fronti%C3%A8res.

续表

组织名称	总部地点及成立时间	宗旨及主张	活动领域	国家覆盖情况	资金规模
女性分娩组织（Woman Deliver）❶❷	美国纽约，2007	宗旨：女性分娩组织是一个全球性倡导型组织，汇集全球女儿童身心健康状态。连接、培养、呼吁世界各地对话	召开全球及区域会议，吸引新的合作者加入运动中，培养新一代倡导者	—	2013 年总收入 959 万美元，总支出 835 万美元，91% 支出用于项目
联合国妇女署（UN WOMAN）❸❹	美国纽约，2010	目标：1. 支持政府机构制定政策规范；2. 帮助联合国成员国实施政策规范；3. 让成员国监督联合国系统履行对妇女性别平等的承诺	领导力与政治参与、经济赋权、停止对妇女暴力行为、治安、人道主义行动、治理与国家计划，2015 年后发展议程与实施、艾滋病	直接活动分布在全球 96 个国家	2013—2014 总收入 2.89 亿美元，总支出 2.65 亿美元

❶ Woman Deliver. Woman Deliver home page [EB/OL]. New York: Woman Deliver [2015－03－29]. http: //www. womendeliver. org.

❷ "Women Deliver." Wikipedia: The Free Encyclopedia. Wikimedia Foundation, Inc. , 2013－12－30 [2015－03－29]. http: //en. wikipedia. org/wiki/Women_Deliver.

❸ UN Women. UN Women [EB/OL]. New York: UN Women [2015－03－29]. http: //www. unwomen. org/en.

❹ "UN Women." Wikipedia: The Free Encyclopedia. Wikimedia Foundation, Inc. , 2015－03－25 [2015－03－29]. http: //en. wikipedia. org/wiki/UN_Women

续表

组织名称	总部地点及成立时间	宗旨及主张	活动领域	国家覆盖情况	资金规模
国际家庭护理组织（Family care international）❶❷	美国纽约，1986	愿景：一个没有女性因妊娠相关疾病而死伤的世界，安全分娩，让每个人享受性和生殖健康的权利	政策倡导，减少青少年妊娠，安全分娩，吸引社区提供妇女分娩安全服务等	主要分布于非洲、拉丁美洲以及加勒比地区	2013 总收入 387 万美元，总支出 484 万美元，项目支出占总支出 74%
救助儿童会（Save the children）❸❹	英国伦敦，1919	口号：我们挽救儿童生命，维护儿童权利，实现儿童潜力	人道主义工作，健康，教育，儿童保护，儿童维权	全球 30 个成员国	2013 年总收入 19 亿美元

❶ Family Care International, Family Care International home page [EB/OL]. New York: Family Care International [2015 – 03 – 29]. http://www.familycareintl.org/en/home.

❷ "Family International." Wikipedia: The Free Encyclopedia. Wikimedia Foundation, Inc., 2015 – 02 – 23 [2015 – 03 – 29]. http://en.wikipedia.org/wiki/Family_International.

❸ Save the children, Save the children [EB/OL]. Geneva: Save the children [2015 – 03 – 29]. https://www.savethechildren.net/.

❹ "Save the children." Wikipedia: The Free Encyclopedia. Wikimedia Foundation, Inc., 2015 – 03 – 02 [2015 – 03 – 29]. http://en.wikipedia.org/wiki/Save_the_Children.

续表

组织名称	总部地点及成立时间	宗旨及主张	活动领域	国家覆盖情况	资金规模
瑞典国际发展合作署（SIDA）①②	瑞典斯德哥尔摩，1995	使命：代表瑞典议会和政府承担起减少贫困的使命，通过合作实现瑞典全球发展政策	健康、教育、性别平等、民主人权、人道主义援助、和平、食品安全等	同全球33个国家合作	2014年预算4.5亿美元
联合国儿童基金会（UNICEF）③④	美国纽约，1946	致力于建立一个没有贫困、暴力、疾病和歧视等障碍的世界，让孩子们健康成长，从而从整体上促进人类社会福祉	儿童生存与发展、基础教育与性别平等、儿童保护、艾滋病、政策倡导等	在全球190多个国家开展工作	

❶ Swedish International Development Cooperation Agency. SIDA home page [EB/OL]. Stockholm: Swedish International Development Cooperation Agency [2015 – 03 – 29]. http://www.sida.se/english/.

❷ "Swedish International Development Cooperation Agency." Wikipedia: The Free Encyclopedia. Wikimedia Foundation, Inc., 2014 – 04 – 01 [2015 – 03 – 29]. http://en.wikipedia.org/wiki/Swedish_International_Development_Cooperation_Agency

❸ United Nations International Children's Emergency Fund. UNICEF home page [EB/OL]. New York: United Nations International Children's Emergency Fund [2015 – 03 – 29]. http://www.unicef.org/.

❹ "UNICEF." Wikipedia: The Free Encyclopedia. Wikimedia Foundation, Inc., 2015 – 04 – 06 [2015 – 04 – 07]. http://en.wikipedia.org/wiki/UNICEF.

续表

组织名称	总部地点及成立时间	宗旨及主张人	活动领域	国家覆盖情况	资金规模
挪威发展合作署（NORAD）❶❷	挪威奥斯陆，1968	愿景：对抗贫困；使命：确保发展援助质量；价值：尊重诚信包容创断	救助咨询、质量保证与检测、健康传播、评估等	活动覆盖全球37国家	
母婴与儿童合作署（PMNCH）❸❹	瑞士日内瓦，2005	愿景：实现千年发展目标，2015年前让女性和儿童意识到他们在健康领域的权利；使命：为普及全面、高质量、可持续性的母婴和儿童健康，帮助合作伙伴实现他们的战略方向，推动一系列活动	免疫、母婴健康、艾滋病、疟疾、计划生育等	超过650成员组织机构	2014年总收入598亿美元

❶ NORAD. NORAD home page [EB/OL]. Oslo: NORD [2015-03-29]. http://www.norad.no/en/front/about-norad/.

❷ "Norwegian Agency for Development Cooperation." Wikipedia: The Free Encyclopedia. Wikimedia Foundation, Inc., 2015-02-18 [2015-03-29]. http://en.wikipedia.org/wiki/Norwegian_Agency_for_Development_Cooperation.

❸ The Partnership for Maternal, Newborn & Child Health, World Health Organization. PMNCH homepage [EB/OL]. Geneva: World Health Organization [2015-03-29]. http://www.who.int/pmnch/en/.

❹ "Partnership for Maternal, Newborn & Child Health." Wikipedia: The Free Encyclopedia. Wikimedia Foundation, Inc., 2015-02-05 [2015-03-07]. http://en.wikipedia.org/wiki/Partnership_for_Maternal,_Newborn_&_Child_Health

八、中国计划生育协会国际合作项目开展情况

中国政府从 20 世纪 50 年代开始提倡计划生育，并受到国际社会的持续关注。1980 年中国计划生育协会（以下简称计生协）应运而生，1981 年成为国际计划生育联合会准会员，1983 年成为正式会员，1996 年通过英国海外开发署全面评估，2005 年获得联合国经社理事会咨商地位，2006 年，一次性通过了国际计生联资格认证，国际国内的地位和影响得到显著提升。

中国计生协自成立起，就采取"立足国内、面向国际"的工作方针，把国际交流与合作当作自身发展的一项重要战略，人口与发展问题是全球性的战略问题，计生协作为中国计划生育和生殖健康领域最大的非政府组织，在我国的计划生育生殖健康事业中发挥了不可替代的作用。过去 30 多年来，计生协充分利用双边和多边援助和支持，与国际机构开展了卓有成效的合作和交流。计生协积极发挥非政府组织的优势，通过走出去、引进来等多种形式，主动加强与国际计生联和联合国人口基金等 10 多个国际组织、机构及全球 40 多个国家、地区的计划生育协会的交流与合作，通过相互访问、专题考察、学习培训、国际会议、研讨论坛等形式进行国际交流，大力宣传我国人口和计划生育工作成就，维护我国国际形象。积极引进国际合作项目，提升服务国内群众和整体工作的能力与水平。与国际计生联、联合国人口基金、美国适宜卫生技术组织、福特基金会、日本国际协力财团、美国公众媒介中心等国际组织开展国际合作项目，获得资助累计达近 6,000 万美元，建立了数百个项目示范点，包括计划生育、生殖健康、妇女发展、民主参与和民主监督等多个方面，项目的前瞻性、示范性和创新性，适应国内工作发展的需要，满足群众的需求，培养了众多专门人才，促进了工作的发展，对推动全国计生协工作的发展发挥了重要的作用。

经过几十年的实践探索，国际合作项目经验与中国实际相结合，妇女发展、幸福工程、青春健康、穆斯林生殖健康等项目活动都始于国际合作项目，最后成为造福群众、服务群众、满足群众需求的日常工作。以下几个案例会介绍国际合作项目发展的本土化轨迹而最终成为常规工作的过程。

1. 民主参与民主监督项目

1995 年国际计生联资助中国计生协开展民主参与民主监督项目，制定了《中国计生协民主参与民主监督暂行办法》，后来各地根据本地实际情况，充分了解民意民情，保护群众的权利和参政议政的权利，而逐步发展为"三自我"，群众经过参与村居事务的决策，发表意见，使决策更加公开透明，深受欢迎，方式方法及其理念逐渐被政府所接受，渐渐发展为诚信计生、阳光计生等，再发展为村（居）民自治，再到基层群众自治这样的发展路线，民主参与民主监督项目在国内已经成为协助政府促进计划生育实现两个转变，维护群众权益的重要措施，在国际上更能够树立中国计划生育工作以人为本的形象，树立协会作为群众代言人的非政府组织形象，在国际社会攻击中国人权时，我们会用现实案例充分说明我们在保护维护群众权力方面的有效性，回击了敌对国家对中国的攻击，有利于促进国际合作。目前基层群众自治已经成为计生协的三个重点项目之一。

2. 三结合项目

1987 年，中国计生协在日本国际协力财团和国际计生联的支持下开展"三结合"项目，目的是通过提供小额贷款，帮助贫困人口提高收入，保护环境，防治寄生虫，提高生殖健康水平，这项直接投入 1,000 多万的项目得到了各级政府的高度重视，由此推动各级计生协自筹资金建立"三结合"项目，"三结合"项目在全国农村各级协会普遍开展，各地根据本地情况，派生出轰轰烈烈的各种形式的"结合"项目，受益妇女达数千万人。各地政府认为是为民办好事、办实事的重要举措，缓解了政府的压力。"三结合"项目促进了妇女发展，促进了性别平等，减少了贫困，提高了收入，逐步发展成了幸福工程、生育关怀到现在的创建幸福家庭，项目的影响和作用之大不容小觑。

3. 青少年性与生殖健康项目

20 世纪 90 年代在国际计生联、福特基金、联合国人口基金等众多国际组织的支持下，开展了青少年性与生殖健康项目，2000—2005 年在盖茨基金的资助下与美国适宜卫生技术组织"帕斯"合作，建立青春健康项目。项目围绕创造良好的社会氛围，促进青少年健康、安全、负责的性与生殖健康行为能力，改进相关服务质量，提高全社会关注青少年生殖健康需求的能力等四个方面的目标，开展了一系列宣传教育服务活动。项目所倡导的参与式同伴教育，人生技能培训已经成为人们耳熟能详的名词，所开发的《成长之道》已经成为全国开展青少年性教育的经典教材。项目方法被广为复制，在目前众多开展性教育的机构中，一直保持旺盛的生命力并蓬勃发展，青春健康项目被认为是最成体系、最受青少年欢迎的教育服务，已经成为社会公认的最好的开展青少年性教育的公益品牌，目前青春健康工作已经纳入计生协的日常管理。

4. 穆斯林生殖健康项目

在国际计生联和伙伴组织的倡导支持下，中国计生协借鉴孟加拉经验，于1999年开始了在穆斯林宗教领袖中倡导生殖健康项目。从最初的宗教人士的抵触，到现在大力支持，从最初的穆斯林人群的不理解，到现在积极参与，主动要求，项目活动减少了穆斯林妇女疾病的发生，加强了健康保健意识，促进了性别平等。当地政府认为是维护国家稳定，促进社会和谐的利国利民的项目，为此新疆维吾尔自治区政府提供了2,000万元经费保证项目活动的开展。项目从最初的4个县发展到了西北5省。成为国内外纷纷效仿的成功案例，在亚太生殖健康大会和中阿论坛上作为典型经验介绍，成为国际组织参观考察的示范基地。目前这个工作也成为中国计生协的一项常态工作。

5. 预防艾滋病百分百安全套项目

根据喀什地区的区情和中国计生协、联合国人口基金项目官员考察确认，2006年12月喀什地区计生协会负责实施中国计生协/联合国人口基金会第六周期"预防艾滋病百分百安全套项目"，该项目在喀什市区娱乐场所实施，项目目标是通过对目标人群的宣传培训、安全套市场营销，提高目标人群预防性病/艾滋病的能力，营造社区防范艾滋病的环境。通过结合当地特色、项目协调、建立服务制度，最终项目宣传覆盖面达82%，安全套使用率由项目实施初期的25%提高到约70%，通过对目标人群提供妇科病，部分性病、艾滋病咨询、检查、治疗、转诊介绍等服务，及艾滋病、性病免费抽血检测服务，防范疾病和自我维权的意识有明显增强。

6. 青春健康俱乐部项目

2008年，中国计生协与劳工组织"工作场所艾滋病宣传教育"合作项目在深圳热烈展开，旨在认识艾滋病，学会预防艾滋病的宣传教育工作走进了流动人口，这是继青春健康项目后的另一项大型国际合作项目。在中国计生协和国际劳工组织的支持下，各企业和社区因地制宜，充分利用自身和社会资源开展同伴教育和主持人培训，受到了企业流动青年员工的广泛欢迎，青春健康工作从无到有，迎来了蓬勃发展的局面。宝龙社区"青春健康俱乐部"在这样的环境下应运而生。俱乐部每月定期到辖区企业、周边学校开展青春健康教育，宣传生殖健康、生殖避孕知识，开展比如关爱留守儿童的暑期兴趣班、"年度阳光青年"评比大赛，优生优育街头义诊宣传活动等一系列主题活动。该项目不仅吸引大量青工参与其中，也在社会上产生强烈反响，受到了中国计生协和部分省市计生协的关注，先后有中国计生协专家组、《人生》杂志社、浙江省计生协、福建省计生协、广州市计生协等到俱乐部考察、指导。2011 年 3 月市计生协还专门拍摄了工作纪实专题宣传片。

7. 男青年性别平等与健康项目

2009 年，重庆市计生协承担了中国计生协和帕斯适宜卫生科技组织合作开展的男青年性别平等与健康项目，项目在重庆市渝中区、江北区实施。该项目通过"以激励为基础"的模式，旨在倡导更加积极的男人观，培养更多具有性别平等意识的男性青少年，从而使女性在生活中享受到更加公平的待遇、获得更多的机遇。组织者注重强化项目宣传倡导，营造项目实施良好氛围，同时在实施过程中加强骨干主持人培训，确保项目培训质量。男青年性别平等与健康项目是一个调研性项目，目前全球只在肯尼亚和中国重庆实施。由于没有可资借鉴的经验和模式，在项目实施过程中，计生协不断总结、探索，创造性开展目标人群的培训工作，最终项目吸收国际先进理念，结合中国国情和重庆市情，走出了具有重庆特色的男青年项目之路。

8. 男性生殖健康教育项目

从 2009 年至 2011 年由国际计生联资助在甘肃省开展了"男性生殖健康教育项目"。根据联合国艾滋病规划署 2013 年 5 月公布的数据显示，我国男男性接触人群中感染艾滋病的人数约为 77,000 人。仅甘肃省的兰州、天水、临夏三个城市的男男性接触人数估计高达近 3 万，占全省艾滋病感染人口的 70% 以上，而且他们不能普遍获得艾滋病教育和预防知识。计生协通过加强与临夏回族自治州穆斯林领袖合作，努力提高项目点 MSM 组织的组织能力和领导能力，并向 MSM 人群提供性健康服务。最终项目成果显著，目标人群性病、艾滋病相关知识知晓率有了很大提高，预防艾滋病的意识明显增强，性行为的自我保护意识得到增强。

成功地实施合作项目更进一步促进了国际合作交流的发展，中国计生协也开始承担国际合作任务，2008年第五届亚太地区生殖健康大会，中国计生协承办了青年论坛，这是首次在此类大会中创办青年论坛。2009年在中联部的带领下远赴非洲开展青少年生殖健康和艾滋病预防教育培训项目，该活动第一次探索了中国非政府组织对非开展的民间援助活动。这也是实现国际合作转型的一个起点，从被动接受国际合作到主动开展对外国际合作，之后承办了非政府组织能力建设培训等，在众多国际会议及论坛如世界艾滋病大会、亚太地区生殖健康大会、中非论坛、中非卫生合作论坛等作主旨发言介绍我们的经验。以生动的事例大力宣传中国的非政府组织在推进社会发展，促进公共服务中的作用，赢得了对外宣传的良好效果，促进了对外宣传，树立了良好的国际形象，也提升了国际话语权。2015年2月，中国计划生育协会参加国际计生联公民社会组织性与生殖健康论坛并作为观察员参加了金砖国家政府与专家人口问题研讨会及人口部长会议，介绍了中国计生协在基层群众自治、妇女赋权、青春健康、老龄化等方面的工作，并与其他国家的非政府组织一起讨论了《金砖国家2015—2020年人口合作议程》。

（崔依同、程峰）

参考文献

［1］ "United Nations Population Fund." Wikipedia：The Free Encyclopedia. Wikimedia Foundation，Inc.，2015 － 02 － 25 ［2015 － 03 － 06］（2015，Feb. 25）. http：// en. wikipedia. org/wiki/United_Nations_Population_Fund#Culturally_sensitive. 2C_human_rights － based_approaches.

［2］ United Nations Population Fund. UNFPA how we work ［EB/OL］. New York：United Nations Population Fund ［2015 － 03 － 06］. http：//www. UNFPA. org/how － we － work.

［3］ United Nations Population Fund. UNFPA executive leadership ［EB/OL］. New York：United Nations Population Fund ［2015 － 03 － 06］. http：//www. UNFPA. org/about/ dr － babatunde － osotimehin.

［4］ United Nations Population Fund. UNFPA executive aboard ［EB/OL］. New York：United Nations Population Fund ［2015 － 03 － 06］. http：//www. unfpa. org/executive － board.

［5］ United Nations Population Fund. Strategic Plan 2014 － 2017 ［R］. New York：United Nations Population Fund ［2015 － 03 － 06］. 2013：3.

［6］ United Nations Population Fund. UNFPA news from regional and UNFPA offices ［EB/ OL］. New York：United Nations Population Fund ［2015 － 03 － 06］. http：// www. UNFPA. org.

［7］ United Nations Population Fund. UNFPA annual report 2013 － realizing the potential ［R］. New York：United Nations Population Fund，2014：50 － 53.

［8］ United Nations Population Fund. UNFPA in UN system ［EB/OL］. New York：United Nations Population Fund ［2015 － 03 － 06］. http：//www. UNFPA. org/UNFPA － un － system.

［9］ International Planned Parenthood Federation. Annual performance report 2013 － 2014 ［R］. London：International Planned Parenthood Federation，2014：1 － 2.

［10］ "International Planned Parenthood Federation." Wikipedia：The Free Encyclopedia. Wikimedia Foundation，Inc.，2015 － 01 － 18 ［2015 － 03 － 06］. http：//en. wikipedia. org/wiki/International_Planned_Parenthood_Federation.

［11］ International Planned Parenthood Federation. IPPF about us ［EB/OL］. London：International Planned Parenthood Federation ［2015 – 03 – 07］. http：//www. ippf. org/about – us.

［12］ International Planned Parenthood Federation. IPPF Financial statements 2013 ［R］. London：International Planned Parenthood Federation，2014：5 – 23.

［13］ International Planned Parenthood Federation. IPPF people ［EB/OL］. London：International Planned Parenthood Federation ［2015 – 03 – 07］. http：//www. ippf. org/about – us/people.

［14］ International Planned Parenthood Federation. IPPF about us ［EB/OL］. London：International Planned Parenthood Federation ［2015 – 03 – 07］. http：//www. ippf. org/about – us.

［15］ International Planned Parenthood Federation. IPPF what we do ［EB/OL］. London：International Planned Parenthood Federation ［2015 – 03 – 07］. http：//www. ippf. org/our – work/what – we – do.

［16］ International Planned Parenthood Federation. IPPF programmes ［EB/OL］. London：International Planned Parenthood Federation ［2015 – 03 – 07］. http：//www. ippf. org/our – work/programmes.

［17］ International Planned Parenthood Federation. IPPF where we work ［EB/OL］. London：International Planned Parenthood Federation ［2015 – 03 – 07］. http：//www. ippf. org/our – work/where – we – work.

［18］ International Planned Parenthood Federation. IPPF publications ［EB/OL］. London：International Planned Parenthood Federation ［2015 – 03 – 07］. http：//www. ippf. org/resources/browse/? filters = tid%3A575.

［19］ "Partners in Population and Development. " Wikipedia：The Free Encyclopedia. Wikimedia Foundation，Inc.，2015 – 02 – 29 ［2015 – 03 – 29］. http：//en. wikipedia. org/wiki/Partners_in_Population_and_Development.

［20］ Partners in Population and Development. PPD about PPD ［EB/OL］. Bangladesh：Partners in Population and Development ［2015 – 03 – 29］. http：//www. partners – popdev. org/about – ppd/.

［21］ Partners in Population and Development. PPD organizational structure ［EB/OL］. Bangladesh：Partners in Population and Development ［2015 – 03 – 29］. http：//www. partners – popdev. org/about – ppd/organizational – structure/.

［22］ Partners in Population and Development. PPD executive committee ［EB/OL］. Bangladesh：Partners in Population and Development ［2015 – 03 – 29］. http：//www.

partners – popdev. org/about – ppd/governance/executive – committee/.

[23] Partners in Population and Development. PPD board members ［EB/OL］. Bangladesh：Partners in Population and Development ［2015 – 03 – 29］. http：//www. partners – popdev. org/about – ppd/governance/board – members/.

[24] Partners in Population and Development. ANNUAL REPORT 2012 ［R］. Bangladesh：Partners in Population and Development, 2014：3.

[25] Partners in Population and Development. PPD's home page ［EB/OL］. Bangladesh：Partners in Population and Development ［2015 – 03 – 29］. http：//www. partners – popdev. org/.

[26] Partners in Population and Development. PPD's work ［EB/OL］. Bangladesh：Partners in Population and Development ［2015 – 03 – 29］. http：//www. partners – pop-dev. org/about – ppd/ppds – work/.

[27] Partners in Population and Development. PPD's funders ［EB/OL］. Bangladesh：Part-ners in Population and Development ［2015 – 03 – 29］. http：//www. partners – pop-dev. org/about – ppd/our – funders/.

[28] Partners in Population and Development. PPD member countries ［EB/OL］. Bangla-desh：Partners in Population and Development ［2015 – 03 – 29］. http：//www. part-ners – popdev. org/member – countries/.

[29] Partners in Population and Development. PPD publication ［EB/OL］. Bangladesh：Partners in Population and Development ［2015 – 03 – 29］. http：//www. partners – popdev. org/publication/.

[30] "HI360." Wikipedia：The Free Encyclopedia. Wikimedia Foundation, Inc. , 2015 – 02 – 26 ［2015 – 03 – 06］(2015, Feb. 26). http：//en. wikipedia. org/wiki/FHI_360.

[31] Karim Q A, Karim S S A, Frohlich J A, et al. Effectiveness and safety of tenofovir gel, an antiretroviral microbicide, for the prevention of HIV infection in women ［J］. science, 2010, 329 (5996)：1168 – 1174.

[32] FHI360 (formerly Family Health International). FHI360 leadership ［EB/OL］. Washington, DC：FHI360 (formerly Family Health International) ［2015 – 03 – 08］. http：//www. fhi360. org/about – us/leadership.

[33] FHI360 (formerly Family Health International). FHI360 vision and mission ［EB/OL］. Washington, DC：FHI360 (formerly Family Health International) ［2015 – 03 – 06］. http：//www. fhi360. org/about – us/vision – and – mission.

[34] FHI360 (formerly Family Health International). PSI board of directors ［EB/OL］. Washington, DC：FHI360 (formerly Family Health International) ［2015 – 03 – 06］. http：//en. wikipedia. org/wiki/FHI_360, Retrieved2015. 3. 6.

[35] Ernst & Young LLP. Financial statement family health international year ended September 30, 2013 with report of independent auditors [R]. Washington, DC: FHI360 (formerly Family Health International), 2014: 4 - 5.

[36] Population Services International. PSI at a glance [EB/OL]. Washington, D. C. : Population Services International [2015 - 03 - 05]. http: //www. psi. org/about/at - a - glance/.

[37] Population Services International. PSI: Positioned for tomorrow 2013 progress report [R]. Washington, D. C. : Population Services International, 2014: 17.

[38] Population Services International. PSI board of directors [EB/OL]. Washington, D. C. : Population Services International [2015 - 03 - 05]. http: //www. psi. org/about/board - of - directors/.

[39] Population Services International. Population services international: consolidated financial statement and supplemental schedules [J]. Washington, D. C. : Population Services International, 2001: 8.

[40] Population Services International. PSI corporate partnerships [EB /OL]. Washington, D. C. : Population Services International [2015 - 03 - 05]. http: //www. psi. org/partnership/corporate - partnerships/.

[41] Population Services International. PSI key development partners [EB/OL]. Washington, D. C. : Population Services International [2015 - 03 - 08]. http: //www. psi. org/partnership/key - development - partners/.

[42] Population Services International. PSI ambassadors [EB/OL]. Washington, D. C. : Population Services International [2015 - 03 - 08]. http: //www. psi. org/partnership/ambassadors/.

[43] Marie Stopes International. (2014). 2013 Marie Stopes International Global Impact Report [R]. MSI.

[44] "Marie Stopes International. " Wikipedia: The Free Encyclopedia. Wikimedia Foundation, Inc. , 2015 - 01 - 09 [2015 - 03 - 06]. http: //mariestopes. org/about - us/history.

[45] Marie Stopes International. MSI history [EB/OL]. London: Marie Stopes International [2015 - 03 - 06]. http: //mariestopes. org/about - us/history.

[46] Marie Stopes International. MSI leadership [EB/OL]. London: Marie Stopes International [2015 - 03 - 08]. http: //mariestopes. org/about - us/leadership.

[47] Marie Stopes International. MSI board of director [EB/OL]. London: Marie Stopes International [2015 - 03 - 06]. http: //mariestopes. org/about - us/board.

[48] Marie Stopes International. Financial Statements and Annual Report [R]. London:

Marie Stopes International，2014：4 - 5，23.

［49］ Marie Stopes International. MSI HIV/SITS ［EB/OL］. London：Marie Stopes International ［2015 - 03 - 06］. http：//mariestopes. org/what - we - do/hiv - stis.

［50］ Marie Stopes International. MSI safe abortion and post abortion care ［EB/OL］. London：Marie Stopes International ［2015 - 03 - 06］. http：//mariestopes. org/what - we - do/safe - abortion - and - post - abortion - care.

［51］ Marie Stopes International. MSI maternal health ［EB/OL］. London：Marie Stopes International ［2015 - 03 - 06］. http：//mariestopes. org/what - we - do/maternal - health.

［52］ Marie Stopes International. MSI family planning ［EB/OL］. London：Marie Stopes International ［2015 - 03 - 06］. http：//mariestopes. org/what - we - do/family - planning.

［53］ Marie Stopes International. MSI where in the world ［EB/OL］. London：Marie Stopes International ［2015 - 03 - 06］. http：//mariestopes. org/where - in - the - world.

［54］ Marie Stopes International. MSI where in the world China ［EB/OL］. London：Marie Stopes International ［2015 - 03 - 06］. http：//mariestopes. org/where - in - the - world#china.

［55］ Marie Stopes International，MSI partners ［EB/OL］. London：Marie Stopes International ［2015 - 03 - 06］. http：//mariestopes. org/about - us/partners.

［56］ PATH. PATH home page ［EB/OL］. Seattle：PATH ［2015 - 03 - 29］. http：//www. path. org/.

［57］ "PATH（global health organization）." Wikipedia：The Free Encyclopedia. Wikimedia Foundation，Inc.，2015 - 03 - 17 ［2015 - 03 - 29］. http：//en. wikipedia. org/wiki/PATH_（global_health_organization）.

［58］ Médecins Sans Frontières，MSF home page ［EB/OL］. Geneva：Médecins Sans Frontières ［2015 - 03 - 29］. http：//www. msf. org/.

［59］ "Médecins Sans Frontières." Wikipedia：The Free Encyclopedia. Wikimedia Foundation，Inc.，2015 - 03 - 03 ［2015 - 03 - 29］. http：//en. wikipedia. org/wiki/M%C3% A9decins_Sans_Fronti% C3% A8res.

［60］ Women Deliver. Woman Deliver home page ［EB/OL］. New York：Woman Deliver ［2015 - 03 - 29］. http：//www. womendeliver. org.

［61］ "Women Deliver." Wikipedia：The Free Encyclopedia. Wikimedia Foundation，Inc.，2013 - 12 - 30 ［2015 - 03 - 29］. http：//en. wikipedia. org/wiki/Women_Deliver.

［62］ UN Women. UN Women ［EB/OL］. New York：UN Women ［2015 - 03 - 29］. http：//www. unwomen. org/en.

［63］ "UN Women." Wikipedia: The Free Encyclopedia. Wikimedia Foundation, Inc. , 2015 - 03 - 25 ［2015 - 03 - 29］. http://en. wikipedia. org/wiki/UN_Women.

［64］ Family Care International, Family Care International home page ［EB/OL］. New York: Family Care International ［2015 - 03 - 29］. http://www. familycareintl. org/en/home.

［65］ "Family Cave International." Wikipedia: The Free Encyclopedia. Wikimedia Foundation, Inc. , 2015 - 02 - 23 ［2015 - 03 - 29］. http://en. wikipedia. org/wiki/Family_International.

［66］ Save the children, Save the children ［EB/OL］. Geneva: Save the children ［2015 - 03 - 29］. https://www. savethechildren. net/.

［67］ "Save the children." Wikipedia: The Free Encyclopedia. Wikimedia Foundation, Inc. , 2015 - 03 - 02 ［2015 - 03 - 29］. http://en. wikipedia. org/wiki/Save_the_Children.

［68］ Swedish International Development Cooperation Agency. SIDA home page ［EB/OL］. Stockholm: Swedish International Development Cooperation Agency ［2015 - 03 - 29］. http://www. sida. se/english/.

［69］ "Swedish International Development Cooperation Agency." Wikipedia: The Free Encyclopedia. Wikimedia Foundation, Inc. , 2014 - 04 - 01 ［2015 - 03 - 29］. http://en. wikipedia. org/wiki/Swedish_International_Development_Cooperation_Agency.

［70］ United Nations International Children's Emergency Fund. UNICEF home page ［EB/OL］. New York: United Nations International Children's Emergency Fund ［2015 - 03 - 29］. http://www. unicef. org/.

［71］ "UNICEF." Wikipedia: The Free Encyclopedia. Wikimedia Foundation, Inc. , 2015 - 04 - 06 ［2015 - 04 - 07］. http://en. wikipedia. org/wiki/UNICEF.

［72］ NORAD. NORAD home page ［EB/OL］. Oslo: NORD ［2015 - 03 - 29］. http://www. norad. no/en/front/about - norad/.

［73］ "Norwegian Agency for Development Cooperation." Wikipedia: The Free Encyclopedia. Wikimedia Foundation, Inc. , 2015 - 02 - 18 ［2015 - 03 - 29］. http://en. wikipedia. org/ wiki/Norwegian_Agency_for_Development_Cooperation

［74］ The Partnership for Maternal, Newborn & Child Health, World Health Organization. PMNCH homepage ［EB/OL］. Geneva: World Health Organization ［2015 - 03 - 29］. http://www. who. int/pmnch/en/.

［75］ "Partnership for Maternal, Newborn & Child Health." Wikipedia: The Free Encyclopedia. Wikimedia Foundation, Inc. , 2015 - 02 - 05 ［2015 - 03 - 07］. http://en. wikipedia. org/wiki/Partnership_for_Maternal, _Newborn_&_Child_Health

［76］中国计生协. 中国计生协国际交流与合作概述［R］. 安徽：国际合作项目交流会，2013.

［77］海淀区计生协. 科学管理精心组织——圆满完成国际合作项目［R］. 安徽：国际合作项目交流会，2013.

［78］新疆喀什地区计生协. 喀什地区计生协实施联合国人口基金第六周期百分百项目工作情况汇报［R］. 安徽：国际合作项目交流会，2013.

［79］深圳市计生协. 生育关怀进社区同伴教育相携手——深圳市龙岗区宝龙社区"青春健康俱乐部"情况介绍［R］. 安徽：国际合作项目交流会，2013.

［80］重庆市计划生育协会. 花开一次香飘一生——重庆市男青年性别平等与健康项目实施情况介绍［R］. 安徽：国际合作项目交流会，2013.

［81］甘肃省计划生育协会. 甘肃省开展"男性生殖健康教育"［R］. 安徽：国际合作项目交流会，2013.

附：缩略语

ACE	准确性与覆盖性评估	Accuracy and Coverage Evaluation
AIDS	免疫缺陷综合征	Acquired Immune Deficiency Syndrome
BMGF	比尔及梅琳达·盖茨基金会	Bill & Melinda Gates Foundation
BTAN	预算追踪和问责网络	Budget Tracking and Accountability Network
CBD	社区推广计划	Community Based Distribution Programme
CCS	普查覆盖度调查	Census Coverage Survey
CHIP	儿童健康保险项目	Children's Health Insurance Program
CME	医学继续教育	Continuing Medical Education
CPHOs	紧密的医生/医院组织	Closed Physician – Hospital Organizations
CSOs	民间团体组织	Civil Society Organizations
DFID	英国国际发展署	Department for International Development
DHS	人口与健康调查	Demographic and Health Survey
ECOSOC	经济与社会理事会	Economic and Social Council
EPOs	专有提供者组织	Proprietary Provider Organizations
FDA	食品和药品管理局	Food and Drug Administration
FHI	家庭健康国际组织	Family Health International
FIOs	完全一体化组织	Fully Integrated Organizations
FPBP	计划生育福利项目	Family Planning Benefit Program
FPEP	计划生育扩展项目	Family Planning Extension Program
FPET	家庭计划估计工具	Family Planning Estimation Tool
GDP	国内生产总值	Gross Domestic Product
GFTATM	抗击艾滋病、结核病和疟疾全球基金	The Global Fund to Fight AIDS, Tuberculosis and Malaria
GHWA	全球卫生人力资源联盟	The Global Health Workforce Alliance
GP	全科医生	General Practitioner
GPRHCS	生殖健康与产品安全全球项目	Global Programme to Enhance Reproductive Health Commodity Security
DHS	人口与健康调查	Demographic and Health Survey
HHS	卫生与公众服务部	Department of Health and Human Services

HIV	人类免疫缺陷病毒	Human Immunodeficiency Virus
HMOs	健康维护组织	Health Maintenance Organizations
HPV	人乳头瘤病毒	Human Papillomavirus
HRD	家庭登记数据库	Household Registration Database
ICPD	国际人口与发展会议	International Conference on Population and Development
IOM	医学研究院	Institute of Medicine
IPAs	独立医生组织	Independent Physicians Associations
IPPF	国际计划生育联合会	International Planned Parenthood Federation
IUD	宫内节育器	Intra – uterine Device
LNG – IUD	左炔诺孕酮宫内节育系统	Levonorgestrel – Releasing Intrauterine Device
MAF	无国界医生组织	Medecins Sans Frontiers
MCH – FP	妇幼保健 – 计划生育	Maternal and Child Health – Family Planning
MHP	产妇保健项目	Maternal Health Programme
MDAs	部委、部门和机构	Ministries, Department and Agencies
MDGs	千年发展目标	The Millennium Development Goals
MSI	玛丽斯特普国际组织	Marie Stopes International
NHS	国家卫生服务	National Health Service
NIDI	荷兰多学科人口研究所	Netherlands Interdisciplinary Demographic Institute
NORAD	挪威开发合作署	The Norwegian Agency for Development Co-operation
NPS	国家医生调查	National Physician Survey
OECD	经济合作与发展组织	Organization for Economic Co – operation and Development
OPHOs	开放的医生/医院组织	Open Physician – Hospital Organizations
PAFPS	流产后计划生育服务	Post Abortion Family Planning Service
PCC	合作伙伴国家协调员	Partners Country Coordinator
PDA	个人数字助理	Personal Digital Assistant
PEP	家长教育计划	Parent Education Programme
PES	事后质量抽查	Post Enumeration Survey
PHSI	卫生系统改进合作伙伴	Partnership for Health System Improvement
PMC	人口媒体中心	Population Media Center
PMI	总统疟疾计划	President's Malaria Initiative
PMNCH	母婴与儿童合作署	The Partnership for Maternal, Newborn & Child Health

POA	行动纲领	Program of Action
PPD	人口与发展伙伴组织	Partners in Population and Development
PPOs	优先选择提供者组织	Preferred Provider Organizations
PSI	国际人口服务组织	Population Services International
QIQ	快速质量调查	Quick Investigation of Quality
SIDA	瑞典国际发展合作署	Swedish International Development Cooperation Agency
SFPPB	新加坡计划生育与人口事务处	Singapore Family Planning and Population Board
SNAP	辅助营养援助计划	Supplemental Nutrition Assistance Program
SSC	南南合作	South – South Cooperation
SSN	社会保障号	Social Security Number
STDs	性传播疾病	Sexually Transmitted Diseases
STIs	性传播疾病感染	Sexually Transmitted Infections
UAC	无家可归的外来儿童	Unaccompanied Alien Children
UNAIDS	联合国艾滋病规划署	Joint United Nations Programme on HIV/AIDS
UNDI	荷兰多学科人口研究所	Netherlands Interdisciplinary Demographic Institute
UNDP	联合国开发计划署	United Nations Development Program
UNFPA	联合国人口基金会	United Nations Fund for Population Activities
UNICEF	联合国儿童基金会	United Nations International Children's Emergency Fund
UNOPS	联合国项目事物厅	United Nations Office for Project Services
UNPD	联合国人口司	United Nations Population Division
USAID	美国国际发展署	The United States Agency for International Development
WIC	妇女儿童	Women、Infants and Children
WFME	世界医疗教育协会	World Federation for Medical Education
WFS	世界生育调查	World Fertility Survey
WHO	世界卫生组织	World Health Organization
YAS	青年咨询服务	Youth Advisory Services

后 记

    2014 年 7 月卫计委计划生育基层指导司委托清华大学医学社会学研究中心编写《计划生育国际比较研究》一书。我们在前期文献阅读的基础上制订了写作大纲，并于 2014 年 12 月 19 日召开了第一次编写委员会工作会议，正式进入写作阶段。从那时至今，该书的编撰已经持续将近两年。都说万事开头难，但事实上，本书的起始异常顺利，我们按照原定计划于 2015 年 4 月 15 日完成了所有十章的初稿。不过，其后的修改统稿却是困难重重，经历了诸多曲折。首先，寻找理想的统稿人就颇费心思，合适的统稿人不仅需要具备计划生育领域的专业素养、丰富经验和国际视角，也需要能够付出大量的时间和精力。我们一度陷入僵局，所幸，比利时根特大学生殖健康研究中心的张维宏教授愿意承担起这项繁琐的重任。此后，我们于 2015 年 11 月底完成了第二次大规模修改。此时，我们在同卫计委计划生育指导司的领导和专家的座谈中得到了诸多鼓励和建议，受益多多，并开始推动全书的第三轮修改。

    如今拿到手上的终稿已经是第五稿，虽然仍然不免存在疏漏与遗憾，但确是凝聚了许多人的心血。

    首先，要感谢各章的作者，他们是来自社会学、人类学、医学、公共卫生和传媒、法律、经济学等各个领域的专家。无论日常工作多么繁忙，都尽量配合我们的时间，在规定日期内完成初稿和修改，他们是本书成书的关键。

    其次，要感谢本书的统稿人张维宏女士，在中国、在比利时，我们通过数次面对面的交流和邮件完成了前后五轮的反馈和修改。

    最后，要感谢此项目的发起者——卫计委计划生育基层指导司，感谢他们对我们编写团队的信任和支持，也感谢他们提供专业视角和指导，值此成书之际，唯望不辱使命。

待全书付梓，敬请各位读者不吝指正，以便我们学习和修订。

2016 年 12 月 28 日
于清华园